Standpunkte

Politik und Wirtschaft

Berufsbildende Schulen

Autoren
Olaf Ansorge
Peter Nabholz
Wilhelm Overkamp

Ernst Klett Verlag
Stuttgart · Leipzig

1. Auflage 1 6 5 4 3 2 | 20 19 18 17 16

Autoren: Olaf Ansorge, Göttingen; Peter Nabholz, Eningen; Wilhelm Overkamp, Bocholt

Redaktion: Annette Homann
Herstellung: Krystyna Schütze
Bildassistenz: Katja Schnürpel

Gestaltung: normaldesign GbR, Schwäbisch-Gmünd
Satz: Medienbüro Schaltwarte, Leipzig
Karten: Ingenieurbüro für Kartografie Joachim Zwick, Gießen
Reproduktion: Meyle+Müller GmbH+Co. KG, Pforzheim
Druck: Himmer GmbH Druckerei, Augsburg

Printed in Germany
ISBN 978-3-12-800491-4

9 783128 004914

Inhaltsverzeichnis

So arbeiten Sie mit *Standpunkte*

Standpunkte ist ein Politikbuch für den Unterricht in Lernsituationen. Sie bearbeiten politische und ökonomische Themen mit diesem Buch selbstständig und bereiten sich zugleich gründlich auf Ihre Prüfung vor.

Zur schnellen Orientierung sind die politischen Themen blau und die Wirtschaftsthemen orange gestaltet. Unter den Standpunkte-Codes von Kapitel 4 finden Sie ein zusätzliches Angebot für Ihre Wirtschafts- und Sozialkundeprüfung. Es besteht aus Arbeitsblättern und Beispielaufgaben.

Auftaktseiten
Jedes Kapitel startet mit einem Überblick der Themen, die Sie auf den nächsten Seiten erwarten.

Auf vielen Seiten finden Sie **Standpunkte-Codes**, die Sie zu weiteren Informationen, Materialien oder Übungen im Internet führen. Geben Sie den Code einfach in das Suchfeld auf www.klett.de ein.

Methodenseiten
Die vorgestellten Methoden regen Sie zu selbstorganisiertem Lernen an. Entweder steigen Sie so in ein neues Thema ein oder Sie wenden die Methode an anderen Stellen im Unterrichtsverlauf an.

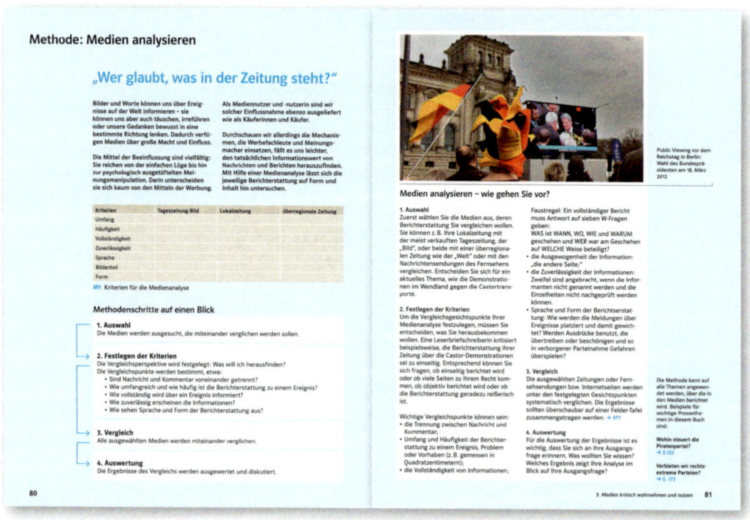

Themenseiten
Alle Lernsituationen bestehen aus einem Bild-Einstieg, einem Arbeitsauftrag, einem Informationstext, verschiedenen Materialien und weiterführenden Aufgaben.

In der Randspalte werden wichtige **Begriffe** erklärt.

Am unteren Seitenrand stehen die nummerierten **Materialien**, die Sie bearbeiten können.

Jeder **Arbeitsauftrag** einer Lernsituation ist in Teilaufgaben gegliedert. Alle Aufgaben können Sie mit Hilfe des Textes und der Materialien selbstständig bearbeiten.

Trainingsseiten
Am Ende jeder Lernsituation finden Sie in einem Schaubild das Thema im Überblick sowie weiterführende Aufgaben.

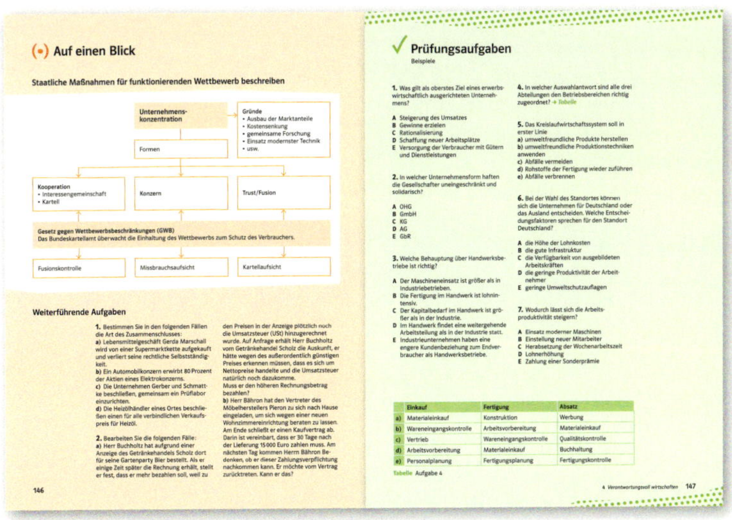

Prüfungsaufgaben
Einige Kapitel schließen mit exemplarischen Prüfungsaufgaben ab.

1. Eigene Lebenskonzepte entwickeln und andere respektieren

Recherchieren
Linktipps zum Thema
pn95t3

Methode: Standpunkte entwickeln und vertreten

„Bin ich für mein Leben verantwortlich oder die anderen?“

Etwa 90 Prozent der Jugendlichen im Alter zwischen 12 und 25 Jahren möchten eigenverantwortlich leben und handeln.

Dies ist ein Ergebnis der Shell Jugendstudie 2010. Und – können sie das? Ein altes Sprichwort sagt: „Jeder ist seines Glückes Schmied.“ Stimmt das Sprichwort? Oder sind es doch die anderen – andere Menschen wie Eltern, Lehrer und Freunde oder äußere Umstände wie staatliche Leistungen und die gesellschaftlichen und wirtschaftlichen Bedingungen in einem Land –, die die Lebensumstände des Einzelnen bestimmen? Welchen Standpunkt vertreten Sie in dieser Frage?

In einer Demokratie haben alle das Recht und die Verantwortung, einen eigenen Standpunkt zu wichtigen Fragen des Lebens zu entwickeln und zu vertreten. Das gelingt dann am besten, wenn ich mir die kontroversen Standpunkte anderer Menschen vor Augen führe.

Es zählt nicht so sehr, was wir mitbekommen haben. Vielmehr zählt, was wir damit anfangen.

Verantwortung zu übernehmen bedeutet, Entscheidungen zu treffen und die Konsequenzen zu tragen, die sich daraus ergeben.

Es bestehen keine gleichen Lebenschancen in Deutschland.

Es entscheidet sich in der Jugendphase, ob Armut in die nächste Generation vererbt wird.

M1 Standpunkte

Methodenschritte auf einen Blick

1. Einführung
- Streitfrage vorstellen, Vorwissen und erste Standpunkte einbringen

2. Vorbereitung
- Gruppen bilden und Rollen erarbeiten: die Diskussion nach Inhalt und Form vorbereiten

3. Durchführung
- das Standpunkte-Gespräch mit allen Beteiligten durchführen (verschiedene Gruppen, Gesprächsleitung, Beobachter, Publikum): eigene Standpunkte begründen und diskutieren

4. Auswertung
- Eindrücke aller Teilnehmenden und die Ergebnisse der Beobachtungen sammeln: diskutieren und reflektieren

Standpunkte entwickeln und vertreten – wie gehen Sie vor?

1. Einführung
Sie informieren sich über die Ausgangsfrage und ordnen z. B. die Zitate → *M1* in zwei Gruppen.

2. Vorbereitung
Zur Vorbereitung Ihres Standpunkt-Gesprächs teilen Sie die Klasse in Gruppen ein und vergeben verschiedene Rollen.
Es werden gebraucht:
- eine Gesprächsleitung,
- eine Standpunkt A-Gruppe,
- eine Standpunkt B-Gruppe,
- Beobachtende, die auf
  - Inhalt (Standpunkte A, B) und
  - Form (Diskussionsverhalten) achten,
- ggf. ein Publikum.

Gruppe A vertritt z. B. die Auffassung: Jeder ist für sein Leben selbst verantwortlich; Gruppe B meint hingegen: Im Wesentlichen sind andere für meine Lebensumstände verantwortlich.

In 10 bis 20 Minuten bereiten sich die Standpunkte-Gruppen auf die Diskussion vor. Dazu können weitere vorbereitete Texte oder Textausschnitte helfen.

3. Durchführung
Nach Ablauf der Vorbereitungszeit treffen sich alle Teilnehmenden wieder und die eigentliche Diskussion kann beginnen.
Die Gesprächsleitung führt mit einigen Sätzen in das Thema ein.
Es folgt eine Abstimmung, an der sich alle beteiligen und deren Ergebnis Sie an der Tafel festhalten.
Jede/r Gruppensprecher/in gibt ein erstes Statement ab. Danach werden die Standpunkte ausgetauscht. Befürworter und Gegner verteidigen ihre jeweilige Position und versuchen, Gegen-Standpunkte zu entkräften.

Tipp: Bei beiden Gruppen (A, B) einen Stuhl freilassen. Er kann von Schülerinnen oder Schülern aus dem Publikum benutzt werden, die der Diskussion einen Standpunkt hinzufügen wollen. Anschließend setzen sie sich auf ihren Platz zurück.

Die Beobachterinnen und Beobachter verfolgen mit gezielten Beobachtungsaufträgen die Diskussion. Es dürfen auch Fragen vom Publikum (wenn vorhanden) gestellt werden.

4. Auswertung
Am Schluss empfiehlt es sich, eine Auswertungsrunde durchzuführen. Hier sollten alle zu Wort kommen. Anschließend können Sie noch einmal über die Ausgangsfrage abstimmen.

Die Methode kann für alle kontroversen Fragen benutzt werden. Beispiele für wichtige gesellschaftliche Standpunkt-Fragen in diesem Buch sind:

Betriebsrat – sinnvoll oder nicht?
→ *S. 52, 53*
Wie sieht gute Entwicklungspolitik aus?
→ *S. 214*

1.1 Elterngeld – eine gerechte Unterstützung?

Zur Vereinbarkeit von Beruf und Familie

Arbeitsauftrag

Beurteilen Sie, ob heute berufliche Anforderungen und Familienleben zusammenpassen und wie dies in Zukunft sein wird. Und so erarbeiten Sie sich einen begründeten Standpunkt:

1. Entscheiden Sie sich für eine der beiden Thesen:
„So, wie sich die Arbeitswelt heute entwickelt, schätze ich, passen Beruf und Familie in Zukunft immer schlechter/immer besser zusammen."

2. Vergleichen Sie Ihre Einschätzung mit den beiden Standpunkten in *M1*.

3. Tauschen Sie sich in der Klasse darüber aus, inwiefern Sie persönlich einen Beruf und zugleich eine Familie haben möchten.

4. Untersuchen Sie, in welchen Bereichen die Vereinbarkeit von Beruf und Familie Schwierigkeiten bereiten kann. Sie können dazu die Befragungsergebnisse → *M2* nutzen.

5. Diskutieren Sie, wer für eine verbesserte Vereinbarkeit von Familie und Beruf Verantwortung übernehmen sollte. Begründen Sie Ihre Meinung.

Aufgaben der Familie

Menschen organisieren ihr Zusammenleben in verschiedenen Formen. Die ***Familie*** ist nur eine davon, allerdings die mit Abstand wichtigste. Eine Familie ist vor allem dazu da, die jüngere Generation zu versorgen und zu Selbstständigkeit zu erziehen. Familienmitglieder sind auch dann untereinander zu Schutz und Hilfe verpflichtet, wenn die Kinder mit ihren Eltern nicht mehr unter einem Dach leben.

Familienalltag im Wandel

Noch vor 50 Jahren waren Eltern allermeist miteinander verheiratet. Viele Ehen funktionierten als sogenannte Versorgerehen. Die Frauen kümmerten sich um die Kinder und den Haushalt, die Männer kümmerten sich darum, dass Geld ins Haus kam. Im Wandel der Gesellschaft änderte sich diese Aufgabenteilung.

Heute gibt es immer mehr Paare, die unverheiratet zusammenleben, immer weniger Kinder werden geboren. Für viele Frauen bedeutet das Zusammenleben in einer Familie, dass sie nicht unbedingt auf eigene ***Berufstätigkei***t verzichten müssen.

Gleichberechtigung

Gute Schulbildung für Mädchen und freie Berufswahl für Frauen – das war nicht immer selbstverständlich. Mit der Forderung nach ***Gleichberechtigung*** von Mann und Frau hat sich das erst im letzten Jahrhundert in Deutschland durchgesetzt.
Heute ist die Berufstätigkeit von Frauen gesellschaftlich anerkannt. Töchter bekommen die gleiche Schul- und Berufsausbildung wie Söhne. Eine Schul- und Berufsausbildung verschafft Frauen wirtschaftliche Unabhängigkeit. Frauen erarbeiten sich über ihren Beruf eine eigene ***Altersversorgung***.

Gleichberechtigung von Mann und Frau
Politischer Grundsatz, dass Mann und Frau auf allen Lebensgebieten – unter Berücksichtigung der natürlichen Unterschiede – gleiche Rechte und Pflichten haben sollen, arbeitsrechtlich auch gleichen Lohn bei gleicher Arbeit.
Seit 1953 in der Bundesrepublik geltendes Recht (Art. 3 GG).

Beruf und Familie?

Dr. Rüdiger Grube
Deutsche Bahn AG

„… Man muss vor allem Flexibilität zeigen, was die Arbeitszeit betrifft. Flexible Arbeitszeitmodelle sind allerdings nicht nur für Frauen, sondern auch für Männer wichtig, die sich in der Familienphase befinden. Individualität ist ein wesentlicher Lebensanspruch geworden. Wir ermöglichen immer mehr Teilzeitarbeit, die auch von Männern nachgefragt wird. Die Möglichkeiten, die wir heute haben, mit mobiler Kommunikation und Home Office-Tagen, helfen uns sehr bei dieser Aufgabe."

Rüdiger Grube (im Interview mit Antje Lüssenhop und Jan Spielhagen), Work! Life! Balance!, in: mobil 02/2012, S. 50

Petra Gerster
Zweites Deutsches Fernsehen

„… Eltern, die versuchen, ihre Berufstätigkeit und die Erziehung ihrer Kinder zu vereinbaren, sind keineswegs Rabeneltern. Untersuchungen von Familienforschern zeigen vielmehr, dass sich berufstätige Eltern tatsächlich nicht weniger um ihre Kinder kümmern als bei der klassischen Rollenverteilung zwischen Hausfrau und Mutter und dem alleinverdienenden Mann. Schließlich kann auch eine Hausfrau nicht den ganzen Nachmittag mit ihren Kindern verbringen."

www.beruf-und-familie.de (Zugriff am 20.02.2012)

M1 Standpunkte

Work-Life-Balance
Versuch, Beruf und Privatleben miteinander in Einklang zu bringen.

Berufswahl mit Folgen

Über 50 Prozent der Mädchen und jungen Frauen entscheiden sich heute für nur zehn von insgesamt rund 350 Ausbildungsberufen. Diese eingeschränkte ***Berufswahl*** hat Folgen, denn es handelt sich meist um Dienstleistungsberufe mit eher geringen Karriere- und Verdienstmöglichkeiten wie Verkäuferin, Arzthelferin oder Friseurin. Viele junge Frauen verstehen ihre Berufstätigkeit eher als eine Art Zuverdienst und sind bereit, ihren Beruf zugunsten der Familienarbeit einzuschränken, zu unterbrechen oder ganz aufzugeben. Viele Frauen arbeiten in Teilzeit. Das wirkt sich negativ auf ihre finanzielle Situation, auf ihre Aufstiegsmöglichkeiten und ihre Altersversorgung aus. Es fehlen aber auch die Erfolgserlebnisse im Beruf, die das Leben bereichern.

Woran liegt das? In Umfragen erklären sowohl Männer wie auch Frauen, dass beruflicher Erfolg für beide Geschlechter gleich wichtig sein sollte. In der Praxis bleibt es allerdings weiterhin die Hauptaufgabe der Frauen, die Pflichten in Beruf und Familie in eine angemessene ***Work-Life-Balance*** zu bringen. Das Interesse an einem beruflichen Aufstieg ist bei Männern größer – oder bei Frauen, die bewusst auf Kinder verzichten. Die Hälfte der verheirateten Männer macht Karriere, aber nur ein Viertel der Frauen. Woran liegt das? Welche Unterstützung benötigen Frauen?

Wiedereinstieg nach der Babypause?

Der berufliche Wiedereinstieg von Frauen nach der ***Babypause*** findet oft unter erschwerten Bedingungen statt:
- Die beruflichen Anforderungen haben sich zum Teil verändert. Eine Weiterqualifizierung wird notwendig.
- Das Unternehmen hat umstrukturiert; der alte Arbeitsplatz ist weggefallen.
- Es fehlen Kinderbetreuungsmöglichkeiten vor Ort.
- Werden die Kinder krank, muss ein Elternteil zu Hause bleiben – meist die Mutter.
- Viele Arbeitgeber bieten keine flexiblen bzw. familienfreundlichen Arbeitszeiten an.
- Viele Verantwortliche in den Unternehmen besitzen noch ein traditionelles Familienbild und unterstützen deshalb zu wenig die Teilzeitarbeit für Väter sowie andere familienfreundliche Arbeitsbedingungen.

Die bessere Vereinbarkeit von Beruf und Familie ist eine wichtige gesellschaftliche Aufgabe. Sie zieht sich als Querschnittsaufgabe durch viele Politikbereiche wie die Arbeitsmarkt-, die Sozial- und die Bildungspolitik. Vielleicht ist es deshalb besonders schwierig für die Politik, die Vereinbarkeit von Beruf und Familie zu fördern.

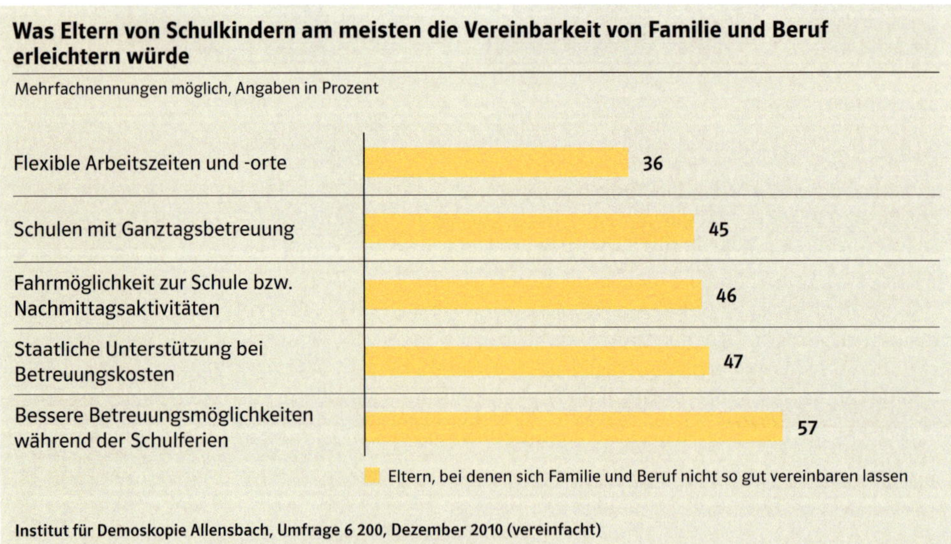

M2 Umfrage zur Vereinbarkeit von Beruf und Familie

(•) Auf einen Blick

Die Vereinbarkeit von Beruf und Familie kritisch beurteilen

Berufliche und familiäre Interessen in eine Balance bringen

↑ beeinflussen

Gesellschaftliche Rahmenbedingungen

- Frauen hauptsächlich in Dienstleistungsberufen berufstätig
- Teilzeitarbeit häufig nur für Frauen
- Wiedereinstieg nach der Geburt für Frauen oft ungünstig
- zu wenig Kinderbetreuungsmöglichkeiten vor Ort
- keine Betreuungsmöglichkeiten bei Krankheit des Kindes

Wertvorstellungen in der Gesellschaft

- Beruf und Familie in der jüngeren Generation meist gleichwertig
- für beide Geschlechter Berufstätigkeit wichtig
- klassische Rollenverteilung in der Familie verliert an Bedeutung
- Kinderbetreuung durch Dritte zunehmend akzeptiert

Weiterführende Aufgaben

1. Befragen Sie Ihre Eltern sowie Großeltern nach ihren Vorstellungen von Familie und Beruf, und stellen Sie die Ergebnisse in der Klasse zusammen. Vergleichen Sie die Gemeinsamkeiten und Unterschiede.

2. Diskutieren Sie in der Klasse, wie die Aufgaben und Verantwortlichkeiten in einer „Idealfamilie" zwischen Mann und Frau verteilt sein sollten. Begründen Sie Ihre Ansichten.

3. Bereiten Sie sich auf eine Talkshow vor mit dem Thema „Kinder, Karriere, Küche – wie soll das zusammenpassen?" Führen Sie diese Talkshow mit Teilnehmerinnen und Teilnehmern sowie einem/r Moderator/in durch. Besprechen Sie die Ergebnisse.

Elterngeld als Familienförderung

Arbeitsauftrag

Arbeiten Sie die politischen Ideen heraus, die hinter dem Elterngeld stecken. Und so können Sie dabei vorgehen:

1. Informieren Sie sich über staatliche Hilfen für Familien in Deutschland.

2. Stellen Sie die Regelungen zum staatlichen Elterngeld stichwortartig zusammen: Wer bekommt was, wie viel und wie lange? Halten Sie Ihre wichtigsten Ergebnisse in einem übersichtlichen Schaubild fest.

3. Klären Sie, warum das Elterngeld vom Familienministerium 2007 eingeführt wurde. → *M1*

4. Erschließen Sie den Sinn der gemeinsamen Werbeaktion. → *M2*

5. Diskutieren Sie mit *M3*, ob das Elterngeld eine ausreichende und gerechte Unterstützung von Familien durch den Staat ist.

Schutz der Familie – ein Grundrecht

In Artikel 6 des ***Grundgesetzes*** wird der besondere staatliche Schutz der Familie ausdrücklich hervorgehoben. Zudem hat jede Mutter das Recht auf den Schutz und die Fürsorge der Gemeinschaft.
Auf dieser grundlegenden politischen Entscheidung aufbauend gehört die ***staatliche Unterstützung*** der Familien zum politischen Auftrag jeder gewählten Regierung in Deutschland. Der Staat hilft den Familien und ihren Angehörigen
- mit Geld,
- gesetzlichen Schutzregelungen und
- mit Hilfsangeboten.

Das ***Grundrecht*** der Eltern, Pflege und Erziehung ihrer Kinder selbst zu gestalten, muss er dabei respektieren.

Hohe Anforderungen an Familien

Staatliche Unterstützung ist heute besonders wichtig, weil immer mehr Kinder nicht mehr in stabilen Verhältnissen mit gleichbleibenden Bezugspersonen aufwachsen. Die Familienstrukturen sind vielfältig geworden, ebenso wie die Erziehungsstile, Werte und Normen. Gleichzeitig stehen die Familien vor hohen gesellschaftlichen und persönlichen Anforderungen.

Familien sollen
- Erfolg im Beruf und Familienarbeit miteinander verbinden,
- sich selbst finanzieren und Vorsorge betreiben,
- für eine gesunde Entwicklung und gute Bildung der Kinder sorgen,
- sich um ältere und kranke Familienmitglieder kümmern,
- in Krisenzeiten füreinander da sein.

Die Schattenseiten des Familienlebens heute sind Überforderung und Hilflosigkeit. Staatliche Schutzmaßnahmen für Kinder und Jugendliche werden immer häufiger notwendig. So wurden 2010 in Deutschland etwa 36 300 Kinder und Jugendliche von Jugendämtern in Obhut genommen, davon fast die Hälfte wegen Überforderung der Eltern.

Hilfen für Mütter und Väter

Alle Familien, unabhängig von ihrem Einkommen, haben einen Anspruch auf Kindergeld (184 Euro je Kind, ab dem dritten Kind mehr – Stand 2012). Außerdem werden Kinder bei der steuerlichen Belastung der Eltern durch Kinder- und Ausbildungsfreibeträge und durch die Abzugsfähigkeit von Kinderbetreuungskosten berücksichtigt.
Familien erhalten noch weitere Vergünstigungen:
- Kindergartenbeiträge werden steuerlich bezuschusst,
- für Kinder wird grundsätzlich kein Schulgeld gezahlt,
- in der gesetzlichen Krankenversicherung sind Kinder kostenlos mitversichert und
- die Erziehungszeiten werden bei der Altersvorsorge berücksichtigt.

Der gesetzliche ***Mutterschutz*** hat die Aufgabe, die (werdende) Mutter und ihr Kind vor Gefährdungen, finanziellen Einbußen sowie vor dem Verlust des Arbeitsplatzes während der Schwangerschaft und einige Zeit nach der Geburt zu schützen. Es gelten folgende Bestimmungen des Mutterschutzgesetzes (MuSchG §§ 3, 4):
- Beschäftigungsverbot: sechs Wochen vor und acht Wochen nach der Entbindung,
- Arbeitsschutz: keine schweren und gefährlichen Arbeiten, Akkord- und Fließbandarbeit sowie kein Umgang mit Gefahrstoffen während Schwangerschaft und Stillzeit,
- Kündigungsschutz: während der Schwangerschaft und bis vier Monate nach der Entbindung.

Grundgesetz (GG)
Verfassungsurkunde der Bundesrepublik Deutschland, in Kraft seit Mai 1949.

Grundrechte
Unantastbare und unveräußerliche Rechte, die den Einzelnen vor staatlichen Übergriffen schützen; etwa das Recht auf Meinungs- und Informationsfreiheit. → *S. 94*

Elternzeit – Elterngeld

Elterngeld
Staatliche Unterstützungsleistung für Eltern, die ihre Berufstätigkeit für die häusliche Betreuung ihrer kleinen Kinder unterbrechen.

Erwerbseinkommen/ Arbeitseinkommen
Einnahmen, die einer Person aus einer entlohnten oder selbstständigen beruflichen Tätigkeit entstehen. Nicht zum Arbeitseinkommen zählen Einnahmen aus Vermögen, Sozialhilfe oder Transferleistungen.

An den Mutterschutz können sich bis zu drei Jahre ***Elternzeit*** anschließen.

- Hier haben beide Elternteile nach der Geburt eines Kindes die Möglichkeit, ihre wöchentliche Arbeitszeit auf bis zu 15 Stunden zu reduzieren.
- In der Elternzeit haben beide Elternteile Anspruch auf das staatliche ***Elterngeld***.
- Das Elterngeld wird an Väter und Mütter für maximal 14 Monate gezahlt; beide können den Zeitraum frei untereinander aufteilen. Ein Elternteil kann dabei mindestens zwei und höchstens zwölf Monate für sich in Anspruch nehmen; zwei weitere Monate gibt es, wenn sich der Partner an der Betreuung des Kindes beteiligt und den Eltern mindestens zwei Monate Erwerbseinkommen wegfällt.
- Alleinerziehende, die das Elterngeld zum Ausgleich des wegfallenden ***Erwerbseinkommens*** beziehen, können aufgrund des fehlenden Partners die vollen 14 Monate Elterngeld in Anspruch nehmen.

In der Höhe orientiert sich das Elterngeld am durchschnittlichen Monatseinkommen, welches der betreuende Elternteil im Jahr vor der Geburt erzielt hat. Es beträgt höchstens 1800 Euro und mindestens 300 Euro. Bei einem Einkommen zwischen 1000 und 1200 Euro ersetzt das Elterngeld das nach der Geburt wegfallende Einkommen zu 67 Prozent. Für Geringverdiener mit einem Einkommen unter 1000 Euro vor der Geburt des Kindes steigt die Ersatzrate schrittweise auf bis zu 100 Prozent: Je geringer das Einkommen, desto höher ist die Ersatzrate.

Das Mindestelterngeld von 300 Euro erhalten alle, die nach der Geburt ihr Kind selbst betreuen und höchstens 30 Stunden in der Woche arbeiten, etwa auch Studierende, Hausfrauen und Hausmänner und Eltern, die wegen der Betreuung älterer Kinder nicht gearbeitet haben. Mehrkindfamilien mit kleinen Kindern profitieren vom sogenannten Geschwisterbonus: Sie erhalten einen Zuschlag von 10 Prozent des sonst zustehenden Elterngeldes, mindestens aber 75 Euro.

Die neuen Familienleistungen

„[…] Bislang fielen junge Familien nach der Geburt eines Kindes oft in ein finanzielles Loch. Mit dem neuen Elterngeld schaffen wir jetzt bis zu 14 Monate lang einen Schonraum für junge Eltern. Sie können nun ohne finanzielle Sorgen in das Familienleben hineinfinden. Das Elterngeld ist ein Gewinn für Kinder und Eltern. Es hilft, Beruf und Familie unter einen Hut zu bekommen. Für viele junge Paare gibt es jetzt einen Grund weniger, den Wunsch nach einem Kind weiter aufzuschieben. Auch die Väter haben mit dem Elterngeld erstmals einen attraktiven Anreiz, sich aktiv in den ersten Monaten um die Betreuung des Kindes zu kümmern."

Ursula von der Leyen, Die neuen Familienleistungen machen vieles leichter, in: Elterngeld-Flyer des Bundesfamilienministeriums vom 28.09.2007

M1 Standpunkt des Bundesfamilienministeriums

Das familienfreundlichste Unternehmen in Deutschland gesucht!

Der Präsident der Bundesvereinigung Deutscher Arbeitgeberverbaende (BDA), Dieter Hundt, und Bundesfamilienministerin Kristina Schroeder (CDU) stellen in Berlin die Aktion „Erfolgsfaktor Familie 2012" vor.

M2 Öffentlichkeitsarbeiter

Immer noch Angst bei Vätern

Seit der Einführung des Elterngeldes nehmen zunehmend mehr Männer eine Babypause, allerdings zögerlich und oft nur sehr kurz. Offenbar wollen sie mit familiären Anliegen im Betrieb keine Unruhe schaffen. Sie fürchten berufliche Nachteile und vermeiden das Gespräch mit ihren Vorgesetzten. Manche machen aber auch ganz andere, positive Erfahrungen.

Immer weniger Kinder

Seit einigen Jahren sinkt in Deutschland die Bevölkerungsrate. Zuerst lag der jährliche Verlust bei 5 000 Einwohnern (2003), schon ein Jahr später bei 30 000, inzwischen beschleunigt sich der ***Bevölkerungsrückgang*** immer stärker: Immer weniger Menschen bekommen ihrerseits immer weniger Kinder.
Das ist keine Besonderheit in Deutschland, den meisten Industrienationen ergeht es so. Allerdings leben in Deutschland die meisten Menschen, die zeitlebens ohne Kinder bleiben, und die meisten Familien mit nur einem oder mit zwei Kindern.
Wo aber liegt das Problem? Diese Entwicklung könnte doch viele Vorteile haben. Aber unser jetziges System der sozialen Versorgung – der Renten-, Kranken- und Plegeversicherung – ist nicht darauf eingestellt. Es müsste umgebaut werden. → *S. 32–33*

Probleme der Rentenversicherung

Die niedrige Geburtenzahl, verbunden mit einer steigenden Lebenserwartung, führt dazu, dass immer mehr Rentner einer immer kleineren Zahl von Erwerbstätigen gegenüberstehen. Es ist umstritten, ob unser System der Rentenversicherung dem gewachsen ist. Dieses System, auch als ***Generationenvertrag*** bezeichnet, sieht so aus: Die Erwachsenen sorgen nicht nur für Erziehung und Unterhalt ihrer Kinder, sondern finanzieren durch ihre Beiträge zur ***Rentenversicherung*** außerdem den Lebensunterhalt der Rentner. Ihr Rentenanspruch richtet sich in erster Linie nach der Zahl der Beitragsjahre und der Höhe der bezahlten Beiträge. → *S. 24*

Um die Rentenversicherung zu entlasten, hat der Staat seinen Zuschuss erhöht. Die Rentenhöhe wird nach einer neuen Formel berechnet, die zu niedrigeren Renten führt. Wer vorzeitig in Rente geht, muss höhere Abschläge in Kauf nehmen. Außerdem wurde das Rentenalter um zwei Jahre auf 67 Jahre heraufgesetzt.

Umverteilung der Lasten

So gesehen hat die Gesellschaft als Ganzes ein Interesse daran, dass wieder mehr Kinder geboren werden. Könnte da das Elterngeld ein Anreiz sein, den eigenen Kinderwunsch nicht so lang aufzuschieben oder sich für mehrere Geschwisterkinder zu entscheiden?

Insgesamt machen die Transferleistungen der Familienpolitik einen großen Teil des staatlichen Haushalts aus. Hierdurch kommt es zu einer Umverteilung der Lasten: Kinderlose und Bürger mit höherem Einkommen finanzieren über das Steuersystem die Leistungen für Eltern und Kinder mit. Andererseits, so könnte man argumentieren, finanzieren die Kinder von heute die Sozialversicherung und die Renten – auch der Kinderlosen – von morgen.

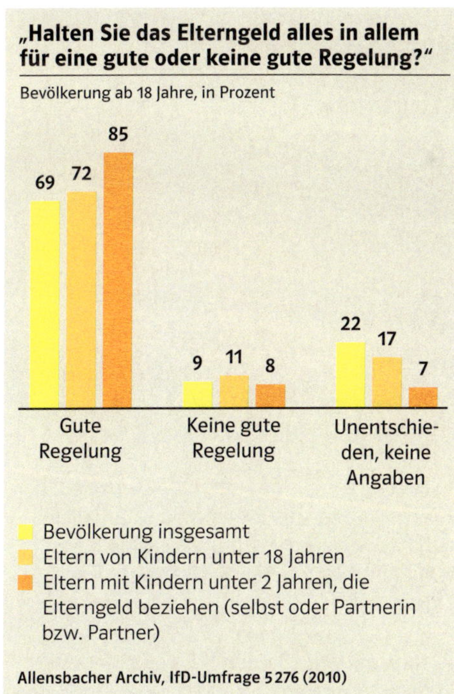

M3 Bewertung des Elterngeldes

Generationenvertrag
Solidarisches Verhalten zwischen den Generationen für eine im Umlageverfahren finanzierte Rente: Jede Generation zahlt für die andere, um im Rentenalter von der nachwachsenden Generation unterstützt zu werden.

(•) Auf einen Blick

Die Idee des staatlichen Elterngeldes bewerten

Der Anspruch des Grundgesetzes

Artikel 2: „Freie Entfaltung der Persönlichkeit“

Artikel 3: „Männer und Frauen sind gleichberechtigt“

Artikel 6: „Schutz der Familie und der Mütter“

Wertvorstellungen in der Gesellschaft

Verfassungsansprüche

- Familienleitbilder
  - Familie als Basis der Gesellschaft
  - Vereinbarkeit von Beruf und Familie
  - Babypause attraktiver machen
- Selbstverwirklichung und Freiheit
- Gleichberechtigung von Männern und Frauen
- Förderung der Geburtenrate

beeinflussen →

Gesetzliche Rahmenbedingungen

Verfassungswirklichkeit

- Staatliche Familienhilfen
  - Mutterschaftsgeld
  - Kindergeld
  - Elterngeld
  - Familienurlaub
  - Steuervergünstigungen
  - ...

Weiterführende Aufgaben

Projektvorschläge

1. Befragen Sie Männer, inwiefern sie die Elternzeit und das Elterngeld in Anspruch nehmen würden. Fordern Sie eine Begründung ein. Werten Sie die Befragung in der Klasse aus.

2. Informieren Sie sich bei verschiedenen Interessengruppen oder Parteien, inwiefern sie das Elterngeld für erfolgreich halten.
→ *Standpunkte-Code*

3. Laden Sie eine/n Mitarbeiter/in einer örtlichen Familienberatungsstelle ein und informieren Sie sich über die verschiedenen Leistungen der Familienförderung. Bereiten Sie das Expertengespräch vor.

1.2 Unser Gesundheitssystem – wer soll das bezahlen?

Grundzüge der Sozialversicherung

Vertiefen
Arbeitsblätter zum Thema
vk53hu

Arbeitsauftrag

Erläutern und bewerten Sie die Grundsätze, nach denen die gesetzliche Krankenversicherung funktioniert.
Folgende Arbeitsschritte helfen Ihnen dabei:

1. Stellen Sie die Grundsätze zusammen, nach denen Beiträge zur gesetzlichen Krankenversicherung bezahlt werden.

2. Aus diesen Grundsätzen ergeben sich für manche Versicherte Vorteile, für manche Nachteile. Nennen Sie Beispiele.

3. Erklären Sie, was in diesem Zusammenhang unter dem Solidaritätsprinzip verstanden wird.

4. Überlegen Sie, warum es eine gesetzliche Versicherungspflicht gibt.

Sozialstaat/sozialer Rechtsstaat
Ein Staat, der seine Mitverantwortung und Mitgestaltungsmacht einsetzt, um soziale Risiken und große soziale Unterschiede auszugleichen.

Aufgaben des Sozialstaats

Die Bundesrepublik Deutschland bezeichnet sich in ihrer Verfassung ausdrücklich als ***Sozialstaat***. Der Sozialstaat hat es zu seiner Aufgabe gemacht, Menschen zu helfen, die in Not sind: die nicht oder nur eingeschränkt in der Lage sind, ihre Existenz aus eigenen Mitteln zu sichern. Das können Arbeitslose sein, Familien mit vielen Kindern, Alleinerziehende, Rentner oder Behinderte. Auch persönliche Schicksalsschläge wie Scheidung, Krankheit, Arbeitslosigkeit führen leicht in die Armut oder zu Verschuldung.

Die Sozialversicherung

Die meisten Arbeitnehmer werden durch eine ***Pflichtversicherung*** vor Risiken wie Krankheit, Arbeitslosigkeit, Arbeitsunfällen, Pflegebedürftigkeit und Hilfsbedürftigkeit im Alter abgesichert: die ***gesetzliche Sozialversicherung***. (Für Beamte und Selbstständige gelten meist andere Regelungen.)
Eine genaue Übersicht über die fünf Säulen der Sozialversicherung, den versicherten Personenkreis, die Leistungen und die Beitragshöhe finden Sie im Schema auf → S. 24.

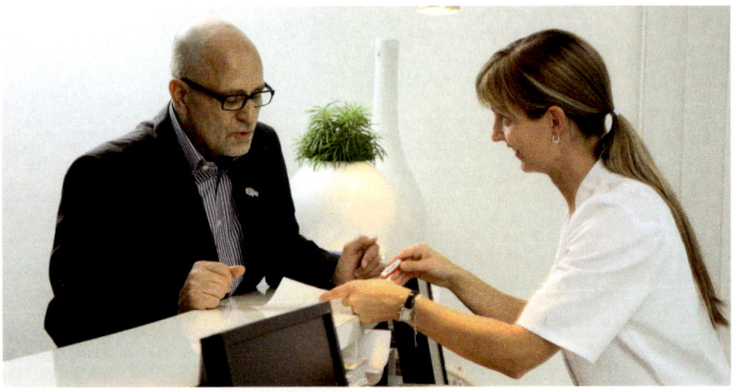

Der Staat überlässt es nicht der Entscheidung des Einzelnen, ob und wie er Vorsorge für seine Lebensrisiken treffen will. Er zieht die Versicherungsbeiträge wie eine Steuer vom Lohn ab. Er legt im ***Sozialgesetzbuch*** (SGB) Art und Umfang der Leistungen fest, den versicherten Personenkreis und – mit Ausnahme der Unfallversicherung – auch die Beitragssätze. Träger der Versicherungen ist aber nicht der Staat, sondern es sind Körperschaften des öffentlichen Rechts wie z. B. die Krankenkassen.

So errechnen sich die Beiträge

Die Beiträge richten sich in allen Zweigen der Sozialversicherung (außer der Unfallversicherung) nicht nach dem individuellen Risiko, sondern nach dem Bruttoeinkommen der Versicherten. Dabei gibt es eine ***Beitragsbemessungsgrenze*** (2011: 3712,50 Euro/Monat). Ein Einkommen über dieser Grenze bleibt bei der Berechnung des Beitrags unberücksichtigt. In der Krankenversicherung gibt es darüber hinaus die ***Versicherungspflichtgrenze*** (2011: 4125 Euro/Monat). Wer mit seinem Einkommen über dieser Grenze liegt, kann sich auch privat krankenversichern. → S. 27
Eine Krankenversicherungspflicht besteht jedoch für alle, auch für Selbstständige.

So funktioniert die gesetzliche Krankenversicherung

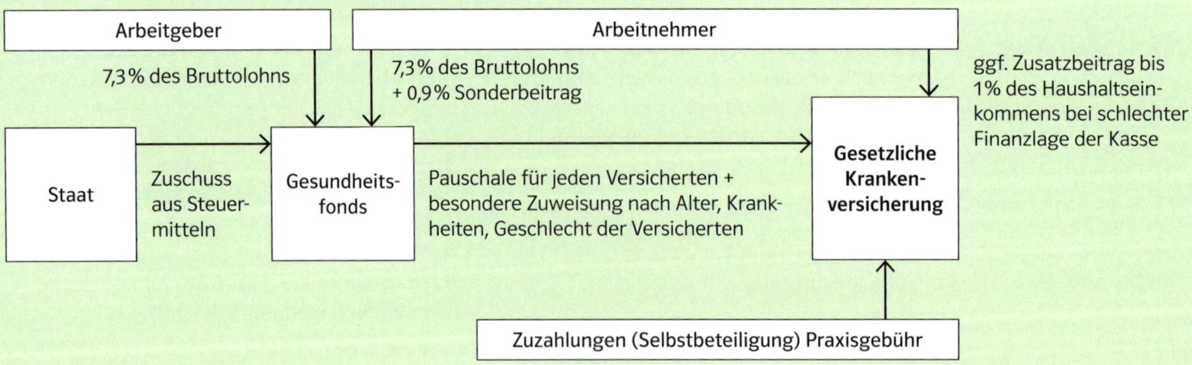

In den Sozialversicherungen werden die Beiträge meist zur Hälfte vom Arbeitgeber und vom Arbeitnehmer bezahlt. In der gesetzlichen Krankenversicherung bezahlt der Arbeitgeber 7,3 Prozent des Bruttolohnes, der versicherte Arbeitnehmer 7,3 Prozent + 0,9 Prozent Sonderbeitrag. Eine Erhöhung dieser Sätze ist ausgeschlossen. Wenn eine Kasse Verlust macht, kann sie einen Zusatzbeitrag von den Versicherten erheben.

Verluste können auch dazu führen, dass eine Kasse pleite geht. Die erste große deutsche Krankenkasse, der das passierte, die City BKK, hatte solche Zusatzbeiträge eingeführt. Ihre Mitglieder flohen daraufhin in Scharen. Die Kasse verkraftete diesen Schwund nicht und wurde geschlossen. Aber die Versicherten mussten sich um ihre Gesundheitsversorgung keine Sorgen machen. Sie konnten sich bei einer anderen Kasse krankenversichern. Umgekehrt können entstandene Überschüsse an die Mitglieder ausbezahlt werden. Dies kommt aber selten vor.

Der Gesundheitsfonds

Die Beiträge der Versicherten fließen nicht direkt an die Krankenkasse, sondern an einen staatlichen ***Gesundheitsfonds***. Dieser teilt den Krankenkassen dann die ihnen zustehende Summe zu. Sie richtet sich nach Alter, Krankheitsbild und Geschlecht der Versicherten. Damit soll verhindert werden, dass Kassen mit vielen Rentnern oder chronisch Kranken schlechter gestellt sind als andere Krankenkassen.

Stichwort: Solidaritätsprinzip

Die Sozialversicherungen sind nach dem ***Solidaritätsprinzip*** aufgebaut. Besonders deutlich ist dies in der Krankenversicherung: Der Beitrag richtet sich nach dem Bruttolohn, also nach der finanziellen Leistungsfähigkeit, und nicht nach dem Gesundheitsrisiko des Einzelnen. Alle Versicherten erhalten die gleichen Leistungen, unabhängig von der Höhe ihres Beitrags und der Dauer der Beitragszahlung. Die Gesunden zahlen für die Kranken. Und weil die Krankenversicherung eine ***Familienversicherung*** ist, sind Familienmitglieder ohne eigenes Einkommen (Kinder, nicht erwerbstätige Ehepartner) ohne zusätzliche Kosten mitversichert. → *S. 27*

Besondere Aufgaben der Unfallversicherung

Zuständig für alle Kosten, die im Zusammenhang mit einem Arbeitsunfall entstehen, ist die ***Unfallversicherung***. Dies gilt auch für Unfälle auf dem direkten Weg zur Arbeitsstelle oder zurück nach Hause. Nur wenn der Arbeitnehmer den Unfall unter Alkoholeinfluss oder Drogen verursacht hat, werden keine Leistungen erbracht. Außerdem trägt die Unfallversicherung die Kosten von Berufskrankheiten.

Ein Beispiel: Ein Arbeitnehmer kommt auf dem Weg zur Arbeit bei Glatteis mit dem Auto von der Straße ab. Die Krankheitskosten werden nicht von der Krankenversicherung, sondern von der Unfallversicherung übernommen. Wenn er nach dem Unfall seinen Beruf nicht mehr ausüben kann, wird eine Umschulung von der Unfallversicherung bezahlt – und nicht von der Arbeitslosenversicherung. Wenn er erwerbsunfähig wird, zahlt die Unfallversicherung seine Rente.

Wann zahlt die Arbeitslosenversicherung?

Arbeitslosengeld I gibt es (Stand 2012) für Arbeitslose, die in den letzten zwei Jahren mindestens zwölf Monate in die ***Arbeitslosenversicherung*** eingezahlt haben (Anwartschaftszeit). Die Höhe richtet sich hauptsächlich nach dem letzten Nettoeinkommen. Die Agentur für Arbeit zahlt auch die Beiträge zur Kranken-, Pflege- und Rentenversicherung. Arbeitnehmer, die selbst gekündigt oder durch ihr Verhalten ihre Arbeitslosigkeit verschuldet haben, haben erst nach einer Sperrzeit Anspruch auf ***Arbeitslosengeld I***.

Der Anspruch auf Arbeitslosengeld ist zeitlich befristet; die Dauer beträgt normalerweise 12 Monate (bei älteren Arbeitnehmern länger). Wer danach noch arbeitslos ist oder keinen Anspruch auf Arbeitslosengeld I hat, kann ***Arbeitslosengeld II*** beantragen, umgangssprachlich bekannt als Hartz IV. Es handelt sich dabei nicht um eine Versicherungsleistung, sondern es wird vom Staat bezahlt und ist von der Erfüllung bestimmter Bedingungen abhängig.

Die fünf Säulen der Sozialversicherung

	Gesetzliche Krankenversicherung	Rentenversicherung	Arbeitslosenversicherung	Pflegeversicherung	Unfallversicherung
Träger	Krankenkassen (AOK, Betriebskrankenkassen u.a.)	Versicherungsanstalten (z.B. Deutsche Rentenversicherung Bund)	Bundesagentur für Arbeit	Pflegekassen	Berufsgenossenschaften, Unfallkassen
Pflichtversicherung für	Arbeitnehmer mit Bruttoeinkommen bis 4125 €; außerdem Auszubildende, Arbeitslose, Rentner, Studenten, Landwirte	alle Arbeiter, Angestellte, Auszubildende, Arbeitslose; außerdem Handwerker und Landwirte	alle Arbeiter, Angestellte, Auszubildende	alle Mitglieder einer gesetzlichen Krankenversicherung	alle Arbeitnehmer und Auszubildende; Schüler, Studenten (Versicherung durch Arbeitgeber, Schule, Universität u.Ä.)
wichtige Leistungen	für Versicherte und Familienangehörige ohne eigene Versicherung: • Behandlungskosten beim Arzt und im Krankenhaus • Heil- und Arzneimittel • Krankengeld bei Arbeitsunfähigkeit über 6 Wochen • Mutterschaftshilfe • Vorsorgeuntersuchungen • Rehabilitation • Lohnfortzahlung im Krankheitsfall	• Rente im Alter • Rente bei Erwerbsunfähigkeit, abhängig vom Maß der Erwerbsunfähigkeit: bei 3–6 Stunden Arbeit täglich Teilerwerbsunfähigkeit; wenn weniger: volle Erwerbsunfähigkeit • Hinterbliebenenrente	• Arbeitslosengeld I bei Arbeitslosigkeit je nach Höhe des Nettoeinkommens • Kurzarbeitergeld Arbeitsförderung: • Arbeitsvermittlung • Berufsberatung • Umschulung	Geldleistung für Pflege zu Hause oder in Heimen je nach Schwere des Falls (3 Pflegestufen)	Unfallverhütung, bei Arbeitsunfällen (auch Wegeunfällen) und bei Berufskrankheiten: • Behandlungskosten • Rehabilitationsmaßnahmen • Umschulung • Rente bei Erwerbsunfähigkeit und für Hinterbliebene
finanziert durch	Arbeitgeber ≈ 47% Arbeitnehmer ≈ 53%	Arbeitgeber 50% Arbeitnehmer 50%	Arbeitgeber 50% Arbeitnehmer 50%	Arbeitgeber 50% Arbeitnehmer 50%	Arbeitgeber 100%
	Beitragssatz 7,3% für Arbeitgeber, 7,3% + 0,9% Sonderbeitrag für Arbeitnehmer; außerdem staatlicher Zuschuss	Beitragssatz 19,9%; außerdem staatlicher Zuschuss	Beitragssatz 3,0%	Beitragssatz 1,95%, Kinderlose Arbeitnehmer zahlen zusätzlich 0,25%.	Beitragssatz abhängig von Schadenklasse des Unternehmens und Lohnsumme

Zusammenstellung des Autors, Stand 2011.

(•) Auf einen Blick

Die wichtigsten Grundsätze der gesetzlichen Krankenversicherung kennen

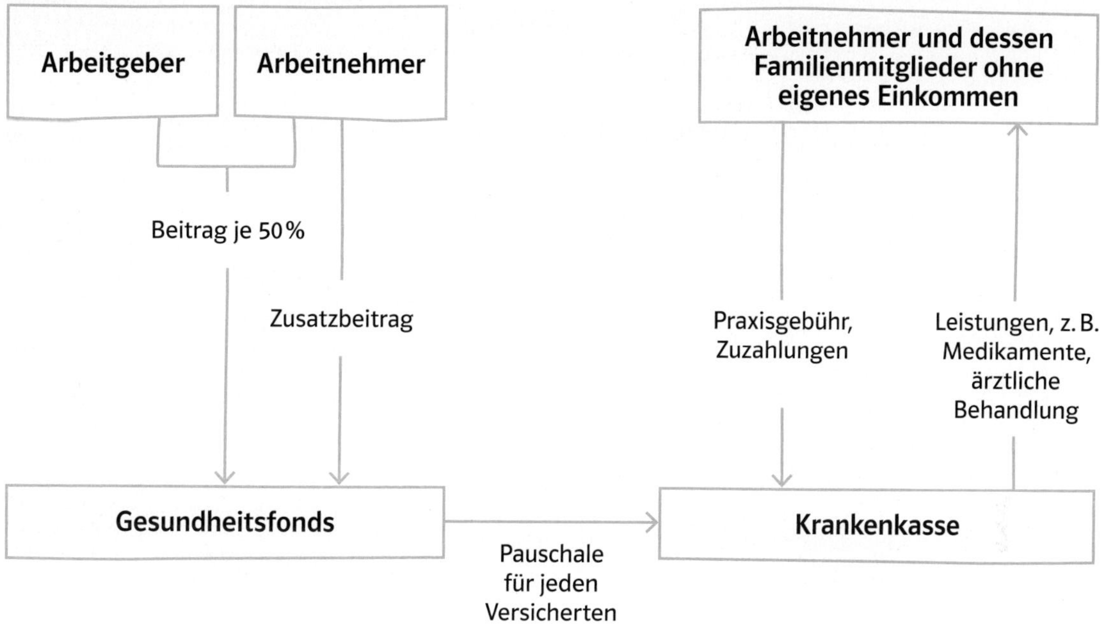

Beiträge
- Wonach richtet sich die Beitragshöhe?
- Wer ist Beitragszahler?
- Wer ist versicherungspflichtig?

Leistungen
- Welche Personen sind versichert?
- Welche Rolle spielt der Gesundheitsfonds?
- Welche Leistungen werden erbracht?
- Wer legt die Leistungen fest?

Weiterführende Aufgaben

1. Die gesetzliche Sozialversicherung ist für die meisten Bürgerinnen und Bürger eine Pflichtversicherung. Sollte es der Staat nicht der freien Entscheidung des Einzelnen überlassen, ob und wie er für sich vorsorgt? Entwerfen Sie ein Szenario, was sich unter solchen Umständen alles ändern würde.

2. Stellen Sie die Aufgabe und die Funktionsweise des staatlichen Gesundheitsfonds dar.

3. Nennen Sie Gründe, warum sich der Versicherungsbeitrag in der gesetzlichen Krankenversicherung nicht nach dem Gesundheitsrisiko und der Zahl der versicherten Personen richtet. Bewerten Sie diesen Grundsatz.

Gesetzliche und private Krankenversicherung im Vergleich

Arbeitsauftrag

Erarbeiten Sie einen Vorschlag, wie eine gerechte Krankenversicherung aussehen könnte.
Folgende Arbeitsschritte führen Sie zu Ihrem Vorschlag:

1. Informieren Sie sich mit *M1*: Wie hoch ist der Anteil der gesetzlich Versicherten, wie hoch ist der Anteil der privat Versicherten in Deutschland?

2. Stellen Sie die Grundsätze der privaten und der gesetzlichen Krankenversicherung einander schematisch gegenüber.

3. Wägen Sie Vor- und Nachteile beider Systeme gegeneinander ab. Welche der beiden Versicherungen halten Sie für gerechter? Begründen Sie Ihren Standpunkt.

4. Bewerten Sie die Argumente für die private Krankenversicherung in *M2*: Welchen stimmen Sie zu? Welchen nicht? Was wären weitere Argumente?

5. Lassen Sie sich von alternativen Modellen anregen, wenn Sie Ihre eigenen Vorstellungen von einer gerechten Krankenversicherung entwickeln.

Individualitätsprinzip

Arbeitnehmer, deren Einkommen über der Versicherungspflichtgrenze liegt, Beamte und Selbstständige können sich privat krankenversichern. → *M1* Auch für sie gibt es einen Arbeitgeberzuschuss zu den Beiträgen, die an die Krankenkasse gezahlt werden müssen.

Die Unterschiede zur gesetzlichen Krankenversicherung: Der Beitrag richtet sich nicht nach dem Einkommen, sondern ist hauptsächlich vom Eintrittsalter abhängig und davon, welche Leistungen versichert werden. Es gibt verschiedene Tarife, zwischen denen der Antragsteller wählen kann. Eine Vollversicherung aller gesundheitlichen Risiken ist teuer. Wer vor der Antragstellung schon schwerere Erkrankungen (sogenannte Vorerkrankungen) hatte, zahlt höhere Beiträge oder kann bestimmte Risiken nicht mehr versichern. Für jede versicherte Person müssen Beiträge entrichtet werden. Darum ist die private Krankenversicherung vor allem für gut verdienende Singles attraktiv.

Wer privat versichert ist, wird als Privatpatient auf Rechnung behandelt und reicht diese Rechnung an seine Versicherung zur Kostenerstattung ein. In der ***privaten Krankenversicherung*** gibt es (abhängig vom Tarif) weniger Leistungseinschränkungen als in der gesetzlichen Krankenversicherung. Ärzte können ihre Leistungen teurer abrechnen als bei Kassenpatienten und sind daher an Privatpatienten interessiert. → *M2*

Jedoch steigen die Beiträge stärker als in der gesetzlichen Krankenversicherung, vor allem im Alter. Ein Wechsel zurück in die gesetzliche Krankenversicherung ist dann aber kaum möglich.

Private Vorsorge

Auch wer gesetzlich versichert ist, kann oder muss zusätzlich private Vorsorge betreiben. Wer heute ins Erwerbsleben einsteigt, kann z. B. nicht mehr damit rechnen, dass er mit der gesetzlichen Rente im Alter gut über die Runden kommt. Auch für größere Anschaffungen, den Fall der Berufsunfähigkeit, fürs Alter, für Pflegebedürftigkeit muss jeder selbst vorsorgen und Geld auf die Seite legen. Unverzichtbar sind eine Berufsunfähigkeitsversicherung, die private Haftpflichtversicherung und eine private Rentenversicherung. Auch eine Kfz-Haftpflichtversicherung ist Pflicht.

Die ***Individualversicherungen*** lassen sich in drei Gruppen einteilen:
- Personenversicherungen (Absicherung des Einkommens),
- Sachversicherungen (Ersatz von Schäden am eigenen Eigentum: Hausratversicherung) und
- Vermögensversicherungen (Schutz des eigenen Vermögens vor Schadensersatzansprüchen Dritter).

Die Höhe des Beitrags richtet sich nach dem jeweiligen individuellen Risiko.

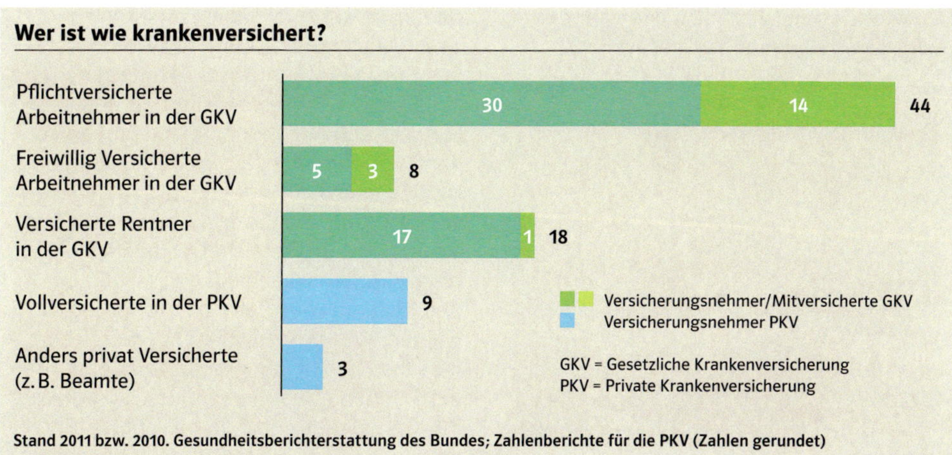

M1 Gesetzlich und privat Versicherte im Überblick

Ein Beispiel: Ein Bauarbeiter zahlt einen höheren Beitrag zur Berufsunfähigkeitsversicherung als ein Architekt.

Private Rentenversicherungen werden durch staatliche Prämien gefördert (Riester-Rente). Eine Form der privaten Vorsorge kann auch die ***Vermögensbildung*** sein: Altersvorsorge kann durch Kapitalanlagen (Sparpläne, Investment-Fonds) oder durch den Erwerb von Wohneigentum (ebenfalls durch staatliche Prämien gefördert) betrieben werden.

Ein anderes System der Krankenversicherung?

Immer wieder gibt es Vorstöße, die Zweiteilung der Krankenversicherung in eine gesetzliche und eine private aufzuheben und eine einheiltliche Versicherung für alle Bürgerinnen und Bürger zu schaffen. Vor allem diese Vorschläge wurden diskutiert:

die Kopfpauschale: Alle erwachsenen Bürgerinnen und Bürger bezahlen für ihre Gesundheitsversorgung einen einheitlichen Betrag, etwa 200 Euro. (Bei Bedürftigen übernimmt der Staat auf Antrag die Kosten ganz oder teilweise. Diese Kosten werden durch einen Zuschlag auf die Einkommensteuer finanziert.)

die Bürgerversicherung: Alle Bezieher von Einkommen werden in die Pflichtversicherung einbezogen, auch Beamte und Selbstständige. Die Beitragshöhe richtet sich nach dem Einkommen, aber auch Einkünfte aus Vermietung oder Kapitalvermögen werden einbezogen. Der Beitragssatz kann darum niedriger liegen als heute.

Gründe für den Wechsel in eine private Krankenversicherung

- Besserstellung als Privatpatient
- Leistungen, die die gesetzliche Krankenversicherung nicht zahlt
- Erhalt anderer Medikamente
- Bevorzugte Behandlung in Arztpraxen
- Privatpatienten bekommen bessere Behandlung
- Anspruch auf Ein- oder Zweibettzimmer im Krankenhaus
- Höhere Erstattung bei Zahnersatzkosten
- Freie Arztwahl im Krankenhaus
- Versorgung in gesetzlicher Krankenversicherung nicht mehr gut

Umfrage 2007. Rangfolge nach Zahl der Nennungen. © Statista 2011

M2 Umfrageergebnis

Ein Blick über die Grenzen

Das Gesundheitswesen wird fast in jedem Staat anders geregelt und finanziert.
In Schweden werden Steuermittel dafür eingesetzt. Die Patienten müssen aber für jeden Tag im Krankenhaus etwa 8 Euro bezahlen, für einen Besuch beim Hausarzt zwischen 10 und 20 Euro (beim Facharzt bis 30 Euro). Der Eigenanteil ist auf 100 Euro im Jahr begrenzt. Medikamente müssen bis zum Betrag von 180 Euro im Jahr selbst bezahlt werden (Stand 2011). Die meisten Allgemeinärzte arbeiten in Gesundheitszentren, zu denen auch Krankenpfleger und Physiotherapeuten gehören. Sie rechnen in der Regel nicht ihre Leistungen ab, sondern erhalten eine pauschale Vergütung für jeden Patienten. Der Patient kann das Gesundheitszentrum frei wählen. Fachärzte arbeiten überwiegend in den (meist staatlichen) Krankenhäusern.

In den Niederlanden ruht die Krankenversicherung auf zwei Säulen: erstens auf einer Pflichtversicherung für alle Einwohner. Deren Beitrag richtet sich nach dem Einkommen. Diese Versicherung finanziert Langzeitbehandlungen, Pflege und Versorgung von Behinderten. Die zweite Säule ist die gesetzliche oder private Krankenversicherung, die die ärztliche Versorgung sicherstellt. Die Versicherten können hier zwischen verschiedenen Tarifen mit unterschiedlichen Zusatzversicherungen wählen. Wer gesetzlich krankenversichert ist, muss sich bei einem Hausarzt einschreiben, an den er dann gebunden ist. Der Weg ins Krankenhaus oder zum Facharzt führt immer über den Hausarzt.

(•) Auf einen Blick

Gesetzliche und private Krankenversicherung vergleichen und bewerten

Gesetzliche Krankenversicherung

Grundsatz: Solidaritätsprinzip
- Beitragshöhe nach dem Bruttoeinkommen
- Kostenlose Mitversicherung von Ehepartner und Kindern ohne eigenes Einkommen
- Gleiche Leistungen für alle, unabhängig von der Höhe der bezahlten Beiträge

Probleme:
- Hohe Belastung der Löhne
- Beitragsgerechtigkeit: Andere Einkommen werden nicht erfasst
- Zuzahlungen

Versicherte Personengruppen:
Arbeitnehmer und Rentner bis zur Versicherungspflichtgrenze, andere Personen freiwillig

Private Krankenversicherung

Grundsatz: Individualitätsprinzip
- Beitragshöhe nach versicherten Risiken und Altersgruppe
- Jeder Versicherte muss Beitrag zahlen
- Ärzte rechnen direkt mit Patienten ab
- Patienten lassen sich Kosten von ihrer Versicherung erstatten

Probleme:
- Hohe Beiträge im Alter
- Starker Anstieg der Beiträge
- Für Familien mit Kindern teuer

Versicherte Personengruppen:
Arbeitnehmer mit Einkommen über der Versicherungspflichtgrenze, Selbstständige, Beamte

Welches Prinzip ist gerechter?

Mögliche Alternativen:
Bürgerversicherung, Kopfpauschale, Finanzierung aus Steuergeldern

Weiterführende Aufgaben

1. Nehmen Sie Stellung zu dem Vorwurf, unser System der Krankenversicherung führe zu einer Zwei-Klassen-Medizin.

2. In manchen Staaten wird das Gesundheitswesen nicht aus Versicherungsbeiträgen, sondern aus Steuermitteln finanziert.
a) Überlegen Sie, was sich dadurch für die Bürgerinnen und Bürger ändert.
b) Worin sehen Sie Vor- und Nachteile dieses Systems?

3. Definieren Sie das Individualitätsprinzip und das Solidaritätsprinzip.

4. Berechnen Sie aus *M1*:
a) Wie hoch ist der Anteil der mitversicherten Familienangehörigen an den Mitgliedern der GKV?
b) Wie hoch ist der Anteil der Versicherten der GKV, die sich auch privat versichern könnten?

Kostenentwicklung im Gesundheitswesen

Chef-Visite

Gesundheitsausgaben	... in Mrd. €	... je Einwohner in €	... als Anteil am Bruttoinlandsprodukt (BIP)
1992	159	1970	9,6 %
1995	187	2290	10,1 %
2000	213	2590	10,3 %
2005	240	2920	10,7 %
2010	287	3510	11,6 %

Gesundheitsberichterstattung des Bundes: Gesundheitsausgaben, Zeitreihen

Arbeitsauftrag

Vergleichen und bewerten Sie verschiedene Möglichkeiten, wie die Kosten im Gesundheitswesen unter Kontrolle gebracht werden können.
Folgende Arbeitsschritte führen Sie zu einer Lösung:

1. Finden Sie eine Überschrift für die Karikatur oben.

2. Stellen Sie fest, welche Faktoren zum raschen Anstieg der Kosten im Gesundheitswesen beitragen. Stellen Sie deren Zusammenhang in Form eines Schemas dar.

3. Welche Maßnahmen zur Kostensenkung wurden in der gesetzlichen Krankenversicherung ergriffen? Bewerten Sie Nutzen und Nachteile dieser Maßnahmen für die verschiedenen Beteiligten.

4. Welche Versicherungslücken entstehen für die gesetzlich Versicherten? Beraten Sie, wie diese geschlossen werden könnten.

Gesundheitspolitik – ein Feld für Lobbyismus

Das Gesundheitswesen in Deutschland ist im Wesentlichen privatwirtschaftlich organisiert. Ärzte, Apotheker, Betreiber von Krankenhäusern usw. sind freie Unternehmer, anders als z. B. in Großbritannien. Trotzdem ist es der Staat, der die Regeln festlegt: Welche Leistungen werden in der gesetzlichen Krankenversicherung honoriert? Wie hoch ist die Bezahlung? Wer darf sich privat versichern? Die Chancen und Risiken für Unternehmen im Gesundheitswesen werden dadurch in hohem Maße durch die Politik bestimmt, weniger durch die Konkurrenz. Darum ist in diesem Politikbereich der Druck der beteiligten Interessengruppen besonders hoch, in ihrem Sinne Einfluss auf Gesetzesvorhaben und staatliche Verordnungen zu nehmen. Am schlechtesten vertreten sind die, um die es eigentlich geht: die Patienten. Sie sind kaum organisiert. → *S. 33, M3*

Der Einfluss von Verbänden auf politische Entscheidungen wird als ***Lobbyismus*** bezeichnet: Vertreter der Verbände begleiten in allen Politikbereichen Gesetzesentwürfe, werden als Berater in den Ausschüssen des Bundestags (hier im Gesundheitsausschuss) herangezogen oder zu Hearings eingeladen.

Bundestag und Regierung brauchen das Sachwissen der Lobbyisten. Manche Gesetze würden ohne ihre Mitarbeit nicht oder nur fehlerhaft zustande kommen. Manche Abgeordnete sind auch für ***Verbände*** tätig oder stehen ihnen nahe.

Damit die Öffentlichkeit erfährt, welche Verbände Lobbyismus betreiben, müssen sich diese beim Bundestag registrieren lassen. Im Jahr 2011 waren über 2100 Verbände registriert. → *M1* Abgeordnete, die gegen Bezahlung für Verbände tätig werden, müssen diese Tätigkeit veröffentlichen.

Lobbyismus
Der bestimmende Einfluss, den Interessenvertreter oder Verbände auf Gesetzgebung, Politik und Verwaltung ausüben – meist durch persönliche Einflussnahme auf maßgebende Politiker.

Interessengruppen/ Verbände
Zusammenschlüsse von Menschen (z. B. in Vereinen), die nach den Spielregeln der Demokratie ihre Interessen im Land durchsetzen wollen. Verbände geben sich eine Satzung und können auf dieser Grundlage als juristische Person rechtsfähig handeln.

Auszug aus der Lobbyliste des Deutschen Bundestags

- AOK-Bundesverband
- Bundesverband ambulanter medizinischer Rehabilitationszentren
- Bundesverband deutscher Apotheker
- Bundesverband deutscher Augenoptiker
- Bundeszahnärztekammer
- BVMed – Bundesverband Medizintechnologie
- Deutsche Krankenhausgesellschaft
- Deutscher Diabetiker-Bund
- Deutscher Verband für Physiotherapie – Zentralverband der Physiotherapeuten/ Krankengymnasten
- Hartmannbund – Verband der Ärzte Deutschlands
- Marburger Bund – Verband der angestellten und beamteten Ärztinnen und Ärzte
- Verband der privaten Krankenversicherung
- Verband forschender Arzneimittelhersteller

Zusammengestellt aus der Lobbyliste des Bundestags (2011): bundestag.de/dokumente

M1 Lobbyismus im Gesundheitswesen

Gesamtkosten: 278 Mrd. Euro (+16 %)

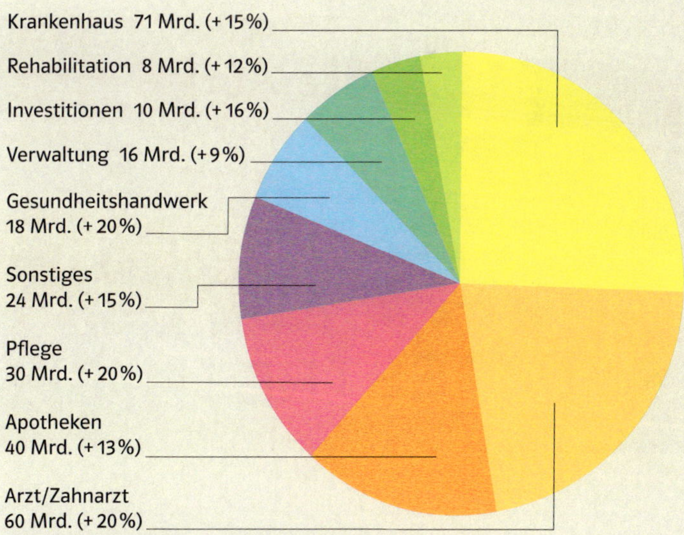

Statistisches Bundesamt – Stand 2009 (Zahlen gerundet). In Klammern die Steigerung gegenüber 2005

M2 Kosten des Gesundheitswesens

„Krankenhausärzte drohen mit Streik!“

„Krankenkassen wollen mehr Verträge mit Krankenhäusern abschließen“

„Jedem fünften Krankenhaus droht bis 2020 die Pleite“

„Apotheker wehren sich gegen Einkommenseinbußen“

„Pharmaunternehmen: Arzneimittelpreise in Deutschland sind nicht überhöht“

„Gesundheitsministerium will Zahl der Arztpraxen in den Städten begrenzen“

„Fachärzte fordern höhere Honorare“

Wird Gesundheit unbezahlbar?

Solche Schlagzeilen häufen sich. Um die Finanzierung der gesetzlichen Krankenversicherung ist ein politischer Streit entbrannt, in dem alle Beteiligten um ihre Interessen kämpfen.

Im Gesundheitswesen steigen die Kosten seit Jahrzehnten. Inzwischen wird jeder neunte Euro für Gesundheit ausgegeben. Das liegt an den Fortschritten der Medizin, aber auch an der steigenden Lebenserwartung – also zwei positiven Entwicklungen.

Eine Versorgung nach heutigem medizinischem Standard lässt sich nicht mit den Kosten von gestern erreichen. Diese Entwicklung gibt es in fast allen Industriestaaten.

Die Beiträge zur gesetzlichen Krankenversicherung können diesen Anstieg jedoch nicht mitmachen. Der Hauptgrund: Durch den Arbeitgeberbeitrag erhöhen sie die Lohnkosten der Unternehmen. Darum wurde bereits einseitig der Beitrag der versicherten Arbeitnehmer erhöht (Sonderbeitrag von 0,9 Prozent), aber nicht der Beitrag der Arbeitgeber. Die Höhe der Einnahmen ist zudem abhängig von der Wirtschaftslage: Bei schlechter Konjunktur verringert sich das Einkommen aus sozialversicherungspflichtiger Arbeit. Dann sinken auch die Einnahmen der Krankenversicherung.

Ausgabenbegrenzungen in der gesetzlichen Krankenversicherung

Der erste Weg zur Begrenzung der Ausgaben der gesetzlichen Krankenversicherung ist die Verlagerung von Kosten auf die Patienten. Dies geschieht durch die

höhere Selbstbeteiligung der Versicherten: Beispiele sind die Praxisgebühr, Zuzahlung bei Rezepten, Eigenanteil beim Zahnarzt, Festbeträge für viele Medikamente. Eine solche Selbstbeteiligung muss jedoch auf die finanziellen Verhältnisse der Versicherten Rücksicht nehmen und darf nicht vor notwendigen Arztbesuchen abschrecken. Sonst entstehen später Kosten, die höher sind als die anfängliche Ersparnis.

Verringerung von Leistungen: Leistungen werden nicht erstattet, für die keine medizinische Notwendigkeit besteht, etwa die Verblendung von Zahnkronen oder die Entfernung von Warzen. Welche Leistungen medizinisch notwendig sind, ist jedoch umstritten. Bei mangelnder Vorsorge werden Leistungen reduziert, etwa beim Zahnarzt.

Für manche Leistungen, die von der Kasse nicht oder nur teilweise übernommen werden, sind private Zusatzversicherungen möglich (z. B. Zahnersatz, Brillen). Ob sie sich lohnen, hängt aber vom Einzelfall ab.

Der zweite Weg der Kostensenkung ist eine niedrigere Bezahlung (Honorierung) von Leistungen oder eine Begrenzung der Honorierung z. B. durch

eine ***Deckelung der Arztkosten***, etwa durch Honorarverteilungsverträge und die Festlegung eines Umfangs der Leistungen der Arztpraxis: Darüber hinausgehende Leistungen werden niedriger, im Extremfall gar nicht vergütet.

kürzere Aufenthalte in Krankenhäusern und Reha-Einrichtungen: Viele Leistungen in Krankenhäusern werden nach Fallpauschalen vergütet, nicht nach dem tatsächlichen Aufwand. Dies soll Anreize schaffen, die Liegedauer zu verkürzen oder Operationen ambulant und nicht mehr stationär durchzuführen.

Der Kassenpatient erfährt nicht, wie die Leistungen honoriert werden, die er in Anspruch nimmt, oder warum er bestimmte Leistungen nicht bekommt. Nur seine Zuzahlungen sind ihm bekannt. Auch für die anderen Beteiligten ist das Verfahren kompliziert und häufig nicht schlüssig. Es wird oft als nicht transparent und bürokratisch kritisiert. Viele Ärzte fühlen sich etwa durch die Festlegung des Umfangs ihrer Leistungen gegängelt.

Bleibender Reformdruck

Da der ***Kostendruck*** trotzdem bleibt, werden diese Maßnahmen laufend verfeinert, verändert, erweitert – teils durch den Gesetzgeber, teils durch die Krankenkassen. Konflikte zwischen den verschiedenen Interessengruppen sind dabei unausweichlich. Pharmaunternehmen und Apotheker wehren sich gegen die Rabatte, die sie den Krankenkassen einräumen müssen; die Krankenkassen wollen mehr Freiheit beim Abschluss von Verträgen mit Kliniken, Ärzten und Pharmaunternehmen; die Patienten fürchten Zusatzzahlungen usw.

Weitergehende Überlegungen zur Kosteneinsparung sind etwa, Leistungen aus der Krankenversicherung herauszunehmen, die infolge von Unfällen bei Risikosportarten erbracht wurden. Auch ein höherer Beitrag für Raucher war schon im Gespräch. Das Problem bei solchen Änderungen: Sie durchbrechen das Solidaritätsprinzip *→ S. 23* und orientieren sich am individuellen Risiko. Außerdem ist es schwer, eine Grenze zu ziehen: Soll es auch für Kinderlose oder für Übergewichtige einen Zuschlag geben? *→ M4* Hinter solchen Fragen steht ein ethisches Problem: Wer entscheidet über den Einsatz der finanziellen Mittel, wenn die Kosten der Kassen nicht mehr steigen dürfen? Wann wird eine Therapie nicht mehr bezahlt? Im britischen Gesundheitssystem etwa bekommen jüngere Patienten eine bessere Versorgung als die ganz alten. Ist das vertretbar?

„Lobbyarbeit“ für Patienten?

Chronisch Kranke und behinderte Menschen müssen um Hilfsmittel betteln, Patienten werden Medikamente verweigert, Krankenschwestern und Pfleger arbeiten für einen Hungerlohn, Hausärzte werden von der Politik in den Ruin getrieben, die Bürokratien explodieren im gleichen Umfang wie die Beraterhonorare – das sind die Vorwürfe, die Renate Hartwig erhebt in ihrem Buch „Der verkaufte Patient“.

M3 Buchtitel

Zuschlag für Kinderlose?

BERLIN Bundeskanzlerin Angela Merkel hat den Vorschlag von jungen Unions-Abgeordneten zurückgewiesen, einen steuerlichen Zuschlag für Kinderlose zu erheben. „Ich glaube, die Diskussion der Einteilung in Menschen mit und ohne Kinder ist nicht zielführend“, sagte Merkel. Die CDU-Chefin reagierte damit auf einen Vorschlag, dass Bürger vom 25. Lebensjahr an abhängig von der Zahl der Kinder eine Abgabe zur Stabilisierung der Sozialversicherungen zahlen sollen.

rtr, Merkel lehnt Zuschlag für Kinderlose ab, in: Hamburger Abendblatt vom 15.02.2012, S. 5

M4 Pressenotiz

(•) Auf einen Blick

Maßnahmen zur Kostenbegrenzung im Gesundheitswesen beurteilen

Mögliche Maßnahmen:

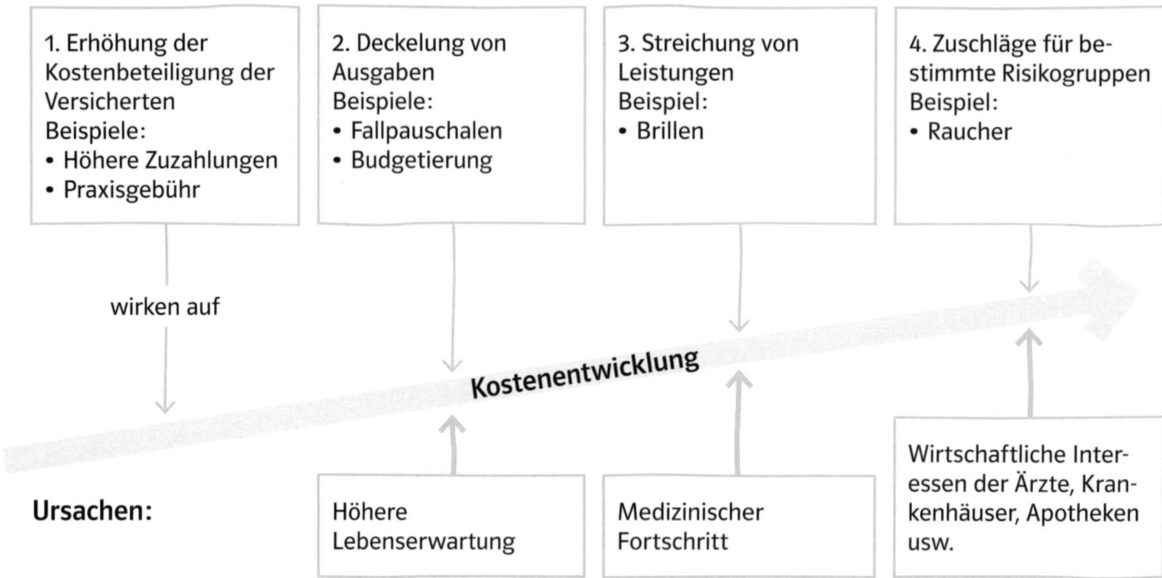

Weiterführende Aufgaben

1. Die Beteiligten im Gesundheitswesen haben unterschiedliche Interessen.
a) Recherchieren Sie im Internet bei zwei bis drei Verbänden des Gesundheitswesens die Ziele und die Mitgliederzahlen.
b) Stellen Sie an zwei Beispielen Konflikte zwischen diesen Interessen dar, z. B. zwischen Krankenkassen und Fachärzten.

2. Führen Sie ein Streitgespräch durch mit folgenden Beteiligten:
– ein HIV-Infizierter, der über seine hohen Zuzahlungen und den Kampf um angemessene Versorgung klagt,
– ein Arbeitgeber, der über die hohen Sozialversicherungsbeiträge für seine Mitarbeiter klagt.
→ Methode Rollenspiel S. 38/39

3. Ordnen Sie den in *M1* genannten Verbände verschiedene Ausgabenbereiche des Gesundheitswesens *M2* zu.

4. Erläutern Sie, warum sich Kostensteigerungen im Gesundheitswesen kaum vermeiden lassen.

5. a) Berechnen Sie aus der Statistik *→ S. 30*, um wie viel Prozent die Ausgaben im Gesundheitswesen pro Einwohner seit 1992 gestiegen sind.
b) Stellen Sie die Entwicklung der Ausgaben als Grafik dar.

6. Echte Einsparungen sind in der gesetzlichen Krankenversicherung eher die Ausnahme. Nennen Sie zwei Beispiele für echte Einsparungen.

Prüfungsaufgaben

Beispiele

Familienpolitik

1. Der Staat unterstützt Familien mit
- Geld,
- gesetzlichen Schutzregelungen,
- Hilfsangeboten.

Nennen Sie zu jedem Punkt ein konkretes Beispiel.

2. Erläutern Sie in fünf kurzen Sätzen, was unter dem Elterngeld zu verstehen ist.

3. Eine niedrige Geburtenrate führt zusammen mit einer steigenden Lebenserwartung zu Problemen bei der Rentenversicherung – warum? Erklären Sie
- das System des Generationenvertrags,
- die Idee des Elterngeldes.

Sozialversicherungen

4. Welche der folgenden Versicherungen gehören zu den Sozialversicherungen?

A Unfallversicherung
B Berufsunfähigkeitsversicherung
C private Rentenversicherung
D Lebensversicherung
E Kfz-Haftpflichtversicherung

5. Wonach richtet sich der Beitrag zur gesetzlichen Krankenversicherung?

A nach dem Alter
B nach dem Bruttoeinkommen
C nach der Zahl der versicherten Personen
D nach der Zahl der Familienmitglieder
E nach dem Krankheitsrisiko

6. Was ist *keine* Leistung der gesetzlichen Krankenversicherung?

A Lohnfortzahlung bei Krankheit bis zu sechs Wochen
B Zahnersatz
C Vorsorgeuntersuchungen
D Rehabilitation
E ärztliche Behandlung nach Sportunfällen.

7. Frau Nerkamp kann nach einem Arbeitsunfall wegen einer schweren Knieverletzung ihren bisherigen Beruf nicht mehr ausüben. Welche Versicherung ist für ihre Rente zuständig?

A gesetzliche Unfallversicherung
B Rentenversicherung
C Haftpflichtversicherung
D Arbeitslosenversicherung
E Krankenversicherung

Entgeltfortzahlungsgesetz

§ 3 Anspruch auf Entgeltfortzahlung im Krankheitsfall
(1) Wird ein Arbeitnehmer durch Arbeitsunfähigkeit infolge Krankheit an seiner Arbeitsleistung verhindert, ohne dass ihn ein Verschulden trifft, so hat er Anspruch auf Entgeltfortzahlung im Krankheitsfall durch den Arbeitgeber für die Zeit der Arbeitsunfähigkeit bis zur Dauer von sechs Wochen. Wird der Arbeitnehmer infolge derselben Krankheit erneut arbeitsunfähig, so verliert er wegen der erneuten Arbeitsunfähigkeit den Anspruch nach Satz 1 für einen weiteren Zeitraum von höchstens sechs Wochen nicht, wenn
- er vor der erneuten Arbeitsunfähigkeit mindestens sechs Monate nicht infolge derselben Krankheit arbeitsunfähig war oder
- seit Beginn der ersten Arbeitsunfähigkeit infolge derselben Krankheit eine Frist von zwölf Monaten abgelaufen ist.

8. Mike Strittmatter ist wegen eines Bandscheibenvorfalls drei Monate arbeitsunfähig. Zehn Monate nach der ersten Erkrankung kommt es erneut zu einem Bandscheibenvorfall und er ist wieder zwei Monate krank.
a) Klären Sie anhand des folgenden Gesetzesauszugs, in welchem Umfang er Anspruch auf Lohnfortzahlung durch den Arbeitgeber hat. Begründen Sie.
b) Wie kann er im vorliegenden Fall seinen Lebensunterhalt bestreiten, solange er keinen Anspruch auf Lohnfortzahlung durch den Arbeitgeber hat?

9. Erklären Sie, was man unter dem Gesundheitsfonds versteht.

10. Die Gesundheitsausgaben in Deutschland steigen Jahr für Jahr.
a) Nennen Sie drei Gründe für den Anstieg.
b) Nennen und erläutern Sie drei Maßnahmen, mit denen der Ausgabenanstieg begrenzt wurde.

11. Tim wird nach der Ausbildung als Elektroniker wegen seiner schlechten Leistungen in der Abschlussprüfung nicht vom Betrieb übernommen. Hat er Anspruch auf Arbeitslosengeld I?

A Ja, weil er die Anwartschaftszeit erfüllt hat.
B Ja, wenn er nicht mehr bei seinen Eltern wohnt.
C Nein, weil er die Arbeitslosigkeit selbst verschuldet hat.
D Nein, weil es offene Stellen in diesem Beruf gibt.
E Nein, weil er noch keine Beiträge als Facharbeiter in die Arbeitslosenversicherung einbezahlt hat.

12. Welche der folgenden Aussagen über das Arbeitslosengeld I ist richtig? Arbeitslosengeld erhält,

A wer eine finanzielle Notlage nachweisen kann.
B wer in den vergangenen 2 Jahren 12 Monate in die Arbeitslosenversicherung eingezahlt hat.
C wer in den vergangenen 12 Monaten in die Arbeitslosenversicherung eingezahlt hat.
D wer in den vergangenen 12 Monaten ohne Unterbrechung gearbeitet hat.
E wem der Arbeitgeber gekündigt hat.

Soziale Sicherheit

13. Überlegen Sie, zu welcher Art von Individualversicherung die folgenden Versicherungen zählen:
- Reisegepäckversicherung
- private Haftpflichtversicherung
- private Unfallversicherung
- Kfz-Haftpflichtversicherung
- Lebensversicherung.

14. Nennen Sie zwei Entscheidungen, die Sie schon heute treffen können, um über die gesetzliche Rente hinaus für Ihr Alter vorzusorgen.

2. Interessen in Schule und Betrieb wahrnehmen

Methode: Rollenspiele entwerfen und durchführen

Recherchieren
Linktipps zum Thema
28ph8u

Methode: Rollenspiele entwerfen und durchführen

„Wie vertrete ich meine Interessen in betrieblichen Konflikten?“

Im Betrieb gelten andere Regeln als in der Schule oder zu Hause. Wer neu im Betrieb ist, muss sich in seiner neuen Rolle erst zurechtfinden. Die Gefahr ist groß, in Konflikten falsch zu reagieren, sich zu viel herauszunehmen oder sich zu viel gefallen zu lassen. Wann ist es wichtig, auf den eigenen Rechten zu bestehen? Bei wem kann ich mir Unterstützung holen? Wie gehe ich mit eigenen Fehlern und Versäumnissen um?

Den Umgang mit betrieblichen Konfliktsituationen können Sie üben, indem Sie solche Situationen durchspielen. Sie können verschiedene Wege ausprobieren, ohne etwas zu riskieren.

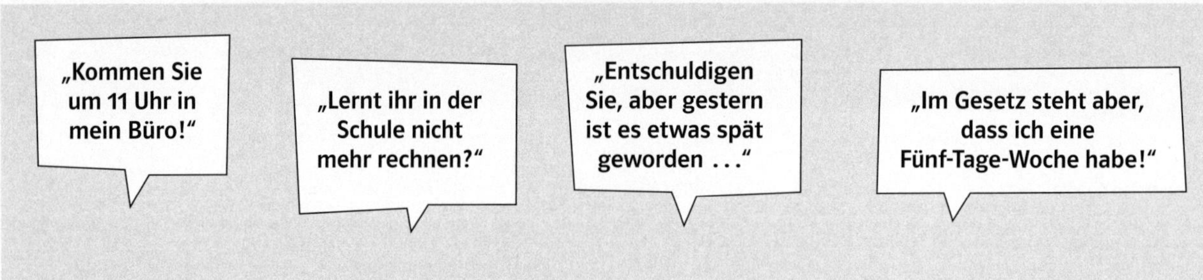

M1 Konfliktstoff

Methodenschritte auf einen Blick

1. Einführung in die Konfliktsituation
- das Problem formulieren
- Informationsmaterial besorgen

2. Vorbereitung
- Gruppen bilden
- Rollenkarten besprechen:
  - Was sind die eigenen Rechte und Interessen?
  - Was sind die Interessen und Rechte der anderen Beteiligten?
  - Wie könnte der Konflikt im eigenen Interesse gelöst werden?
- Spieler auswählen, Beobachter beauftragen

3. Durchführung
- Rollen durchspielen
- Spieler beobachten, Auffälligkeiten notieren

4. Auswertung
- Argumente der Spieler zusammenfassen und Gesprächsverhalten beurteilen
- Spielergebnis bewerten

Frau Adolini

Rollenkarte

Der Monatsabschlussbericht muss heute noch fertiggestellt werden und morgen früh dem Abteilungsleiter, Herrn Marschke, vorliegen. Ohne Computer ist dies allein kaum zu schaffen. Sie sehen nicht ein, dass Sie das allein machen sollen. Außerdem sollen die Lehrlinge ruhig lernen, wie hektisch es manchmal zugeht.

Julia

Rollenkarte

Sie sind erst gestern neu in diese Abteilung gekommen.
Frau Adolini ist in den nächsten drei Monaten für Ihre Ausbildung zuständig. Gerade heute haben Sie sich mit Ihrem neuen Schwarm für 18.00 Uhr verabredet. Es liegt Ihnen viel an diesem Treffen.

In Konflikten angemessen reagieren – wie können Sie das üben?

Führen Sie zu der folgenden Situation ein Rollenspiel durch.

Das Problem: Der Computer ist gegen 15.00 Uhr ausgefallen, und darum ist der Monatsabschlussbericht nicht fertig. Außer Frau Adolini ist nur noch Julia anwesend, da Frau Holder Urlaub hat. Zu zweit kann die Arbeit bis etwa 19.00 Uhr erledigt werden. Gearbeitet wird in der Abteilung normalerweise bis 16.45 Uhr.

In derselben Weise lassen sich auch andere Konfliktsituationen durchspielen. Dazu können Sie jetzt selbstständig Rollenkarten anfertigen.

a) In letzter Zeit sind Sie immer wieder mit Ihrem Auto zu spät zur Arbeit gekommen – mal 10 Minuten, mal 15 Minuten. Manchmal gab es einen Stau unterwegs, aber oft sind Sie einfach zu spät aufgestanden. Sie haben gehofft, dass es nicht auffällt, weil andere auch manchmal zu spät kommen, z. B. Frau Christiansen, die für Ihre Ausbildung zuständig ist. Heute hat Sie der Abteilungsleiter, Herr Spannagel, gesehen und zu sich bestellt.

b) Eine Kundin hat im Supermarkt ein Glas Gurken auf den Boden fallen lassen. Der Filialleiter, Herr Jaffke, fordert Sie auf, die Scherben zusammenzukehren und den Boden zu wischen. Sie sehen das nicht ein. Herr Jaffke wird wütend und schreit: „Soll ich das vielleicht machen?!" Er rennt in sein Büro und knallt die Tür hinter sich zu. Sie merken, dass Ihre Reaktion vielleicht nicht ganz richtig war, und wollen mit ihm reden.

Die folgenden Gesprächsregeln sollten Sie immer beachten.

- Fassen Sie sich kurz.
- Erkennen Sie bessere Argumente an.
- Vermeiden Sie persönliche Angriffe.
- Argumentieren Sie sachlich.
- Zeigen Sie, dass Sie Ihren Gesprächspartner akzeptieren, indem Sie auf seine Aussagen bewusst eingehen.
- Hören Sie Ihrem Gesprächspartner in aller Ruhe zu.
- Halten Sie Blickkontakt.
- Sorgen Sie durch Freundlichkeit für eine positive Gesprächsatmosphäre.
- Versuchen Sie, die Hintergründe der Aussagen Ihres Gesprächspartners zu verstehen.
- Bitten Sie Ihren Gesprächspartner um Vorschläge zur Lösung des Problems.

Diese Methode eignet sich besonders gut für die Erfassung von Konfliktsituationen – zum Beispiel im Zusammenhang mit den folgenden Fragen:

Wer beantragt Elterngeld – Vater oder Mutter?
→ S. 17, 19

Hat es Sinn, eine Bürgerinitiative zu gründen?
→ S. 153, 157

2.1 Konflikte im Betrieb – wie verhalte ich mich richtig?

Rechte und Pflichten in der Ausbildung

Der 17-jährige Markus ist Auszubildender als Speditionskaufmann und kommt in das zweite Ausbildungsjahr. Immer wieder muss er Arbeiten erledigen, die seiner Meinung nach nichts mit der Ausbildung zu tun haben: Botengänge zur Post oder zur Bank, Kehren des Lagers und Putzen der Gabelstapler am Freitag nach Feierabend. Manchmal kommt er erst nach zehn Stunden Arbeit nach Hause.

Arbeitsauftrag

Machen Sie Markus einen Vorschlag, wie er sich verhalten soll.
Und so können Sie Ihren Vorschlag erarbeiten:

1. Prüfen Sie die rechtliche Situation nach dem Berufsbildungsgesetz und dem Jugendarbeitsschutzgesetz. Hat Markus einen Grund, sich zu beschweren?

2. Stellen Sie fest, wen Markus in dieser Situation um Rat fragen kann.

3. Vergleichen Sie verschiedene Vorgehensweisen und deren Konsequenzen und bewerten Sie sie.

„Ausbildende haben dafür zu sorgen, dass den Auszubildenden die berufliche Handlungsfähigkeit vermittelt wird, die zum Erreichen des Ausbildungsziels erforderlich ist, und die Berufsausbildung in einer durch ihren Zweck gebotenen Form planmäßig, zeitlich und sachlich gegliedert so durchzuführen, dass das Ausbildungsziel in der vorgesehenen Ausbildungszeit erreicht werden kann."

§14 Berufsausbildungsgesetz

Unterschiedliche Interessen in der dualen Ausbildung

Unternehmen bilden nicht aus reiner Nächstenliebe oder aus Verantwortung gegenüber der Gesellschaft aus. Sie wollen qualifizierten Nachwuchs gewinnen und sie wollen, dass die Auszubildenden mindestens einen Teil der Kosten erwirtschaften, die sie dem Unternehmen verursachen. Manche Betriebe sehen in Auszubildenden in erster Linie billige Arbeitskräfte; andere lassen sich die Ausbildung viel kosten. Die Auszubildenden wollen umfassend ausgebildet und gut angeleitet werden. Die Kosten für das Unternehmen sind ihnen egal. Dieser und andere Interessengegensätze werden im ***Berufsbildungsgesetz*** (BBiG) geregelt.

Anforderungen an den Ausbildungsvertrag

In §§ 3–4 schreibt das Berufsbildungsgesetz vor, dass vor Ausbildungsbeginn ein schriftlicher ***Ausbildungsvertrag*** abgeschlossen werden muss. Er enthält mindestens diese Angaben:
- genaue Bezeichnung des Ausbildungsberufs und der Ausbildungszeit,
- Ausbildungsbeginn und -ende,
- Ausbildungsmaßnahmen außerhalb des Betriebs (etwa in überbetrieblichen Einrichtungen),
- Dauer der täglichen Arbeitszeit,
- Dauer der Probezeit,
- Höhe und Zahlungstermin der Vergütung,
- Urlaubsanspruch,
- Hinweise auf Tarifverträge oder Betriebsvereinbarungen, die für diesen Vertrag mit gelten. → *S. 53, 54*

Der unterschriebene Vertrag wird bei der zuständigen ***Kammer*** eingereicht. Diese prüft, ob er mit der entsprechenden Ausbildungsordnung übereinstimmt und ob Ausbildungsstätte und Ausbilder fachlich und persönlich geeignet sind. Fachliche Eignung heißt: Die Ausbilder müssen die erforderlichen Qualifikationen und die Ausbildereignung besitzen (z. B. durch eine Meisterprüfung). Hat ein Ausbilder bereits gegen Ausbildungsvorschriften verstoßen, weist er nicht mehr die persönliche Eignung auf.

Ausbildender
Unternehmen, mit dem der Auszubildende einen Ausbildungsvertrag abschließt.

Ausbilder
Person, die unmittelbar mit der Ausbildung beauftragt ist und die persönliche und fachliche Eignung hat (z. B. ein Meister).

Duale Ausbildung
Parallele Ausbildung in Betrieb und Berufsschule, auch an Berufsakademien. Das System ist besonders im deutschsprachigen Bildungssystem verpflichtend.

Pflichten in der Ausbildung

Pflichten des Ausbildenden	Pflichten des Auszubildenden
• Ausbildungspflicht: Vermittlung der nötigen Kenntnisse und Fertigkeiten und der beruflichen Handlungsfähigkeit	• Lernpflicht: Aneignung der nötigen Kenntnisse und Fertigkeiten und der beruflichen Handlungsfähigkeit
• Pflicht zur Bezahlung der Ausbildungsvergütung • Bereitstellung der Ausbildungsmittel (z. B. Werkzeuge) • Freistellung zum Besuch der Berufsschule	• Pflicht zur Führung eines Berichtshefts • Pflicht zum Besuch der Berufsschule
• Es dürfen nur Arbeiten angeordnet werden, die dem Ausbildungszweck dienen und den körperlichen Kräften angemessen sind. • Fürsorgepflicht: Einhaltung der gesetzlichen Bestimmungen (z. B. Jugendarbeitsschutzgesetz, Arbeitszeitgesetz, Unfallschutzbestimmungen); Pflicht zur charakterlichen Förderung der Auszubildenden • Pflicht zur Ausstellung eines Zeugnisses	• Gehorsamspflicht: Weisungen des Ausbildenden müssen befolgt werden. Die Betriebsordnung und die Bestimmungen des Unfallschutzes müssen eingehalten werden. • Sorgfaltspflicht: Übertragene Arbeiten müssen sorgfältig erledigt werden, mit Werkzeug und Maschinen muss sorgfältig umgegangen werden. • Schweigepflicht im Blick auf Geschäfts- und Betriebsgeheimnisse

zusammengestellt nach dem Berufsbildungsgesetz, §§13–19

Was regeln Ausbildungsordnungen?

Die Anforderungen an eine duale Ausbildung werden bundesweit von der Regierung für jeden der knapp 350 Ausbildungsberufe in der ***Ausbildungsordnung*** festgelegt. Sie enthält
- die Bezeichnung des Ausbildungsberufs,
- die Ausbildungsdauer,
- die Fertigkeiten und Kenntnisse, die vermittelt werden müssen: das Ausbildungsberufsbild,
- Regelungen über die inhaltliche Gliederung und zeitliche Abfolge der Fertigkeiten und Kenntnisse, festgehalten im ***Ausbildungsrahmenplan***,
- die Prüfungsanforderungen.

Die Ausbildungsordnungen sind im Internet abrufbar. Sie werden immer wieder den veränderten Bedingungen der Arbeitswelt (technischer Fortschritt, neue Arbeitsformen) angepasst und regelmäßig überarbeitet. So sind z. B. in den vergangenen Jahren neue Berufe in der Informationstechnik entstanden und traditionelle Berufe ersetzt worden – wie etwa der Kfz-Mechaniker durch den Kfz-Mechatroniker.

Rechte und Pflichten in der Ausbildung

Das BBiG erlegt beiden Seiten, dem ausbildenden Unternehmen (Ausbildender) und den Auszubildenden, Pflichten auf. Verstöße gegen diese Pflichten berechtigen die andere Seite zur fristlosen Kündigung. Ein Ausbilder riskiert bei schweren Verstößen außerdem, dass er nicht mehr ausbilden darf. Einen Überblick der Rechte und Pflichten nach dem Berufsbildungsgesetz finden Sie auf S. 41.

Am Beginn der Ausbildung steht eine ***Probezeit*** (1–4 Monate). In dieser Zeit können Betrieb und Lehrling feststellen, ob die Ausbildung dem Lehrling gefällt und der Betrieb mit den Leistungen und dem Verhalten des Auszubildenden zufrieden ist. Innerhalb der Probezeit kann das Ausbildungsverhältnis von beiden Seiten jederzeit und ohne Angabe von Gründen schriftlich gekündigt werden. Danach kann der Auszubildende mit einer Frist von 4 Wochen kündigen. Mit bestandener Abschlussprüfung endet das Ausbildungsverhältnis.

Pflichten im Arbeitsvertrag

- Für Arbeitsverträge ist die Schriftform vorgeschrieben.
- Arbeitsverträge können unbefristet und befristet abgeschlossen werden. Befristete Arbeitsverträge dürfen höchstens 24 Monate Laufzeit haben; dann endet das Beschäftigungsverhältnis automatisch. Sie dürfen nur dreimal verlängert werden.
- Üblich ist die Vereinbarung einer Probezeit (bis 6 Monate). In diesem Zeitraum kann von beiden Seiten ohne Angabe von Gründen gekündigt werden.

Pflichten des Arbeitgebers	Pflichten des Arbeitnehmers
• **Vergütungspflicht** (Höhe der Bezahlung ist oft durch Tarifvertrag oder Betriebsvereinbarung festgelegt)	• **Arbeitspflicht**: Pflicht, die vereinbarte Arbeitsleistung persönlich zu erbringen
• **Beschäftigungspflicht**: Der Arbeitnehmer muss mit den vertraglich vereinbarten Arbeiten beschäftigt werden.	• **Gehorsamspflicht**: Den Weisungen des Arbeitgebers ist Folge zu leisten. Die Betriebsordnung und die Bestimmungen des Unfallschutzes müssen eingehalten werden.
• **Fürsorgepflicht**: Einhaltung der gesetzlichen Bestimmungen (z. B. Jugendarbeitsschutzgesetz, Arbeitszeitgesetz, Unfallschutzbestimmungen)	• **Treuepflicht**: Sie umfasst –**Sorgfaltspflicht**: Übertragene Arbeiten müssen sorgfältig erledigt werden, mit Werkzeug und Maschinen muss sorgfältig umgegangen werden; –**Schweigepflicht**: Betriebsgeheimnisse und Datenschutz müssen beachtet werden; –**Wettbewerbsverbot**: Dem Arbeitgeber darf keine Konkurrenz gemacht werden.
• **Zeugnispflicht**: Pflicht zur Ausstellung eines Arbeitszeugnisses	

Zusammengestellt nach BGB, §§ 611 ff.

Sozialer Arbeitsschutz

Alle Regelungen des Arbeitsrechts gelten auch für Auszubildende, insbesondere die für den sozialen ***Arbeitsschutz***. Dessen Ziel ist es, die körperliche und geistige Belastung der Arbeitnehmer zu begrenzen und sie vor Willkür durch den Arbeitgeber zu schützen. Die wichtigsten Gesetze sind:
- das Arbeitszeitgesetz (ArbZG),
- das Bundesurlaubsgesetz (BUrlG),
- das Kündigungsschutzgesetz und
- das Allgemeine Gleichbehandlungsgesetz.

Außerdem gibt es Arbeitsgesetze, die nur für einen bestimmten Personenkreis gelten, wie
- das Mutterschutzgesetz (MuSchG), → *S. 17*
- das Jugendarbeitsschutzgesetz für Jugendliche unter 18 Jahre (JArbSchG)
- das Schwerbehindertengesetz (SGB, IX. Buch).

Ausnahmen im JArbSchG

Gefährliche Arbeiten sind erlaubt, wenn sie zur Erreichung des Ausbildungsziels erforderlich sind und die Aufsicht durch eine fachkundige Person gewährleistet ist.

M1 Ausnahme

Jugendarbeitsschutzgesetz

Besondere Bedeutung für junge Arbeitnehmerinnen und Arbeitnehmer hat das ***Jugendarbeitsschutzgesetz***, das für alle Beschäftigten gilt, die zu Beginn des Kalenderjahrs mindestens 15, aber noch nicht 18 Jahre alt sind. Wenn sie noch keine 15 Jahre alt sind, ist das Arbeiten überhaupt verboten.

Jugendarbeitsschutzgesetz – die wichtigsten Regelungen

Arbeitszeit	Höchstens 8 Stunden täglich (bei Schichtarbeit bis 11 Stunden) und 40 Stunden wöchentlich. Nicht mehr als 5 Tage in der Woche. Berufsschultage sind Arbeitstage. Sie werden auf die Ausbildungs- bzw. Arbeitszeit angerechnet und bezahlt. Keine Beschäftigung an Schultagen, wenn der Unterricht vor 9 Uhr beginnt und/oder mindestens 5 Unterrichtsstunden dauert.
Ruhepausen	Bei 4½–6 Stunden Arbeitszeit mindestens 30 Minuten, bei längerer Arbeitszeit mindestens 60 Minuten.
Freizeit	Täglich mindestens 12 Stunden.
Arbeitsbeginn und -ende	Keine Beschäftigung vor 6 und nach 20 Uhr; bei Schichtarbeit bis 23 Uhr (Ausnahmen ab 16 Jahren z. B. in Gaststätten und Bäckereien).
Wochenende	Beschäftigung an Samstagen nur in Betrieben mit regelmäßiger Samstagsarbeit. Dafür muss ein Wochentag freigegeben werden. Beschäftigung an Sonn- und Feiertagen im Wesentlichen nur in der Gastronomie und im Gesundheitswesen erlaubt. Zwei Sonntage im Monat müssen frei bleiben.
Urlaub	Nach Alter gestaffelt: Für 15-Jährige 30 Werktage, für 16-Jährige 27 Werktage, für 17-Jährige 25 Werktage (Samstag gilt als Werktag).
Beschäftigungsverbote	Keine Arbeiten, die die Leistungsfähigkeit übersteigen (z. B. Akkordarbeit). Keine gefährlichen Arbeiten (Ausnahme: zu Ausbildungszwecken).
Ärztliche Untersuchung	Erste Untersuchung frühestens 14 Monate vor Beginn der Beschäftigung. Nachuntersuchung in den letzten 3 Monaten des ersten Jahres.

zusammengestellt nach dem Jugendarbeitsschutzgesetz

Konflikte in der Ausbildung

Während einer Ausbildung kommt es zu ***Konflikten*** – das ist normal. Meist lassen sie sich im Gespräch lösen. Manchmal führen sie aber auch dazu, dass die Ausbildung abgebrochen wird.

Vorzeitig gelöste Lehrverträge	
Industrie und Handel	20 %
Handwerk	28 %
Öffentlicher Dienst	5 %
Freie Berufe	21 %
Hauswirtschaft	23 %
Alle Bereiche	**22 %**

Datenreport zum Berufsbildungsbericht 2011, S. 183

So weit muss es aber nicht kommen. Zuerst sollten Sie als Auszubildende oder Auszubildender prüfen, wer nach dem Gesetz recht hat. Wenn Sie im Recht sind, müssen Sie einschätzen, ob Ihre Rechte auch im Betrieb durchsetzbar sind.

Wer gibt Rat? Wer hilft?

Ansprechpartner für Auszubildende:

die zuständige Kammer: Sie ist für die Qualität der Ausbildung mitverantwortlich und hat eigene Ausbildungsberater, die zwischen Auszubildenden und Ausbildenden vermitteln können.

die Gewerkschaft: Sie vertritt die Interessen der Arbeitnehmer und Auszubildenden und weiß konkret, was das ausbildende Unternehmen darf und was es nicht darf.

die Jugend- und Auszubildendenvertretung im Betrieb (JAV): Sie vertritt die Interessen der Auszubildenden gegenüber den Ausbildern und Ausbildenden.

der Betriebsrat: Er ist die Interessenvertretung aller Arbeitnehmer im Unternehmen. Dazu hat er laut Betriebsverfassungsgesetz Mitbestimmungsrechte.

die Lehrerinnen und Lehrer der Berufsschule: Sie kennen die Rechte und Pflichten der Auszubildenden und des Betriebes ebenfalls genau und haben meist Erfahrungen mit betrieblichen Konflikten.

die Berufsberatung der Agentur für Arbeit: Bei schlechten Leistungen in der Berufsschule gibt es Unterstützung durch ausbildungsbegleitende Hilfen (ABH). Zudem kennt die Berufsberatung berufliche Alternativen und infrage kommende andere Ausbildungsbetriebe.

Die wichtigsten Regelungen zur Arbeitszeit

Arbeitszeit	Im Durchschnitt von 6 Monaten höchstens 8 Stunden am Tag und 48 Stunden in der Woche.
Ruhepausen	Bei 6–9 Stunden Arbeitszeit mindestens 30 Minuten, bei längerer Arbeitszeit mindestens 45 Minuten.
Freizeit	Täglich mindestens 11 Stunden.
Sonn- und Feiertage	Beschäftigung nur, wenn Arbeit an Werktagen nicht durchgeführt werden kann. 15 Sonntage im Jahr müssen frei bleiben.
Urlaub	Mindestens 24 Werktage (Samstag gilt als Werktag).

zusammengestellt nach dem Arbeitszeitgesetz und dem Bundesurlaubsgesetz

(•) Auf einen Blick

Mit Konflikten in der Ausbildung umgehen lernen

1. Schritt: Soll-Ist-Vergleich

Was muss in der Ausbildung vermittelt werden?
Beispiel: Inhalte des Ausbildungsrahmenplans

↔

Was wird in der Ausbildung tatsächlich vermittelt?
Beispiel: nur ein Teil der Inhalte des Ausbildungsrahmenplans

2. Schritt: Verhalten bei großen Abweichungen

Erkundigung über die Rechtslage, z. B. bei der Gewerkschaft oder der JAV
Gespräch mit dem Ausbilder oder dem Ausbildenden

3. Schritt: Verhalten, wenn sich nichts ändert

Den Konflikt durchstehen?
Wenn die Probleme grundlegend sind:

Abwägen zwischen möglichen weiteren Schritten:
- Einschaltung der zuständigen Kammer
- Wechsel der Ausbildungsstelle
- …

Nach einem Kompromiss suchen?
Wenn die Probleme zu beheben sind:

Personen und Institutionen ansprechen, die mit dem Ausbildenden oder Ausbilder vermitteln können
z. B. die JAV → *S. 53*

Weiterführende Aufgaben

1. Was macht in Ihren Augen einen guten Ausbildungsbetrieb aus? Erstellen Sie eine Rangfolge und vergleichen Sie anschließend die Ergebnisse in der Klasse.

2. Überlegen Sie, bei welchen Pflichten es im Ausbildungsverhältnis leicht zu Konflikten zwischen Ausbildendem und Auszubildendem kommen kann.

3. Prüfen Sie, ob in den folgenden Fällen gegen gesetzliche Vorschriften verstoßen wurde. Begründen Sie Ihre Einschätzung!

a) Wegen längerer Krankheit einer Mitarbeiterin im Verkauf muss Lily, 16 Jahre, am Samstag statt am Montag arbeiten.
b) Der Drogeriemarkt Bruns beschäftigt Auszubildende in Teilzeit: Die Berufsschultage gelten nicht als Arbeitszeit.
c) Der Ausbilder, Herr Hummel, weist Mike, Auszubildender im ersten Lehrjahr, an, in den nächsten zwei Monaten am Freitagnachmittag die Werkstatt zu fegen. Mike weigert sich.
d) Tobias muss im Betrieb sein Berichtsheft vorlegen. Dabei stellt sich heraus, dass er die Seiten seines Kumpels Jonas kopiert und seinen Namen eingesetzt hat.

Offener Umgang mit Konflikten

Arbeitsauftrag

Stress in der Abteilung – worum geht es? Beschreiben Sie den Konflikt auf der Sachebene und auf der Beziehungsebene. Und so gehen Sie am besten vor:

1. Informieren Sie sich, was in Konflikten unter der Sachebene zu verstehen ist und was unter der Beziehungsebene.

2. Klären Sie, um welche sachlichen Konflikte es für die einzelnen Beteiligten in der Situation oben geht.

3. Analysieren Sie für jeden Beteiligten, welche der beiden Ebenen bei ihm im Vordergrund steht, und beschreiben Sie anschließend den Konflikt mit *M1*.

„Sie haben mir keine Vorschriften zu machen!“

„Damit wollen Sie bloß beim Chef Eindruck schinden!“

„Das haben wir noch nie so gemacht!“

Konflikte sind nichts Schlimmes

Dass sich Menschen nicht einig sind, kommt im Beruf und im Privatleben jeden Tag vor. Konflikte sind nichts Negatives, wenn sie ausdiskutiert und bearbeitet werden. Im Gegenteil: Dann sind sie oft ein Anstoß für Veränderungen oder ein Anlass, über sich und andere nachzudenken. Offene Auseinandersetzungen können die Verhältnisse klären und eine Basis für die künftige Zusammenarbeit darstellen.

Nur ist es so, dass dieser offene Umgang mit Konflikten eher die Ausnahme ist. Häufig werden Konflikte verschwiegen oder sie werden zu Machtfragen, bei denen nicht die besseren Argumente entscheiden und kein Kompromiss gesucht wird, sondern bei denen derjenige entscheidet, der in der Rangordnung oben steht oder mehr gilt. Schlechte Karten haben dann oft im Betrieb z. B. Frauen, die nur Teilzeit arbeiten, oder Ausländer.

Viele Konflikte lassen sich auch nicht so einfach „lösen“. In Unternehmen gibt es z. B. Verteilungskonflikte zwischen einzelnen Beschäftigten oder Abteilungen: Welches Büro bekommt den neuen Kopierer? Wer darf seinen Urlaub in den Schulferien nehmen? Wer bekommt im Großraumbüro den schlechten Platz an der Tür? In Fällen wie diesen wird um ein knappes Gut gestritten. Darum gibt es zwangsläufig Gewinner und Verlierer. Die Frage ist aber, nach welchen Maßstäben entschieden wird. Auch gesetzliche Vorschriften oder ***Betriebsvereinbarungen*** *→ S. 57* müssen dabei beachtet werden.

Verschiedene Konfliktebenen

In vielen Konflikten geht es neben der Sachebene (Welche Lösung ist besser?) auch um die Beziehungsebene (Wer gewinnt?). Die Sachebene kann von den Beteiligten offen angesprochen werden, die Beziehungsebene häufig nicht. Dabei kann es sogar sein, dass die Beziehungsebene die entscheidende ist.

Womöglich tun die Beteiligten so, als ginge es um eine Klärung in der Sache, während in Wirklichkeit ein persönlicher Machtkampf tobt, in dem keiner nachgeben will. Oder jemand frisst seine ganze berechtigte Kritik in sich hinein, weil er den Konflikt auf der persönlichen Ebene vermeiden will. Es kann sogar sein, dass den Beteiligten der Konflikt auf der Beziehungsebene gar nicht bewusst ist, das heißt, dass sie sich darüber täuschen, worum es zwischen ihnen geht. Außenstehende sehen das manchmal klarer als die Beteiligten.

M1 Das Eisberg-Modell

Verschiedene Motive

In den meisten Konflikten spielen verschiedene Motive eine Rolle. Auf der Sachebene kann es darum gehen,
- eigene Interessen mitzuteilen,
- zwischen Alternativen abzuwägen,
- Aussagen zu prüfen,
- Stellung zu beziehen.

Auf der Beziehungsebene können folgende Aspekte eine Rolle spielen:
- das Maß der Anerkennung der anderen Person,
- Erwartungen an Anerkennung und Wertschätzung durch die andere Person,
- Kampf um Vorherrschaft,
- Rache,
- Rückzug und Unterwerfung.

Hilfe von außen: Regeln finden

Wenn ein Konflikt einmal aus dem Ruder gelaufen ist, ist Hilfe von außen nötig. Das können im Betrieb Kollegen sein, Vorgesetzte oder jemand vom Betriebsrat.

Am besten geeignet für den unvoreingenommenen Blick von außen ist eine Person, die weder direkt noch indirekt in den Konflikt verwickelt ist (also nicht unbedingt der Chef). Der Blick von außen zeigt oft, dass es für einen ungelösten Konflikt nicht einen eindeutigen Schuldigen gibt. Meist haben alle Beteiligten zur Zuspitzung der Situation beigetragen. Die Hilfe von außen macht es auch leichter, Regeln zu finden, mit denen die Beteiligten leben können und die nicht einseitig zu Lasten einer Person gehen. Regeln für Konflikte finden heißt auch: Konflikte zulassen, aber ihnen eine bestimmte Verlaufsform geben.

Von verdeckten Konflikten zum Mobbing

Mobbing
Systematisches Schikanieren, Beleidigen oder Einschüchtern einer Person durch eine Gruppe mit Hilfe von Psychoterror (Gerüchte, soziale Isolierung, Herabsetzung).

Verschleppte, verschwiegene und nicht ausgetragene Konflikte sind ein guter Nährboden für ***Mobbing***. In eine Mobbing-Situation am Arbeitsplatz sind neben den ursprünglich Beteiligten weitere Kolleginnen und Kollegen einbezogen. Mit Konflikten auf der Sachebene haben die Auseinandersetzungen, die dann laufen, nichts mehr zu tun. Es sind systematische persönliche Anfeindungen. Mobbing kann jeden treffen. Zwar ist der Arbeitgeber verpflichtet, zugunsten des Opfers einzugreifen, wenn er von Mobbing in seinem Unternehmen erfährt. Typisch für Mobbing ist aber, dass viele Aktionen nicht offen ablaufen (z. B. wenn ein Mitarbeiter von wichtigen Informationen ausgeschlossen wird) oder den Anschein von Harmlosigkeit erwecken (z. B. Beleidigungen, die als Späße getarnt sind). Mobbing ist darum schwer beweisbar.

Und umgekehrt: Nicht jeder Streit ist schon ein Beweis für Mobbing. Manchmal liegen die Nerven blank, weil so viel zu tun ist, weil Entlassungen anstehen oder jemand Stress zu Hause gehabt hat. Von Mobbing kann erst gesprochen werden, wenn hinter den Anfeindungen und Beleidigungen ein System, eine Absicht steckt.

Phasen eines Mobbingprozesses

1. Phase ↓	• Konflikte • einzelne Vorfälle • Schuldzuweisungen
2. Phase ↓	• Ausgrenzung • Psychoterror
3. Phase ↓	• Arbeit leidet • Erkrankungen • arbeitsrechtliche Schritte
4. Phase	• Ausschluss, z. B. Kündigung

Folgen von Mobbing

Menschen, die sich gemobbt fühlen, leiden psychisch und oft auch körperlich. Sie werden häufig krank. Hilfe holen sie sich eher beim Betriebsrat und bei Kollegen, die nicht gemobbt haben, als von den Vorgesetzten. Wenn die Mobbing-Situation bedrängend wird, ist die häufigste Konsequenz, dass die Opfer den Arbeitsplatz innerhalb des Unternehmens wechseln oder sogar kündigen. Gewerkschaften und Kirchen haben inzwischen Mobbing-Beratungsstellen eingerichtet.

(•) Auf einen Blick

Die Ebenen eines Konflikts unterscheiden

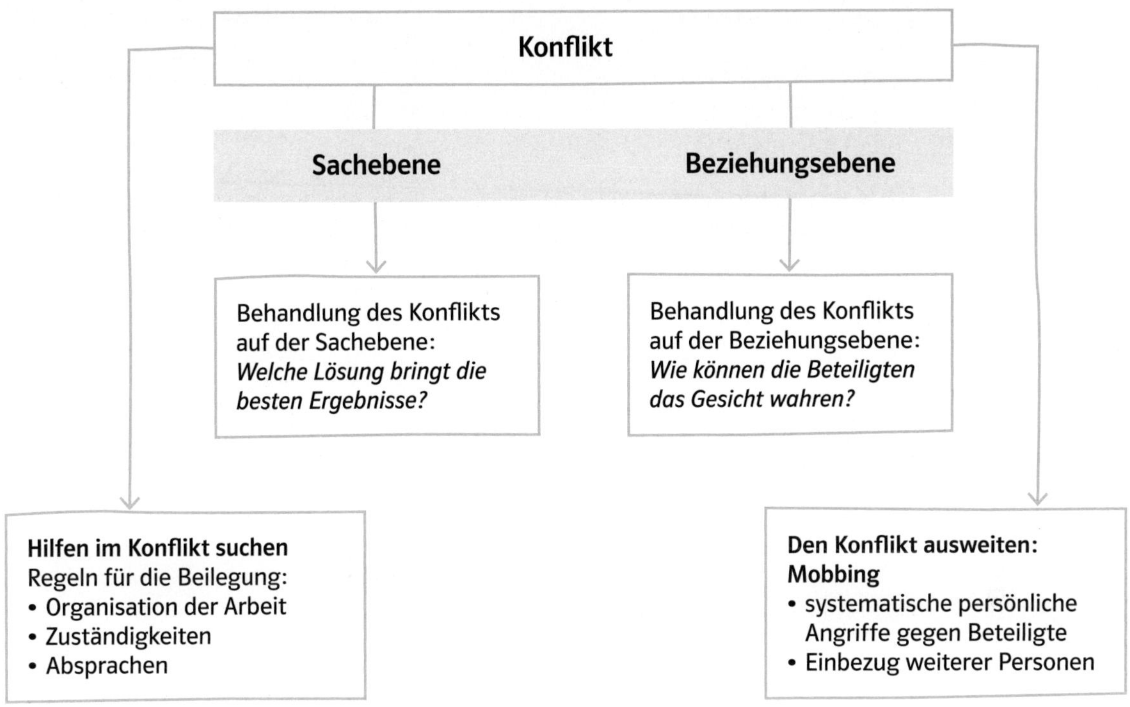

Weiterführende Aufgaben

1. Die folgenden Äußerungen sind Konfliktsignale.

„Warum soll ausgerechnet ich immer Überstunden machen? Ist mein Feierabend weniger wert als der von den anderen?“

„Frau Koslowski könnte sich ruhig etwas dezenter schminken. Und haben Sie den Rock gesehen, den sie gestern anhatte?“

„Joachim versaut beim Arbeiten immer den ganzen Boden; und nachher sagt er, dass wir das gewesen sind.“

a) Deuten Sie jeweils diese Signale (Sachebene/Beziehungsebene).
b) Machen Sie für zwei dieser Äußerungen Vorschläge für eine Antwort oder für einen sachgerechten Umgang mit der Äußerung.

2. Nennen Sie zwei nützliche und zwei schädliche Folgen von Konflikten am Arbeitsplatz. Erläutern Sie genauer, worin Nutzen und Schaden jeweils bestehen.

3. Einige der folgenden Situationen können zu Verteilungskonflikten führen. Welche Situationen sind das? Erläutern Sie jeweils, worin der Verteilungskonflikt besteht.
a) Vergabe einer Leistungsprämie
b) Beförderung eines Mitarbeiters
c) Entlassung eines Mitarbeiters in der Probezeit
d) Umzug in ein anderes Büro

2.2 Betriebsrat – sinnvoll oder nicht?

Gründung eines Betriebsrats

Arbeitsauftrag

Entscheiden Sie, ob durch die Einrichtung eines Betriebsrats die Zusammenarbeit zwischen der Geschäftsführung und den Beschäftigten eher erleichtert oder erschwert wird.
Und so bereiten Sie Ihren Standpunkt vor:

1. Informieren Sie sich, wie Arbeitnehmer einen Betriebsrat gründen können. Prüfen Sie, ob sie dabei vor Schikanen geschützt sind.

2. Erstellen Sie eine Checkliste für einen Wahlvorstand: *Was bei der Gründung eines Betriebsrats beachtet werden muss.*

3. Stellen Sie fest, wie die Unabhängigkeit des Betriebsrats nach erfolgter Wahl gesichert wird.

4. Wägen Sie die Vor- und Nachteile von Runden Tischen und Belegschaftsausschüssen im Vergleich zu Betriebsräten ab.

Gründung eines Betriebsrats

In Unternehmen, in denen ein ***Betriebsrat*** gegründet werden soll, wird in einer ***Betriebsversammlung*** ein Wahlvorstand gewählt. Die Einladung zur Betriebsversammlung muss von mindestens drei Beschäftigten oder einer im Betrieb vertretenen Gewerkschaft ausgehen. Der Wahlvorstand ist für die Vorbereitung und die Durchführung der Wahl zuständig.

Der Arbeitgeber darf die Wahl eines Betriebsrats nicht behindern oder durch Drohungen oder Versprechungen beeinflussen (§ 20 BetrVG). Dazu gehört auch, dass er Mitgliedern des Wahlvorstands und Kandidaten für den Betriebsrat nicht kündigen darf (§ 15 KSchG). Ausgeschlossen ist lediglich eine fristlose Kündigung wegen schwerwiegender Pflichtverletzungen. Dieser Schutz gilt bis 6 Monate nach Bekanntgabe des Wahlergebnisses.

Trotzdem kommt es vor, dass Arbeitgeber die Gründung eines Betriebsrats untergraben, z. B. indem sie Mitglieder des Wahlvorstands in eine Außenstelle versetzen oder Druck auf Beschäftigte ausüben, nicht für den Betriebsrat zu kandidieren. → *M1*

Wahl des Betriebsrats

Betriebsratswahlen finden alle vier Jahre statt. Außerhalb dieser Zeit wird nur gewählt, wenn im Betrieb noch kein Betriebsrat besteht oder der Betriebsrat seinen Rücktritt erklärt hat.

Der Wahlvorstand ist für die ordnungsgemäße Durchführung der Wahl zuständig. Er erstellt eine Wählerliste (wahlberechtigte und wählbare Beschäftigte), informiert die Belegschaft über die Wahl, nimmt Wahlvorschläge entgegen, erstellt die Wahlunterlagen und führt die Wahl durch. Er gibt das Ergebnis bekannt und lädt zur ersten Sitzung des Betriebsrats ein. In Betrieben mit Betriebsrat wird der Wahlvorstand vom Betriebsrat bestimmt.

Voraussetzungen: Betriebsräte können nur in Betrieben gewählt werden, die in der Regel mindestens fünf wahlberechtigte Arbeitnehmerinnen und Arbeitnehmer haben, von denen drei wählbar sind.

Wahlberechtigt sind alle Arbeitnehmerinnen und Arbeitnehmer, die mindestens 18 Jahre alt sind, auch Heim- und Telearbeiter. Gewählt werden können alle Wahlberechtigten, die mindestens 6 Monate ständig dem Betrieb angehören. Leiharbeiter, die seit mindestens 3 Monaten im Betrieb arbeiten, sind wahlberechtigt, aber nicht wählbar. Wahlvorschläge können nicht nur von den Beschäftigten, sondern auch von der im Betrieb vertretenen Gewerkschaft kommen. Leitende Angestellte werden nicht vom Betriebsrat vertreten. Sie sind nicht wahlberechtigt und nicht wählbar.

Die Größe des Betriebsrats hängt ab von der Zahl der Arbeitnehmer: Mindestens ein Mitglied, dann steigend: Bei 701–1000 Wahlberechtigten sind es z. B. 13 Mitglieder.

Bei der Zusammensetzung des Betriebsrats muss das Geschlecht, das in der Minderheit ist, mindestens entsprechend seinem Anteil an der Belegschaft vertreten sein. Auch die verschiedenen Gruppen von Beschäftigten müssen angemessen vertreten sein.

Betriebsrat
Interessenvertretung der Arbeitnehmer eines Betriebes.

Betriebsversammlung
Versammlung der Arbeitnehmer eines Betriebs (unter Vorsitz des Betriebsrats). Findet viermal jährlich während der Arbeitszeit statt.

Textilunternehmen klagt gegen Betriebsräte – ein Fallbeispiel

Wie immer um die Mittagszeit schlendern viele Kunden durch die Läden der Innenstadt, für die Angestellten ist da an eine ausgedehnte Mittagspause nicht zu denken. Die Dienstpläne eines Textilunternehmens mit Filialen in Hannover und Berlin sind besonders eng. Regelmäßig bringen die fünf Betriebsräte einer besonders betroffenen Filiale dieses Thema zur Sprache. Sie werfen dem Filialleiter vor, seine Dienstpläne entsprächen nicht den gesetzlichen Arbeitszeitregelungen. Als der Widerstand der Arbeitnehmervertreter nicht aufhört, droht ihnen das Unternehmen mit einem Amtsenthebungsverfahren und Kündigung. → *S. 63, M3*

M1 Klage

Interessengegensatz

Zwischen den Interessen der Arbeitgeberseite und den Beschäftigten gibt es grundsätzliche Gegensätze. Der ***Arbeitgeber*** achtet auf Wirtschaftlichkeit. Je niedriger der Aufwand, desto höher der Gewinn. Er will die Arbeitskraft der ***Arbeitnehmer*** so weit nutzen, wie dies vom Gesetz her erlaubt ist. Die Beschäftigten dagegen wollen ihre Belastung durch den Beruf begrenzen. Schichtzeiten, Überstundenregelungen, Urlaubspläne usw. sind darum ein ständiger Reibungspunkt zwischen Arbeitgeber- und Arbeitnehmerseite.

Rechtliche Stellung des Betriebsrats

Die Tätigkeit des Betriebsrats findet in der Arbeitszeit statt. Alle Kosten seiner Tätigkeit trägt der Arbeitgeber. In Betrieben ab 200 Wahlberechtigen werden Betriebsratsmitglieder für ihre Tätigkeit bei voller Bezahlung freigestellt, d. h. ihr normaler Lohn wird weiterbezahlt. Betriebsratsmitgliedern darf während ihrer Amtszeit und im ersten Jahr nach ihrem Ausscheiden nicht gekündigt werden.

Die Jugend- und Auszubildenden-Vertretung (JAV)

In Betrieben mit Betriebsrat kann zusätzlich eine JAV gewählt werden, die die besonderen Interessen der Jugendlichen und Auszubildenden vertritt. Dazu muss es mindestens fünf Beschäftigte unter 18 Jahren oder Auszubildende unter 25 Jahre geben. Die Wahl findet alle 2 Jahre statt. Wählbar sind alle Beschäftigten unter 25 Jahre, mit Ausnahme der Betriebsratsmitglieder.

Die Mitglieder der JAV genießen ebenfalls Kündigungsschutz. Für Auszubildende, die Mitglied der JAV sind, besteht nach dem Ende der Ausbildung ein Anspruch auf Weiterbeschäftigung.

Die JAV kann einen Vertreter zu den Sitzungen des Betriebsrats entsenden. Stimmrecht hat die JAV nur bei Beschlüssen, die die Jugendlichen oder Auszubildenden betreffen.

Lesebeispiel
31% der Beschäftigten im Handel waren 2010 durch einen Betriebsrat vertreten. In 10% der Handelsunternehmen gab es einen Betriebsrat.

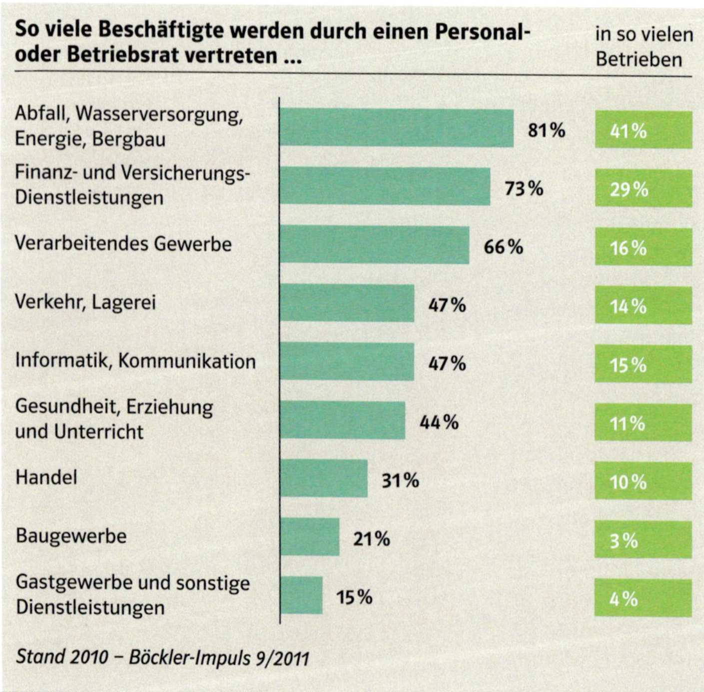

M2 Statistische Erhebung

Sind Betriebsräte notwendig?

Der Staat stärkt durch das Betriebsverfassungsgesetz die Rechte der Arbeitnehmer gegenüber dem Unternehmen. Er gibt dem Betriebsrat das Recht, im Namen der Belegschaft mit dem Unternehmen zu verhandeln. Die Geschäftsführung muss sich mit dem Betriebsrat ins Benehmen setzen; sie muss Kompromisse schließen und kann nicht einfach anordnen.

Darum gibt es Streit, wie weit die Rechte des Betriebsrats gehen sollen. Wem gekündigt wird, der wünscht sich, dass der Betriebsrat das Recht haben soll, diese ***Kündigung*** zu verhindern. Wer als Arbeitgeber Samstagsarbeit anordnen will, wünscht sich, dass der Betriebsrat sich nicht querlegen darf.

Nur knapp die Hälfte der Beschäftigten in Deutschland wird durch einen Betriebsrat vertreten. Insbesondere in kleinen Betrieben, im Handwerk und im Handel sind Betriebsräte eher die Ausnahme. → *M2*

In manchen Unternehmen gibt es statt eines Betriebsrats andere Formen der Kooperation zwischen Belegschaft und Unternehmensleitung. Diese haben aber keine Rechte nach dem Betriebsverfassungsgesetz. → *S. 60*

Grundsätzlich lassen sich zwei Formen unterscheiden:
Ein ***Runder Tisch*** wird gemeinsam von Arbeitgebern und Mitarbeitern ins Leben gerufen und betrieben.
Ein ***Belegschaftsausschuss*** vertritt ähnlich wie ein Betriebsrat ausschließlich die Belange der Beschäftigten.

Bei ihrer täglichen Arbeit – so werben Arbeitgeber zuweilen – hätten Mitarbeiter in Betrieben, in denen es gemeinsame Runde Tische oder Belegschaftsausschüsse gibt, häufig einen größeren Handlungs- und Entscheidungsspielraum. Sie planen, steuern und kontrollieren stärker im Team die Arbeitsprozesse mit. Firmen mit Rundem Tisch setzen zuweilen auch auf Gewinnbeteiligung oder sogenannte leistungsorientierte Vergütung ihrer Mitarbeiter.

In Großbetrieben setzt die Geschäftsführung in der Regel auf die Zusammenarbeit mit einem Betriebsrat. Sie einigt sich mit ihm auf ***Betriebsvereinbarungen***, die die gesetzlichen Vorschriften und die Tarifverträge ergänzen. → *S. 57*

Die Gewerkschaften werben für die Einrichtung von Betriebsräten. → *M3* Sie weisen darauf hin, dass ein Betriebsrat die Arbeitnehmerseite stärkt, weil er mehr Rechte hat als die einzelnen Beschäftigten. Diese haben lediglich das Recht auf Einsicht in die Personalakte und auf Anhörung, Beratung und Information in Angelegenheiten, die sie persönlich betreffen.

Umstritten ist besonders der Einfluss der Arbeitnehmer auf die Unternehmenspolitik der Kapitalgesellschaften. Hier können die Arbeitnehmervertreter im Aufsichtsrat z. B. Entscheidungen erschweren, die Nachteile für die Mitarbeiterinnen und Mitarbeiter bedeuten – etwa die Verlagerung der Produktion ins Ausland. In der betrieblichen Praxis werden in solchen Situationen meist Kompromisse gefunden wie z. B. Übergangslösungen oder Teilverlagerungen statt kompletter Schließung. Diese sind jedoch meist mit zusätzlichen Kosten für das Unternehmen verbunden. → *S. 127–129*

Betriebsrat –Sinnvoll oder nicht?

M3 Werbung des DGB

(•) Auf einen Blick

Die Stellung des Betriebsrats im Unternehmen charakterisieren

Pflicht zur Zusammenarbeit

Verschwiegenheitspflicht

Unternehmensleitung

- Regelung von Fragen der Mitbestimmung: Arbeitszeit, Urlaub …
- Regelung von Konfliktfällen
- Information über geplante Maßnahmen
- Betriebsvereinbarungen

↔

Betriebsrat
Interessenvertretung der Beschäftigten gegenüber dem Arbeitgeber

- gewählt für 4 Jahre, nicht kündbar. Voraussetzung: 5 Arbeitnehmer, davon 3 wählbar

Jugend- und Auszubildenden-Vertretung (JAV)
Spezielle Interessenvertretung der Jugendlichen und Auszubildenden

- gewählt für 2 Jahre, nicht kündbar. Voraussetzung: 5 Beschäftigte unter 18 oder Auszubildende unter 25 Jahre

↔

Beschäftigte

- Kandidatur zum Betriebsrat
- Wünsche
- Beschwerden
- Regelung von Konfliktfällen
- Einsicht in Personalunterlagen

Weiterführende Aufgaben

1. Sollen anstelle des Betriebsrats die Rechte der einzelnen Arbeitnehmerinnen und Arbeitnehmer im Betrieb gestärkt werden? Diskutieren Sie das Für und Wider.

2. Nennen Sie je zwei Argumente für eine Ausweitung und für eine Einschränkung der Mitbestimmungsrechte des Betriebsrats. Bewerten Sie diese Argumente.

3. Im Großhandelsunternehmen Busch fordert die Geschäftsführung dazu auf, bei der Betriebsratswahl die Liste „Für Busch“ zu wählen, in keinem Fall die konkurrierende Liste der Gewerkschaft.
a) Warum ist ein solcher Aufruf nicht zulässig?
b) Welche Motive könnten hinter dem Verhalten der Geschäftsführung stehen?

4. Führen Sie eine Standpunkte-Diskussion durch zu der Frage: Ist ein Betriebsrat sinnvoll oder nicht? → S. 10/11

Die Bedeutung von Betriebsvereinbarungen

Arbeitsauftrag

Erarbeiten Sie einen Vorschlag für eine Betriebsvereinbarung gegen Diskriminierung.
Dabei helfen Ihnen folgende Arbeitsschritte:

1. Bestimmen Sie die Stellung von Betriebsvereinbarungen im Arbeitsrecht.

2. Stellen Sie anhand des Allgemeinen Gleichbehandlungsgesetzes → *M1* fest, was eine Betriebsvereinbarung gegen Diskriminierung regeln müsste.

3. Vergleichen Sie Ihr Arbeitsergebnis mit der Betriebsvereinbarung der Volkswagen AG → *M2*. Bewerten Sie die Unterschiede.

4. Nehmen Sie die Gliederungspunkte der Betriebsvereinbarung von VW als Anregung für Ihren eigenen Vorschlag.

Arbeitsrecht

In der Arbeitswelt gibt es eine Vielzahl von Regelungen: Tarifverträge, Arbeitsverträge, Gesetze, Betriebsvereinbarungen ... Aber welche Regelung hat im konkreten Fall Vorrang? Hat z. B. der zwischen Arbeitgeber und Arbeitnehmer geschlossene Arbeitsvertrag Vorrang vor dem Tarifvertrag, der zwischen Arbeitgeberverband und Gewerkschaft geschlossen wurde und an dem der einzelne Arbeitgeber und die einzelnen Arbeitnehmerinnen und Arbeitnehmer nicht beteiligt waren?

Rangordnung im Arbeitsrecht

Grundgesetz
↓
Arbeitsgesetze
↓
Tarifvertrag
↓
Betriebsvereinbarung
↓
Arbeitsvertrag
↓
Weisung

Das ***Prinzip der Rangfolge*** fordert, dass keine Vereinbarung einer übergeordneten Regelung widersprechen darf. So darf ein Tarifvertrag nicht Bestimmungen des Jugendarbeitsschutzgesetzes aufheben. Abweichungen zugunsten des Arbeitnehmers sind möglich – nach dem sogenannten Günstigkeitsprinzip. Beispiel: Ein Auszubildender kann eine höhere Ausbildungsvergütung erhalten, als der Tarifvertrag vorsieht. Abweichungen zuungunsten des Arbeitnehmers sind nur erlaubt, wenn dies ausdrücklich festgelegt ist. So gibt es in Tarifverträgen manchmal ***Öffnungsklauseln***. Sie erlauben es z. B. bei schlechter wirtschaftlicher Lage eines Unternehmens, durch Betriebsvereinbarung oder Arbeitsvertrag eine niedrigere Bezahlung festzulegen.

Arbeitsgesetze gelten für alle Unternehmen, aber mitunter nur für eine bestimmte Personengruppe. Das Bundesurlaubsgesetz gilt für alle Arbeitnehmer, das Mutterschutzgesetz nur für Schwangere und Mütter nach der Geburt des Kindes. ***Tarifverträge*** gelten in der Regel für eine Branche (z. B. das Friseurhandwerk), oft aber nur für ein oder mehrere Bundesländer. ***Betriebsvereinbarungen*** gelten nur für ein Unternehmen oder Teile eines Unternehmens (einen einzelnen Betrieb). Auch hier kann es Regelungen für bestimmte Personengruppen geben, z. B. spezielle Regelungen für Auszubildende.

Allgemeines Gleichbehandlungsgesetz (Auszug)

§ 1 Ziel des Gesetzes
Ziel des Gesetzes ist, Benachteiligungen aus Gründen der Rasse oder wegen der ethnischen Herkunft, des Geschlechts, der Religion oder Weltanschauung, einer Behinderung, des Alters oder der sexuellen Identität zu verhindern oder zu beseitigen. [...]

§ 7 Benachteiligungsverbot
(1) Beschäftigte dürfen nicht wegen eines in § 1 genannten Grundes benachteiligt werden; dies gilt auch, wenn die Person, die die Benachteiligung begeht, das Vorliegen eines in § 1 genannten Grundes bei der Benachteiligung nur annimmt.
(2) Bestimmungen in Vereinbarungen, die gegen das Benachteiligungsverbot des Absatzes 1 verstoßen, sind unwirksam.
(3) Eine Benachteiligung nach Absatz 1 durch Arbeitgeber oder Beschäftigte ist eine Verletzung vertraglicher Pflichten. [...]

§ 12 Maßnahmen und Pflichten des Arbeitgebers
(1) Der Arbeitgeber ist verpflichtet, die erforderlichen Maßnahmen zum Schutz vor Benachteiligungen wegen eines in § 1 genannten Grundes zu treffen. Dieser Schutz umfasst auch vorbeugende Maßnahmen.

(2) Der Arbeitgeber soll in geeigneter Art und Weise, insbesondere im Rahmen der beruflichen Aus- und Fortbildung, auf die Unzulässigkeit solcher Benachteiligungen hinweisen und darauf hinwirken, dass diese unterbleiben. [...]
(3) Verstoßen Beschäftigte gegen das Benachteiligungsverbot des § 7 Abs. 1, so hat der Arbeitgeber die im Einzelfall geeigneten, erforderlichen und angemessenen Maßnahmen zur Unterbindung der Benachteiligung wie Abmahnung, Umsetzung, Versetzung oder Kündigung zu ergreifen. [...]
(Stand 2012)

M1 Auszug aus dem Allgemeinen Gleichbehandlungsgesetz

Was regeln Betriebsvereinbarungen?

Betriebsvereinbarungen werden zwischen Betriebsrat und Geschäftsleitung geschlossen. Sie sind für das Unternehmen und alle Beschäftigten verbindlich und haben (entsprechend der Rangordnung im Arbeitsrecht) Vorrang vor den Einzel-Arbeitsverträgen. Betriebsvereinbarungen dienen dem Zweck, Interessenkonflikte zwischen Arbeitgeber und Beschäftigten durch allgemeine Regeln zu entschärfen und den ***Betriebsfrieden*** zu wahren. Sie konkretisieren gesetzliche oder tarifvertragliche Regelungen und wenden sie auf die Verhältnisse im jeweiligen Betrieb an. Auf diese Weise soll auch erreicht werden, dass im ganzen Unternehmen nach einheitlichen Maßstäben verfahren wird. Das bringt für beide Seiten Vorteile.

Die Bedeutung der Betriebsvereinbarungen nimmt zu, da die Tarifverträge immer häufiger Öffnungsklauseln enthalten oder nur noch eine Rahmenvereinbarung treffen, die vor Ort, im Betrieb konkretisiert wird.

Betriebsvereinbarungen werden vor allem über soziale Angelegenheiten geschlossen, also Arbeitszeit, Schichtpläne, Urlaubsgrundsätze usw. Der Grund: Auf diesem Gebiet hat der Betriebsrat ein echtes ***Mitbestimmungsrecht***. → *S. 60* Betriebsvereinbarungen kann es über alle Bereiche geben, in denen der Betriebsrat ***Mitwirkungsrechte*** hat. → *M2*

Für die Durchführung und Einhaltung der Betriebsvereinbarung ist der Arbeitgeber zuständig. Betriebsvereinbarungen werden entweder über einen bestimmten Zeitraum geschlossen (z. B. Vereinbarungen über untertarifliche Bezahlung wegen wirtschaftlicher Schwierigkeiten des Unternehmens), oder sie gelten unbefristet und können von jeder der beiden Seiten gekündigt werden.

Betriebsvereinbarungen
Zwischen dem Arbeitgeber und dem Betriebsrat geschlossene Vereinbarung über betriebliche Fragen.

Partnerschaftliches Verhalten am Arbeitsplatz

[…]
2. Grundsätze:
Jeder Beschäftigte ist verpflichtet, jede Art von Diskriminierung zu unterlassen und ein respektvolles, partnerschaftliches Miteinander zu ermöglichen. […] Nicht statthaft ist jede Form von Diskriminierung in Form der
- Benachteiligung oder Anweisung zur Benachteiligung
- Belästigung bis hin zum Mobbing sowie
- sexuellen Belästigung

zum Beispiel aus Gründen der Rasse, der ethnischen Herkunft, des Geschlechts, der Religion, der Weltanschauung, einer Behinderung, des Alters oder der sexuellen Identität […].
3. Beratung […]
4. Beschwerderecht […]
5. Vertraulichkeit […]
6. Maßnahmen […]
BV 2/96 neu, gültig ab 01.01.2007

M2 Auszug aus einer Betriebsvereinbarung der Volkswagen AG

(•) Auf einen Blick

Arbeitsgesetze und Betriebsvereinbarungen vergleichen

Arbeitsgesetze	Betriebsvereinbarungen
• Regelung für alle Unternehmen und deren Beschäftigte • Festlegung von Mindestarbeitsbedingungen und von Arbeitnehmerrechten • Regelungen für spezielle Gruppen von Arbeitnehmern: - Jugendliche - Schwangere und Mütter - Schwerbehinderte - Auszubildende (BBiG)	• Regelungen für Einzelbetrieb oder alle Betriebe eines Unternehmens • Gegenstand: Themen, bei denen der Betriebsrat mitbestimmen darf
• Vorrang vor Tarifverträgen, Betriebsvereinbarungen und Arbeitsverträgen	• Vorrang vor Arbeitsverträgen • Gesetze und Tarifverträge müssen eingehalten werden
↑	↑
festgelegt durch Bundestag (Gesetze) bzw. Ministerium für Arbeit und Sozialordnung (Verordnungen)	festgelegt durch Vertrag zwischen Arbeitgeber und Betriebsrat (bzw. Gesamtbetriebsrat)

Weiterführende Aufgaben

1. Recherchieren Sie, inwieweit in Ihrem Ausbildungsbetrieb die Arbeitsbedingungen durch Tarifvertrag oder durch Betriebsvereinbarungen geregelt werden. Besorgen Sie sich den Wortlaut der gültigen Regelungen und verschaffen Sie sich einen Überblick.

2. Begründen Sie, warum in Betriebsvereinbarungen am häufigsten Fragen der Arbeitszeit (z. B. Schichtpläne, Überstunden, Arbeitszeitkonten …) geregelt werden.

3. Die Betriebsvereinbarung von VW gegen Diskriminierung → *M2* regelt auch die Beratung, das Beschwerderecht und die Vertraulichkeit der Gesprächsinhalte. Erläutern Sie die Bedeutung dieser Punkte.

4. In 20 Prozent der ostdeutschen Betriebe gab es 2009 zwar einen Betriebsrat, aber keinen Tarifvertrag. Überlegen Sie, wie sich dies auf den Inhalt von Betriebsvereinbarungen auswirken kann.

Handlungsmöglichkeiten des Betriebsrats

Außerordentliche Sitzung des Betriebsrats beim Motorenhersteller Jansen GmbH. Grund ist ein Schreiben der Geschäftsführung: Die Streichung von 56 Stellen ist geplant. Das Schreiben schließt mit den Worten: „Durch diesen Schritt, der uns nicht leichtgefallen ist und zu dem wir keine Alternative sehen, kann die Konkurrenzfähigkeit unseres Unternehmens gestärkt und können die verbleibenden 300 Arbeitsplätze gesichert werden."

Arbeitsauftrag

Diskutieren Sie, was der Betriebsrat der Jansen GmbH in den Gesprächen mit der Geschäftsführung für die Belegschaft erreichen kann.
Und so bereiten Sie die Diskussion vor:

1. Finden Sie heraus, warum die Geschäftsführung die Streichung der Stellen plant.
→ S. 126, 129 M3

2. Klären Sie, welche Rechte Betriebsräte allgemein haben.

3. Stellen Sie fest, wie weit die Rechte des Betriebsrats der Jansen GmbH im konkreten Fall gehen. Beziehen Sie die Regelungen des Kündigungsschutzgesetzes ein.

4. Sammeln Sie Vorschläge, wie der Betriebsrat taktisch vorgehen kann.

5. Wägen Sie Vor- und Nachteile der verschiedenen Vorgehensweisen gegeneinander ab.

Beteiligungsrechte des Betriebsrats

Einigungsstelle
Zweck ist die Beilegung von Konflikten zwischen Arbeitgeber und Betriebsrat. Beide Seiten entsenden gleich viele Mitglieder. Zusätzlich gibt es einen Vorsitzenden (in der Regel Richter an einem Arbeitsgericht), auf den sich beide Seiten einigen. Die Beschlüsse der Einigungsstelle sind bindend.

An Entscheidungen im Unternehmen sind die Beschäftigten durch den Betriebsrat beteiligt. Für Beschäftigte unter 25 Jahren und Auszubildende gibt es zusätzlich eine Jugend- und Auszubildenden-Vertretung (JAV → S. 52). Die Mitbestimmungsrechte des Betriebsrats werden im ***Betriebsverfassungsgesetz*** (BetrVG) geregelt. Es sind im Wesentlichen Kontrollrechte bei unternehmerischen Entscheidungen. Sie lassen sich nach drei Stufen unterscheiden:

echte (erzwingbare) Mitbestimmungsrechte: Der Betriebsrat ist gleichberechtigter Partner und darf eigene Vorschläge machen. Wenn keine Einigung zwischen Geschäftsführung und Betriebsrat zustande kommt, entscheidet eine Einigungsstelle. – Diese Rechte des Betriebssrats gelten in sozialen Angelegenheiten, also insbesondere Arbeitszeit (auch: Pausen, Verteilung der Arbeitszeit auf die Wochentage), Überstunden oder Verkürzung der Arbeitszeit, Urlaubspläne, Betriebsordnung, Festsetzung von leistungsbezogenen Zulagen (z. B. Akkordzuschläge, Prämien), Grundsätze der Gruppenarbeit, Richtlinien für Einstellungen, für Versetzungen und für Kündigungen.

Anhörungs- und Einspruchsrechte: Der Betriebsrat darf nur aus wichtigen Gründen (z. B. bei Verstoß gegen gesetzliche Vorschriften) einer Maßnahme widersprechen. Der Arbeitgeber muss sich an das Arbeitsgericht wenden, um die Zustimmung des Betriebsrats ersetzen zu lassen. Dies betrifft vor allem Einstellungen, Versetzungen, Umgruppierungen und Kündigungen (dazu unten mehr).

Unterrichtungs- und Beratungsrechte: Der Betriebsrat muss vor einer Maßnahme informiert und angehört werden. Er kann die Maßnahme nicht verhindern. Dies betrifft wirtschaftliche Angelegenheiten: z. B. Stilllegung, Rationalisierung, Planung von Produktion und Absatz, Veränderung von Arbeitsabläufen, Arbeitsschutz. → M2

Kündigungsschutz

In Betrieben mit mehr als zehn Beschäftigten gilt nach sechs Monaten Betriebszugehörigkeit das ***Kündigungsschutzgesetz*** (KSchG). Dann darf nur aus folgenden drei Gründen gekündigt werden (ordentliche Kündigung):

- Gründe in der Person des Arbeitnehmers (personenbedingte Kündigung): mangelnde Eignung für den Arbeitsplatz, hohe Fehlzeiten;
- Gründe im Verhalten des Arbeitnehmers (verhaltensbedingte Kündigung): unentschuldigtes Fehlen, Fehlverhalten gegenüber Vorgesetzten oder anderen Mitarbeitern;
- Gründe in Erfordernissen des Betriebs (betriebsbedingte Kündigungen): Auftragsmangel, Umstellungen in der Produktion, Rationalisierung, Betriebsverlagerung.

Was Geschäftsführung und Betriebsrat miteinander besprechen

Wichtige Themen des Betriebsrats

- Arbeitszeitwünsche der Beschäftigten
- Verbesserung der Arbeitsbedingungen
- Personalplanung (Einstellungen, Versetzungen, Entlassungen), Leiharbeit
- Betriebliche Sozialleistungen
- Betriebliches Entlohnungssystem und Einsicht in Gehaltslisten

Wichtige Themen der Geschäftsführung

- Änderungen der Arbeitszeit (Überstunden, Mehrarbeit, Arbeitszeitkonten), Urlaubspläne
- Gestaltung des Arbeitsplatzes
- Einstellungen, Versetzungen, Entlassungen
- Pflichtverstöße und Fehlverhalten einzelner Mitarbeiter
- Fragen der Betriebsordnung
- Eingruppierung von Beschäftigten, Zulagen

Zusammenstellung des Autors

M1 Themen

Bei personenbedingter und verhaltensbedingter Kündigung ist in der Regel eine vorherige ***Abmahnung*** nötig, d.h. eine Drohung mit der Kündigung, falls der Beschäftigte sein Verhalten nicht ändert. Damit soll ihm die Möglichkeit gegeben werden, die Entlassung zu vermeiden, indem er sich an die Regeln hält.

Grobes Fehlverhalten berechtigt den Arbeitgeber zur ***fristlosen Kündigung***, d.h. die gekündigte Person muss umgehend den Betrieb verlassen. Die Gründe für eine fristlose Kündigung sind eng gefasst. Dazu zählen etwa Diebstahl am Arbeitsplatz oder Körperverletzung. Das Vertrauensverhältnis zwischen Arbeitgeber und Arbeitnehmer muss durch das Fehlverhalten dauerhaft zerstört sein.

Die ***Arbeitsgerichte*** prüfen Fälle verhaltensbedingter Kündigungen genau. Oft ist im Voraus schwer abzuschätzen, ob ein einmaliges Fehlverhalten für eine fristlose oder eine ordentliche Kündigung ausreicht. Strittige Fälle gehen manchmal durch alle Instanzen. Dann kann es Jahre dauern, bis das endgültige Urteil vorliegt. Darum sind verhaltensbedingte Kündigungen die Ausnahme.

Gekündigte Arbeitnehmer müssen innerhalb von drei Wochen vor dem Arbeitsgericht klagen, wenn sie die Kündigung für unberechtigt halten, z.B. für sozial ungerechtfertigt. Dies führt meist aber nicht zur Wiedereinstellung, sondern zu einer Ausgleichszahlung für den gekündigten Arbeitnehmer, einer sogenannten Abfindung.

Rechte des Betriebsrats bei Kündigungen

In Unternehmen mit Betriebsrat muss dieser vor einer Kündigung angehört werden. Er kann der Kündigung innerhalb einer Woche widersprechen. Wenn der Arbeitgeber an der Kündigung festhält, findet ein Verfahren vor dem Arbeitsgericht statt. Eine Kündigung ist unwirksam, wenn sie ohne vorherige Anhörung des Betriebsrats ausgesprochen wird. Diese Regelung soll die Arbeitnehmer vor ungerechtfertigten Kündigungen schützen.

Weil ***sozial ungerechtfertigte Kündigungen*** unwirksam sind, prüft der Betriebsrat insbesondere, ob die Kündigung sozial gerechtfertigt ist:

- Kann der Arbeitnehmer an einem anderen Arbeitsplatz im Unternehmen weiterbeschäftigt werden?
- Ist eine Weiterbeschäftigung nach einer Umschulungs- oder Fortbildungsmaßnahme oder unter geänderten Vertragsbedingungen möglich?
- Ist bei betriebsbedingten Kündigungen eine ***Sozialauswahl*** durchgeführt worden? Der Arbeitgeber ist nämlich nicht frei in seiner Entscheidung, welchen Beschäftigten er kündigt. Er muss die Dauer der Betriebszugehörigkeit, das Alter, die Unterhaltspflichten innerhalb der Familie und eine eventuelle Schwerbehinderung berücksichtigen. Der Zweck: Es soll den Arbeitnehmern gekündigt werden, die am wenigsten auf den Arbeitsplatz angewiesen sind. Bei der Aufstellung der Richtlinien ist der Betriebsrat beteiligt.

Stellenabbau bei Siemens ohne betriebsbedingte Kündigungen

Im Jahr 2008 einigte sich die Konzernführung der Siemens AG auf einen Sozialplan, der den Abbau von 5200 Stellen auf freiwilliger Basis vorsah. Vor der Einigung kam es zu Protestaktionen der Belegschaft. Die Eckpunkte der Einigung: Das Unternehmen verzichtete für 2 Jahre auf betriebsbedingte Kündigungen und die Schließung deutscher Standorte. Der Stellenabbau wurde über Altersteilzeit, interne Versetzungen, Qualifizierungsmaßnahmen im Rahmen einer Beschäftigungsgesellschaft und die Nichtverlängerung befristeter Verträge erreicht. Mitarbeiter, die das Unternehmen freiwillig verließen, bekamen Abfindungen. Die Kosten für die Maßnahmen wurden auf 800 Millionen Euro geschätzt.
Autorentext

M2 Protest

Stichwort: Sozialplan

In Unternehmen mit Betriebsrat muss bei betriebsbedingten Kündigungen aufgrund von Betriebsänderungen (Verlagerung, komplette oder teilweise Stilllegung, Fusion u. Ä.) ein ***Sozialplan*** zwischen Betriebsrat und Unternehmensleitung ausgehandelt werden. Dieser soll die wirtschaftlichen Nachteile für die gekündigten Beschäftigten abmildern: Der Arbeitgeber zahlt eine bestimmte Summe (z. B. für jedes Jahr der Betriebszugehörigkeit 1000 Euro) oder er bietet für eine bestimmte Zeit den Übergang in eine Beschäftigungsgesellschaft an, die die Suche nach einem neuen Job erleichtern soll. Wenn sich Geschäftsführung und Betriebsrat nicht einigen können, entscheidet auch hier die Einigungsstelle. → S. 60

Diese Regelungen geben dem Betriebsrat bei geplanten Rationalisierungsmaßnahmen oder Betriebsverlagerungen eine besondere Macht. Er kann zwar Maßnahmen nicht verhindern, aber er hat Einfluss darauf, wen sie treffen, wie hoch die Leistungen aus dem Sozialplan sind und wie sie berechnet werden.

Sozialauswahl

Beispiel für ein Punkteschema:

Unterhaltspflicht für den (nicht berufstätigen) Partner	8
Unterhaltspflicht für Kinder, je Kind	4
Betriebszugehörigkeit (max. 70 Punkte)	
• bis zehn Jahre je Jahr	1
• ab dem elften Jahr je Jahr	2
(berücksichtigt werden nur Betriebszugehörigkeiten bis 55 Jahre)	
Lebensalter: für jedes Lebensjahr (maximal 55 Punkte)	1
Schwerbehinderung ab 50 %	5
(Grad der Behinderung je weitere 10 %)	1

Gekündigt wird den Beschäftigten mit der niedrigsten Punktezahl. Aus der Sozialauswahl können einzelne Beschäftigte ausgenommen werden, auf die der Betrieb nicht verzichten kann.

Kündigungsschutz – das Wichtigste in Kürze

Ordentliche Kündigung	Andere Formen der Kündigung
Gilt in Betrieben mit mindestens 10 Beschäftigten nach mindestens 6 Monaten Betriebszugehörigkeit. Gilt nicht für leitende Angestellte. Zulässige Gründe:	Gelten in allen Betrieben gegenüber allen Beschäftigten.
a) **Personenbedingte Kündigung** mangelnde Eignung, häufige und hohe Fehlzeiten b) **Verhaltensbedingte Kündigung** Fehlverhalten, z. B. Störung des Betriebsfriedens c) **Betriebsbedingte Kündigung** Erfordernisse des Betriebs, z. B. Arbeitsmangel, Rationalisierung, Verlagerung. – Das Unternehmen ist zu einer **Sozialauswahl** verpflichtet. In Betrieben mit Betriebsrat muss außerdem ein **Sozialplan** ausgehandelt werden.	a) **Außerordentliche (fristlose) Kündigung aus wichtigem Grund** nur bei schwer wiegendem Fehlverhalten, z. B. Diebstahl, Arbeitsverweigerung, schwere Beleidigung b) **Kündigung während der Probezeit** ohne besondere Begründung jederzeit möglich
Kündigungsfristen mindestens 4 Wochen, nach Dauer der Betriebszugehörigkeit bis auf 7 Monate steigend	**Kündigungsfristen** 2 Wochen
Nicht erlaubt • während des Mutterschutzes • für Betriebsratsmitglieder und Mitglieder der JAV bis 12 Monate nach ihrem Ausscheiden. • Kündigung von Schwerbehinderten ist eingeschränkt.	**§ 4 Anrufung des Arbeitsgerichts** Will ein Arbeitnehmer geltend machen, dass eine Kündigung sozial ungerechtfertigt oder aus anderen Gründen rechtsunwirksam ist, so muss er innerhalb von drei Wochen nach Zugang der schriftlichen Kündigung Klage beim Arbeitsgericht [...] erheben [...].

zusammengestellt nach dem Kündigungsschutzgesetz, dem Mutterschutzgesetz und dem SGB IX

Zuständigkeiten der Arbeitsgerichte

Die Arbeitsgerichte regeln Streitigkeiten
- aus dem Arbeitsverhältnis zwischen Arbeitnehmer und Arbeitgeber (z. B. Kündigung; Entlohnung),
- über den Berufsausbildungsvertrag,
- über Tarifverträge zwischen Gewerkschaft und Arbeitgeber bzw. Arbeitgeberverband,
- über das Betriebsverfassungsgesetz zwischen Betriebsrat und Geschäftsleitung.

Im Streit zwischen der Geschäftsleitung und dem Betriebsrat im Fallbeispiel → *S. 51, M1* musste zum Beispiel das Berliner Arbeitsgericht eingreifen. Der Betriebsrat hatte dreimal seine Zustimmung zu Dienstplänen verweigert, die mit deutlich reduziertem Personal funktionieren sollten. → *M3*

Instanzenweg

Die Arbeitsgerichtbarkeit kennt drei ***Instanzen***. Die unterste Instanz ist das Arbeitsgericht. Gegen dessen Urteil kann beim Landesarbeitsgericht ***Berufung*** eingelegt werden. Die Revisionsinstanz ist das Bundesarbeitsgericht.

In allen Instanzen setzt sich das Gericht aus Berufsrichtern und ehrenamtlichen Richtern (mit Stimmrecht) zusammen. Die ehrenamtlichen Richter werden jeweils von den Arbeitnehmer- und Arbeitgeberorganisationen gestellt.

Jeder Verhandlung vor dem Arbeitsgericht geht eine ***Güteverhandlung*** voraus mit dem Ziel, die Streitigkeiten zu schlichten. In der ersten Instanz kann man sich durch Vertreter der jeweiligen Verbände (Rechtsvertretung) vertreten lassen, z. B. durch die Gewerkschaft.

Einigung vor Gericht

Das Textilunternehmen, das gegen den fünfköpfigen Betriebsrat seiner Filiale in Berlin Friedrichshain geklagt hatte → *S. 51, M1*, zog vor dem Berliner Arbeitsgericht seinen Antrag auf Auflösung des Betriebsrats zurück. Das Gericht erklärte, während der Verhandlungen habe die Geschäftsführung erkannt, dass eine vertrauensvolle Zusammenarbeit mit den Betriebsräten wieder möglich sei. Man werde sich über neue Dienstpläne verständigen und versuchen, Überlastungssituationen von Mitarbeitern zu vermeiden. Andernfalls – wären die Betriebsräte tatsächlich ihrer Ämter enthoben worden – hätte sich die Geschäftsführung einem neuen Betriebsrat gegenübergesehen. Dann setzt nämlich das Arbeitsgericht unverzüglich einen Wahlvorstand für die Neuwahl eines Betriebsrats ein.

M3 Einigung vor dem Berliner Arbeitsgericht

Arbeitsgericht
Gericht für Streitigkeiten arbeitsrechtlicher Art, etwa zwischen Tarifvertragsparteien oder zwischen Unternehmensleitung und dem Betriebsrat oder einzelnen Arbeitgebern und Arbeitnehmern. Zuständig sind die Arbeitsgerichte als 1. Instanz, die Landesarbeitsgerichte als Berufungsinstanz und das Bundesarbeitsgericht als Revisionsinstanz.

(•) Auf einen Blick

Die Handlungsmöglichkeiten des Betriebsrats einschätzen

Rechte des Betriebsrats

Erzwingbare Mitbestimmung	Anhörungs- und Vetorecht	Unterrichtungs- und Beratungsrecht
Soziale Angelegenheiten, z. B.: • Arbeitszeit • Überstunden • Urlaubsgrundsätze/ Urlaubsplan • Betriebsordnung	**Personelle Angelegenheiten, z. B.:** • Einstellungen • Versetzungen • Umgruppierungen • Kündigungen	**Wirtschaftliche Angelegenheiten, z. B.:** • Planung von Produktion und Absatz • Personalplanung • Rationalisierungsmaßnahmen

↓

Rechte des Betriebsrats bei Kündigungen wegen Betriebsänderungen

Überprüfung:
- sozial gerechtfertigt?
- korrekte Sozialauswahl?

Verhandlungen mit Arbeitgeber über Sozialplan

Weiterführende Aufgaben

1. Recherchieren Sie einen aktuellen Fall zu einer Betriebsverlagerung oder Insolvenz eines Unternehmens. Klären Sie die Positionen der Geschäftsführung, der Gewerkschaft und des Betriebsrats. Bewerten Sie das Verhandlungsergebnis.

2. Erläutern Sie die Unterschiede zwischen Sozialauswahl und Sozialplan.

3. a) Berechnen Sie aus *M2*, welche Kosten Siemens durchschnittlich für den Abbau eines Arbeitsplatzes entstehen.
b) Vermutlich wäre ein Stellenabbau durch betriebsbedingte Kündigungen für das Unternehmen billiger gewesen. Überlegen Sie, welche Vorteile die vereinbarte Lösung für alle Beteiligten hat, obwohl sie höhere Kosten verursacht.

4. Erläutern Sie die Unterschiede zwischen einer ordentlichen und einer fristlosen Kündigung durch den Arbeitgeber.

5. Bei Verfahren vor dem Arbeitsgericht ist vor der ersten Instanz eine Güteverhandlung vorgeschrieben. Erläutern Sie den Sinn dieser Vorschrift.

6. Projektvorschlag: Verhandlungen vor dem Arbeitsgericht sind öffentlich. Besuchen Sie gemeinsam eine Verhandlung des Arbeitsgerichts und vergleichen Sie anschließend Ihre Eindrücke.

2.3 Tarifverträge – Vorteile für alle?

Möglichkeiten und Grenzen des Streikrechts

Arbeitsauftrag

Entscheiden Sie, wo die Grenzen des Streikrechts verlaufen sollen, und vertreten Sie Ihren Standpunkt.
Dabei helfen Ihnen die folgenden Fragen:

1. Wozu sind Tarifverträge gut?

2. Über welche Kampfmittel verfügen Gewerkschaften und Arbeitgeberverbände in den Tarifverhandlungen?

3. Unter welchen rechtlichen Bedingungen dürfen diese Mittel eingesetzt werden?

4. Was versteht man unter Tarifautonomie? Welche Verpflichtungen ergeben sich daraus für die Tarifpartner?

5. Wo beginnen nach Ihrer Ansicht Regelverstöße? Welche Maßnahmen sollten bei Regelverstößen ergriffen werden?

Tarifvertrag
Im Arbeitsrecht der Vertrag zwischen einer Gewerkschaft und einem Arbeitgeber (oder Arbeitgeberverband) zur Regelung der beiderseitigen Rechte und Pflichten.

Bedeutung von Tarifverträgen

Wie gut ein Arbeitnehmer von seinem Lohn leben kann und wie rentabel seine Beschäftigung für das Unternehmen ist, entscheidet sich vor allem an zwei Größen: der ***Lohnhöhe*** und der ***Arbeitszeit***. Diese beiden Größen werden in ***Tarifverträgen*** geregelt: Bezahlung, Arbeitszeit, Pausen, Urlaub usw. Tarifverträge enthalten auch Richtlinien, welche Tätigkeiten in welche Lohngruppe gehören. Dabei gibt es unterschiedliche Arten von Tarifverträgen. → *s. u.*

Die Tarifverträge sind Ergebnis von Verhandlungen zwischen den Verbänden der Arbeitgeber in den einzelnen Wirtschaftszweigen oder Berufen und den Gewerkschaften, in denen die Arbeitnehmerinnen und Arbeitnehmer organisiert sind.

Tarifverträge haben folgende Aufgaben:
- Schutzfunktion: Der einzelne Arbeitnehmer soll davor geschützt werden, dass der wirtschaftlich stärkere Arbeitgeber die Arbeitsbedingungen einseitig festlegt.
- Ordnungsfunktion: Alle Arbeitsverträge, die von einem Tarifvertrag erfasst sind, werden gleich behandelt.
- Richtlinienfunktion: Sie regelt die Rechte und Pflichten von Gewerkschaften und Arbeitgeberverbänden.
- Friedensfunktion: Solange der Tarifvertrag gilt, müssen Kampfmaßnahmen (Streik, Aussperrung) unterbleiben. Wenn ein Vertragspartner diese Pflicht verletzt, kann er zu Schadensersatz herangezogen werden.

Tarifverträge können vom Arbeitsministerium für allgemein verbindlich erklärt werden. Dann sind alle Betriebe an sie gebunden. Dies ist aber nur möglich auf Antrag des zuständigen Arbeitgeberverbands oder der Gewerkschaft und von weiteren Bedingungen abhängig.

Tarifverträge werden für eine bestimmte Zeit geschlossen und können dann gekündigt werden. Neuverhandlungen stehen an. Die Rollen sind dabei klar verteilt: Die Gewerkschaften wollen bessere Arbeitsbedingungen und höhere Löhne, die Arbeitgeber eine Senkung der ***Lohnstückkosten*** erreichen. Am Ende der Verhandlungen steht immer ein Kompromiss, der von beiden Seiten Zugeständnisse fordert.

Gefordert – bekommen

Beispiel: Lohnrunde 2011 in der chemischen Industrie (550 000 Arbeitnehmer)

Forderung der Gewerkschaft:

7% Lohnerhöhung, Laufzeit des Tarifvertrags: 12 Monate.

Verhandlungsergebnis:

1 Monat ohne Lohnerhöhung. Dann 4,1% Lohnerhöhung für 13 Monate. Vorziehen der Tariferhöhung um einen Monat bei wirtschaftlichem Erfolg, Verschieben um 2 Monate aus wirtschaftlichen Gründen möglich.

zusammengestellt nach: WSI-Tarifarchiv (Tarifrunde 2011)

Arten von Tarifverträgen

Lohn- und Gehaltstarifvertrag
- Höhe der Löhne und Gehälter und der Ausbildungsvergütung
- Höhe der Zulagen und Zuschläge

Laufzeit: 1–2 Jahre

Rahmentarifvertrag
- Einteilung der Lohn- und Gehaltsgruppen
- Zuordnung von Tätigkeiten zu diesen Gruppen
- Regelungen zu Akkord- und Leistungslohn

Laufzeit: mehrere Jahre

Manteltarifvertrag
Allgemeine Arbeitsbedingungen wie
- Arbeitszeit, Mehrarbeit
- Überstundenzuschläge, Schichtzuschläge
- Kündigungsfristen
- Teilzeitarbeit

Laufzeit: mehrere Jahre

Die Kampfmittel: Streik und Aussperrung

Wer wie weit nachgeben muss, hängt aber nicht bloß am Verhandlungsgeschick, sondern an den Mitteln Streik und Aussperrung, mit denen die jeweils andere Seite unter Druck gesetzt werden kann. Verhandlungen, Streik und Annahme des neuen Tarifvertrags folgen festen Regeln. → *M1*

Das Druckmittel der Arbeitnehmerseite in Tarifverhandlungen ist die Verweigerung der Arbeit, der ***Streik***. Einem Streik müssen 75 Prozent der Gewerkschaftsmitglieder zustimmen. Er endet, wenn 25 Prozent dem Verhandlungsergebnis zustimmen. Den Unternehmen wird ein wirtschaftlicher Schaden zugefügt. Teure Anlagen stehen still, Liefertermine platzen, es entstehen Verluste. Die Botschaft der Gewerkschaften lautet: Es wäre besser und billiger für die Arbeitgeber nachzugeben, als einen langen Streik zu riskieren. Zur Demonstration ihrer Kampfbereitschaft ruft die Gewerkschaft manchmal schon vor Ende der Friedenspflicht zu Warnstreiks auf, das heißt zu kurzen Arbeitsniederlegungen in ausgewählten Betrieben.

Das Gegenmittel der Arbeitgeber ist die ***Aussperrung***: Arbeitnehmer, die nicht am Streik beteiligt sind, werden von der Arbeit ausgeschlossen. Sie erhalten keinen Lohn mehr. Das trifft vor allem die gewerkschaftlich nicht organisierten Arbeitnehmerinnen und Arbeitnehmer (Gewerkschaftsmitglieder erhalten Streikgeld) und soll sie gegen den Streik aufbringen. Außerdem wird dadurch der Streik für die Gewerkschaft teurer.

Risiken von Streik und Aussperrung

Die Gewerkschaft will mit dem Streik den Betrieben nicht dauerhaft schaden, denn Arbeit gibt es nur, wenn die Arbeitsplätze Bestand haben. Dies ist ein Grund für die gewerkschaftliche Taktik der Schwerpunktstreiks: Bestreikt werden nur bestimmte, wirtschaftlich gesunde Unternehmen.

Für einen langen, flächendeckenden Streik reicht zudem die Streikkasse nicht. Die Gewerkschaft muss sich darum überlegen, ob sie einen Streik durchsteht oder ob sie sich lieber mit den Arbeitgebern ohne Streik

Durch Streiks verlorene Arbeitstage je 1000 Beschäftigte

Spanien	164
Frankreich	102
Italien	88
Großbritannien	30
USA	30
Niederlande	9
Deutschland	5
Japan	0

nach: Globusschaubild 3392

M1 Spielregeln für den Arbeitskampf

Gemeinwohl
Gemeinsames Interesse aller Bürger eines Staates. Zum Gemeinwohl gehören insbesondere Menschenwürde, Freiheit, Rechtssicherheit, Frieden und Wohlstand.

einigt. Die Arbeitgeber wiederum können sich mit einer Aussperrung selbst schaden, weil ihnen Geschäfte und damit Erlöse entgehen.

Beide Seiten sehen diese Risiken. Darum sind lange Streiks in Deutschland die Ausnahme. Ohnehin sind sie nur in den Branchen möglich, in denen viele Arbeitnehmer gewerkschaftlich organisiert sind. Beide Seiten bemühen sich in einem Arbeitskampf deshalb um zügige Verhandlungen oder eine ***Schlichtung***.

Wie weit dürfen Gewerkschaften und Arbeitgeber gehen?

In der Bundesrepublik besteht ***Tarifautonomie***: Arbeitgeberverbände und Gewerkschaften handeln die Arbeitsbedingungen ohne Eingreifen des Staates aus. Dieses Recht, die ***Koalitionsfreiheit***, ist im Grundgesetz garantiert:
„Das Recht, zur Wahrung und Förderung der Wirtschaftsbeziehungen Vereinigungen zu bilden, ist für jedermann und für alle Berufe gewährleistet. Abreden, die dieses Recht einschränken und zu behindern suchen, sind nichtig, hierauf gerichtete Maßnahmen sind rechtswidrig“ (Art. 9 [3] GG).

Trotzdem sind nicht alle Streiks erlaubt:
- Streik und Aussperrung können durch die Arbeitsgerichte verboten werden, wenn sie nicht „verhältnismäßig“ sind, d.h. wenn eine Einigung auch ohne diese Maßnahme möglich wäre, zum Beispiel durch Verhandlungen oder eine Schlichtung.
- Streiks, die das Gemeinwohl verletzen, sind nicht verhältnismäßig. Wann dies der Fall ist, entscheiden die Arbeitsgerichte.
- Nur Gewerkschaften dürfen (nach dem Ende der Friedenspflicht) zu Streiks aufrufen und nur mit dem Ziel, einen neuen Tarifvertrag abzuschließen. Das heißt auch: Streiks zur Durchsetzung politischer Forderungen sind nicht durch das Grundgesetz geschützt.
- Beamte haben generell kein Streikrecht.

In der Öffentlichkeit umstritten sind vor allem Streiks von Berufsgruppen in Schlüsselpositionen, z. B. von Fluglotsen, Lokführern oder Ärzten. Sie sind eine kleine Gruppe, aber sie können durch einen Streik sehr großen Schaden bewirken – einen Schaden, den nicht nur ihr Gegner in den Tarifverhandlungen tragen muss, sondern der große Teile der Bevölkerung und die ganze Volkswirtschaft trifft. → *M2*

Ein weiteres Problem: Ob eine Kampfmaßnahme zulässig war, entscheidet sich oft erst im Nachhinein. So hatten die Arbeitgeber der Druckindustrie nach einem Streik von 4 300 Beschäftigten in einem Tarifbezirk etwa 130 000 Drucker bundesweit über mehrere Wochen ausgesperrt. Als diese Maßnahme vom Bundesarbeitsgericht endgültig für unverhältnismäßig erklärt wurde, waren fast sieben Jahre vergangen.

Wie ein Streik wirkt

Wenn U-Bahnen und Busse bestreikt werden – wie hier im Februar 2012 in Berlin –, droht ein Verkehrskollaps.

M2 Arbeitskampf

(•) Auf einen Blick

Möglichkeiten und Grenzen von Streik und Aussperrung abwägen

Garantie der Tarifautonomie durch Art. 9 GG

Streik
(Machtmittel der Gewerkschaften)

Ziele:
- Sicherung der Arbeitsplätze
- Lohn- und Gehaltserhöhungen
- humane Arbeitsbedingungen

Mittel: Druck auf die Gegenseite durch wirtschaftlichen Schaden und entgangene Gewinne in bestreikten Unternehmen

Probleme:
- Wirtschaftliche Schwierigkeiten in bestreikten Betrieben
- Wirtschaftlicher Schaden in anderen Betrieben und Branchen
- Negative gesamtwirtschaftliche Wirkungen

Aussperrung
(Machtmittel der Arbeitgeber)

Ziele:
- Öffnungsklauseln in Tarifverträgen
- Sicherung der Wettbewerbsfähigkeit
- flexibler Einsatz der Arbeitskräfte

Mittel: Druck auf die Gegenseite durch
- höhere Streikkosten für Gewerkschaft
- Schaden für nicht organisierte Arbeitnehmer, die Gegner des Streiks werden

Probleme:
- Eigener wirtschaftlicher Schaden durch Konkurrenznachteile
- Negative gesamtwirtschaftliche Wirkungen

Überprüfung durch Arbeitsgerichte

Weiterführende Aufgaben

1. In manchen Ländern, z. B. in Frankreich, dürfen nicht nur Gewerkschaften streiken, sondern auch Schüler, Beamte usw. Beschreiben Sie mögliche Auswirkungen dieser Regelung. Beurteilen Sie die Unterschiede.

2. Stellen Sie fest, wie die Höhe Ihrer Ausbildungsvergütung festgelegt wird (z. B. durch Tarifvertrag, Betriebsvereinbarung …).

3. Verfolgen Sie aktuelle Tarifverhandlungen in Ihrer Branche oder einem anderen Wirtschaftsbereich. Ordnen Sie die Meldungen dem Schema *M1* zu.

4. Die Tabelle auf *S. 67* zeigt die Anzahl der Streiktage in verschiedenen Staaten.
a) Wie beurteilen Sie die Tatsache, dass in Deutschland im Vergleich zu anderen Staaten relativ wenig gestreikt wird? Suchen Sie nach möglichen Gründen.
b) Beschreiben Sie die wirtschaftlichen Folgen eines Streiks für bestreikte Unternehmen, für die Gewerkschaft und für gewerkschaftliche nicht organisierte Arbeitnehmerinnen und Arbeitnehmer.
c) Beschreiben Sie die wirtschaftlichen Folgen einer Aussperrung für das aussperrende Unternehmen, für die Gewerkschaft und für gewerkschaftlich nicht organisierte Arbeitnehmerinnen und Arbeitnehmer.
d) Warum sind die Folgen von der Dauer des Streiks bzw. der Aussperrung abhängig?

Die Zukunft der Gewerkschaften

Karikatur 2005

Arbeitsauftrag

Diskutieren Sie: Brauchen wir noch Gewerkschaften?
Folgende Überlegungen helfen Ihnen bei der Vorbereitung Ihrer Standpunkte:

1. Vergleichen Sie die Karikatur mit M1 auf der folgenden Seite: Wie wird der 1. Mai jeweils dargestellt?

2. Stellen Sie die Gründe für den Aufstieg der Gewerkschaften und die Gründe für ihren Bedeutungsverlust einander gegenüber. Vergleichen Sie.

3. Skizzieren Sie die Veränderungen der Rolle der Gewerkschaften durch die internationale Konkurrenz.

4. Machen Sie sich Gedanken, welche Folgen der Bedeutungsverlust der Gewerkschaften im Betrieb und in der Politik haben kann. Denken Sie insbesondere an die Folgen für Arbeitnehmer und für Unternehmen. Bewerten Sie diese Folgen.

Die Gründung von Gewerkschaften

Die ***Industrialisierung*** verschlechterte in Deutschland ab etwa 1830 die Lage der Arbeiter und Handwerker. Die Arbeitsbedingungen waren schlecht und ruinierten oft die Gesundheit, die Arbeitszeiten waren lang – oft 70 Stunden und mehr in der Woche –, und die Bezahlung wurde immer niedriger. Die Arbeitnehmer waren im Betrieb praktisch rechtlos. Ihr Lohn reichte nicht für ein menschenwürdiges Leben. Frauen und Kinder mussten dazuverdienen, damit die Familien über die Runden kamen.

Wer seine Unzufriedenheit zeigte, wurde entlassen. Dies war möglich, weil es viele Menschen gab, die keine Arbeit hatten. Wer dringend auf Arbeit angewiesen ist, um zu überleben, nimmt jede Arbeit an, zu fast jedem Preis. Damals gab es keinen Sozialstaat, der in der Not half.

Ihre Verelendung nahmen viele Arbeiter nicht einfach hin. Sie wollten eine Interessenvertretung gegenüber den Arbeitgebern und in der Politik und gründeten ab 1848 zu diesem Zweck Gewerkschaften und später, ab etwa 1860, Arbeiterparteien. Sie wollten nicht als Einzelpersonen mit dem Arbeitgeber ihre Bezahlung aushandeln, sondern ihm geschlossen als Gruppe gegenübertreten. Damit fiel die Möglichkeit des Arbeitgebers weg, die einzelnen Arbeitnehmer gegeneinander auszuspielen und so die Löhne zu drücken. Die Mitglieder der Gewerkschaft zahlten in eine Streikkasse ein, um durch Streiks höhere Löhne und bessere Arbeitsbedingungen durchzusetzen.

Die Gewerkschaften (und die mit ihnen verbundenen Arbeiterparteien) wurden immer wieder verboten oder unterdrückt. Streiks und Arbeiteraufstände wurden manchmal sogar mit Militär niedergeschlagen. Erst ab 1890 war die Unterdrückung zu Ende; der Aufstieg der Gewerkschaften begann.

Der 1. Mai wurde zum Kampftag der ***Arbeiterbewegung*** ausgerufen. → *M1* In seinem Zentrum stand die Forderung nach dem 8-Stunden-Tag, d. h. der Begrenzung der täglichen Arbeitszeit auf 8 Stunden.

Gewerkschaft
Vereinigung von Arbeitnehmern zur Verbesserung der wirtschaftlichen und sozialen Lage ihrer Mitglieder. Zur Durchsetzung ihrer Forderungen treten die Gewerkschaften in Verhandlungen den Arbeitgebern als Sozialpartner gegenüber. Bei einem Scheitern der Verhandlungen droht ein Arbeitskampf (mit Streik und Aussperrung).

1. Mai – Tag der Arbeiterbewegung

M1 Bildpostkarte um 1900

Heute: Mitgliederschwund

Die Gewerkschaften heute haben nach wie vor das Vorrecht, Tarifverhandlungen mit den Arbeitgebern zu führen und Tarifverträge abzuschließen. Aber ihre Machtbasis bröckelt. Nur wenn viele Beschäftigte Gewerkschaftsmitglieder sind, können sie Druck aufbauen, um (z. B. durch einen Streik) höhere Löhne durchzusetzen.

Immer weniger Beschäftigte sind aber Mitglieder einer Gewerkschaft. Im Dienstleistungsbereich, v. a. im wachsenden Bereich Information/Kommunikation oder im Handwerk, sind nur wenige Beschäftigte gewerkschaftlich organisiert. Allerdings fragt man sich heute: Was haben die Gewerkschaften einer Mediendesignerin in einem Internet-Start-up zu bieten – außer Rechtsschutz? Und wie könnten die Gewerkschaften diese Situation ändern?

Die Unternehmen müssen nur die Gewerkschaftsmitglieder nach Tarif bezahlen. In der Praxis machen die meisten Betriebe keine Unterschiede. So gesehen bringt die Mitgliedschaft in der Gewerkschaft dem einzelnen Arbeitnehmer keine Vorteile. Er muss einen Mitgliedsbeitrag von mehreren 100 Euro im Jahr zahlen und bekommt dennoch nicht mehr Geld. Wenn sich aber viele darauf verlassen, dass die anderen schon den nötigen Druck in den Tarifverhandlungen aufbauen, geht diese Rechnung irgendwann nicht mehr auf.

Vor allem jüngere Beschäftigte sagen: „Ich verdiene gut. Ich brauche keine Gewerkschaft." Sie setzen auf ihren persönlichen Vorteil, ihre persönliche Qualifikation und die Absicherung durch den Sozialstaat. Mitgliedschaft in der Gewerkschaft ist auch eine Einstellungssache.

Heute: Sinkende Bedeutung von Tarifverträgen

Immer weniger Arbeitgeber und immer weniger Beschäftigte sind durch Tarifverträge gebunden. → *M2* Die Lohnfindung wird zunehmend in den Betrieb verlagert:
- Kleinbetriebe sind oft nicht im Arbeitgeberverband. Andere Unternehmen sind ausgetreten, um nicht nach Tarif zahlen zu müssen. Besonders davon betroffen sind niedrig qualifizierte Arbeitnehmerinnen und -nehmer. Deren Nettolöhne sind – nach Abzug der Inflationsrate – in den letzten 15 Jahren gesunken.
- Leiharbeiter werden, auch wenn sie auf Dauer im selben Betrieb eingesetzt werden, nach dem (niedrigeren) Tarif für Leiharbeiter bezahlt und nicht nach dem Tarif des Unternehmens, an das sie ausgeliehen werden.
- Immer mehr Tarifverträge enthalten Öffnungsklauseln. → ***S. 56, 57***

Kleine Gewerkschaften für eine einzelne Berufsgruppe, z. B. der Lokführer oder der Fluglotsen, machen dem Deutschen Gewerkschaftsbund (DGB) zunehmend zu schaffen. Die Lokführer sind in den Tarifverhandlungen gerade deswegen erfolgreich, weil sie sich aus den Verhandlungen von Verdi mit der Bahn ausgeklinkt haben. Sie haben für sich mehr herausgeholt als Verdi für die anderen Bahn-Beschäftigten. Das führt außerdem dazu, dass in einem Unternehmen mehrere Tarifverträge mit z. T. großen Lohnunterschieden gelten.

Lesebeispiel: Im Jahr 2010 waren in den alten Bundesländern 36 % der Betriebe an Tarifverträge gebunden. In diesen Betrieben arbeiteten 63 % der Beschäftigten.

Durch Tarifverträge gebunden

	Betriebe		Beschäftigte	
	2000	2010	2000	2010
West	48 %	36 %	70 %	63 %
Ost	27 %	20 %	55 %	50 %

Einschließlich Firmentarifverträge. Am niedrigsten ist die Tarifbindung im Bereich Information/Kommunikation, am höchsten in der öffentlichen Verwaltung/Sozialversicherung.
WSI-Tarifarchiv 2010

M2 Tarifbindung

Gewerkschaften – wohin geht die Entwicklung?

Die deutschen Gewerkschaften → *M3* begreifen sich nicht als Zusammenschluss, der lediglich möglichst hohe Löhne für seine Mitglieder herausschlagen will. Sie wenden sich zugleich als ***Interessenverbände*** an die Politik und wollen diese im Sinne der Arbeitnehmer mitgestalten.

Die Arbeitswelt braucht immer wieder neue staatliche Vorgaben. Neue Arbeitsformen (Minijobs, Leiharbeit, befristete Arbeitsverträge, Outsourcing), Flexibilisierung der Arbeitszeiten (Arbeit auf Abruf, Erreichbarkeit rund um die Uhr) und veränderte Leistungsanforderungen müssen geregelt werden. Das Arbeitsrecht macht diese Veränderungen manchmal überhaupt erst möglich (Beispiel: Minijobs, Leiharbeit). Oft läuft es den Veränderungen allerdings hinterher.

Mitunter ist der Appell an die Politik aber ein Zeichen der Schwäche der Gewerkschaft. Deutlich wird das an der Forderung des DGB nach einem ***gesetzlichen Mindestlohn*** von 8,50 Euro/Stunde. Die Gewerkschaften sind in manchen Branchen so schwach, dass sie Tarifverträge mit Stundenlöhnen abgeschlossen haben, die deutlich unter 8,50 Euro liegen. Jetzt soll die Politik ausgleichen, was die Gewerkschaft nicht erreicht hat.

Wenn ein solcher Mindestlohn eingeführt wird, ist die Gewerkschaft im Betrieb noch ein Stück überflüssiger: Wenn der Staat 8,50 Euro vorschreibt, wozu dann noch eine Gewerkschaft, die in den Tarifverhandlungen keine 8,50 Euro herausholen konnte? So geht der politische Erfolg der Gewerkschaft in dieser Frage womöglich zu ihren eigenen Lasten. Aber auch als Interessenvertretung der Arbeitnehmer ist die Gewerkschaft nur so lange stark, wie sie ihre Mitglieder zu Streiks, Kundgebungen und Demonstrationen mobilisieren kann – auch gegen den Staat.

Umgekehrt sind die Gewerkschaften für die Regierung und die Parteien von Bedeutung. Sie bauen bei Veränderungen des Arbeitsrechts auf die Gewerkschaften als Partner und wollen sie sich nicht zum Feind machen. Die Gewerkschaften sind durch ihre enge Verbindung mit den Betriebsräten wichtig für die Stimmung in den Betrieben und damit für den Betriebsfrieden. Außerdem sind die Gewerkschaftsmitglieder eine wichtige Wählergruppe. Von der Geschichte her gibt es enge Verbindungen zwischen dem DGB und der SPD. Diese Bindungen sind heute lockerer; sie zeigen sich aber immer noch darin, dass aktive DGB-Mitglieder bevorzugt SPD wählen – oder SPD-Mitglied sind.

Gewerkschaftliche Dachverbände	
Deutscher Gewerkschaftsbund (DGB) (www.dgb.de) 6,2 Mio. Mitglieder	**DBB Beamtenbund und Tarifunion** (www.dbb.de) 1,3 Mio. Mitglieder
8 Einzelgewerkschaften, z. B.: • IG Bergbau, Chemie, Energie • IG Metall • ver.di (Vereinte Dienstleistungsgewerkschaft) • Gewerkschaft Erziehung und Wissenschaft	39 Fachgewerkschaften, z. B.: • Deutsche Polizeigewerkschaft • Gewerkschaft der Sozialversicherung • Gewerkschaft Deutscher Lokführer • Verband Bildung und Erziehung
Stand 2011	

M3 Gewerkschaften in Deutschland

Gewerkschaften im Zeitalter der Globalisierung

Globalisierung
Vorgang der zunehmenden weltweiten Verflechtung in den Bereichen Wirtschaft, Politik, Kultur, Umwelt und besonders auch der Kommunikation. Als wesentliche Ursachen der Globalisierung gelten der technische Fortschritt und die Entscheidungen zur Liberalisierung des Welthandels.

Die ***Globalisierung*** führt zu neuem Druck auf die Gewerkschaften. Für die Unternehmen ist die Globalisierung eine neue Konkurrenz, aber auch eine neue Chance. Sie müssen nicht unbedingt die Löhne zahlen, die in Deutschland verlangt werden. Sie können viele Arbeiten auch in Billiglohnländer verlagern. Die Arbeitnehmer (und die Gewerkschaften) können schwer dagegenhalten. → *M4* Von Stundenlöhnen in Asien kann aber in Europa niemand leben. Nur eine hohe ***Qualifikation*** und eine hohe ***Produktivität*** können die Arbeitsplätze in Deutschland sichern.

Auch innerhalb der großen Konzerne werden die Kosten der verschiedenen Standorte verglichen. Ein Beispiel aus der Autoindustrie: Welches Werk darf die neue A-Klasse oder die Komponenten dazu bauen? Da wird mit den Betriebsräten vor Ort hart verhandelt: Welche Zugeständnisse bei Lohn, Zusatzzahlungen, Arbeitszeit usw. macht die Belegschaft, damit ihr Werk den Zuschlag erhält?

Die Konkurrenz der Standorte wirkt auch auf den Staat. Soziale Errungenschaften, die mit Kosten für die Unternehmen verbunden sind, werden von diesen als Standortnachteil gesehen. → *S. 101–103* Die Gewerkschaften kämpfen dafür, dass der Staat Regelungen zum Schutz der Beschäftigten nicht über Bord wirft, sondern sich mit anderen Staaten auf soziale Mindeststandards einigt, wie dies etwa in der Europäischen Union geschehen ist. Das soll verhindern, dass die Unternehmen die Staaten gegeneinander ausspielen.

Die Globalisierung sozial gestalten

Die Globalisierung in ihrer jetzigen Ausprägung ist kein Schicksal, dem sich Gewerkschaften und ihre Arbeitnehmer alternativlos beugen müssen. Die Alternative zu dem von vielen Unternehmen und Regierungen forcierten internationalen Wettlauf um die schlechtesten Arbeitsbedingungen sind rechtsverbindliche und durchsetzungsfähige soziale Mindeststandards. Aus diesem Grund treten die internationalen Gewerkschaften ein für die Weiterentwicklung bestehender Standards der Internationalen Arbeitsorganisation (IAO) und deren Verankerung innerhalb des Welthandelsregimes [der Welthandelsorganisation WTO] … Aber gerade auch auf der betrieblichen Ebene besteht Handlungsbedarf, denn hier treten Regelverstöße von Unternehmen konkret auf.

DGB-Bundesvorstand (Hrsg.), Globalisierung sozial gestalten, Berlin 2007, S. 4

Produktion bei Daimler in Südafrika

M4 Internationale Arbeitsteilung – internationale Gewerkschaften

(•) Auf einen Blick

Die Rolle der Gewerkschaften im Staat beschreiben und bewerten

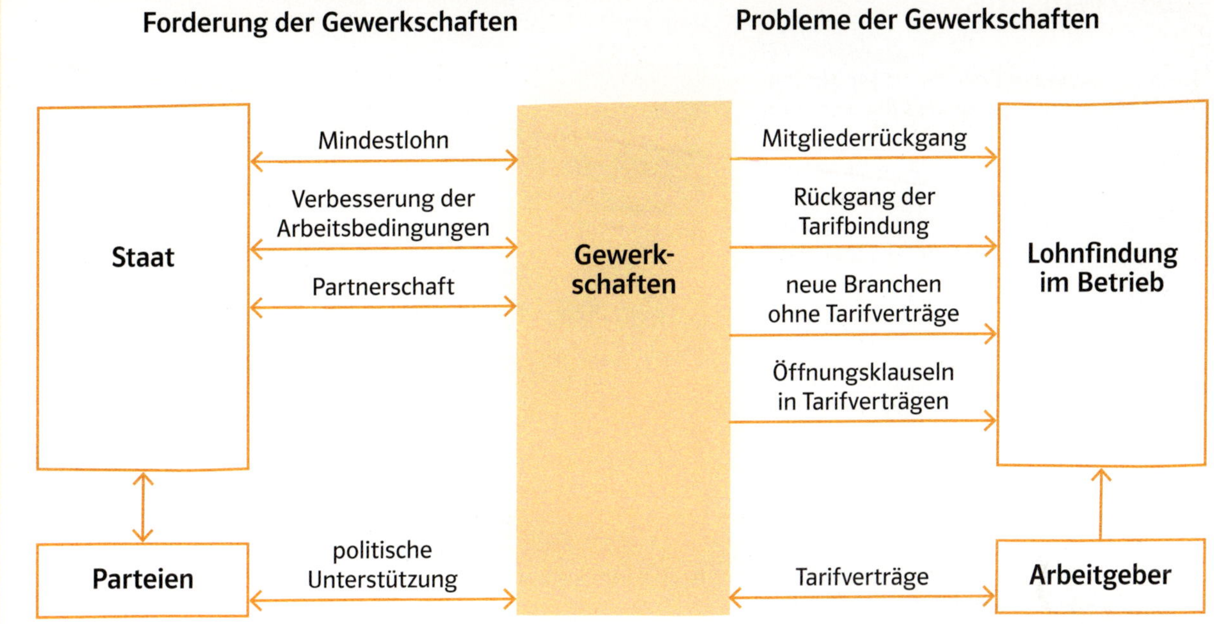

Weiterführende Aufgaben

1. Der 1. Mai ist seit 1890 weltweit der Protest- und Gedenktag der Gewerkschaften.
a) Unternehmen Sie gedanklich eine Zeitreise durch die letzten 120 Jahre: Wie wurde dieser Tag in Deutschland wohl begangen? Was waren Forderungen der Gewerkschaften? Wie viele Menschen kamen? Was verbanden sie mit diesem Tag? Wie reagierte der Staat im Kaiserreich, in der Weimarer Republik, im Nationalsozialismus, in der Bundesrepublik, in der DDR? – Ziehen Sie ein Geschichtsbuch heran oder recherchieren Sie im Internet.
b) Unternehmen Sie diese Reise heute durch unterschiedliche Weltregionen und Staaten, z. B. Großbritannien, Südosteuropa, Nordamerika, Südamerika, Schwarzafrika, China …

2. Lohnfindung im Betrieb – Lohnfindung durch Tarifvertrag: Stellen Sie Vor- und Nachteile der beiden Formen einander gegenüber.

3. Wie erklären Sie sich den Erfolg von berufsspezifischen Gewerkschaften wie der Gewerkschaft Deutscher Lokführer (GDL) oder der Gewerkschaft der Fluglotsen?

4. Die Leistungen der Gewerkschaften für ihre Mitglieder beschränken sich nicht auf das Aushandeln von Tarifverträgen. Erkundigen Sie sich, auf welche Leistungen Sie als Gewerkschaftsmitglied Anspruch hätten und wie hoch ihr Mitgliedsbeitrag wäre.

Prüfungsaufgaben

Beispiele

Ausbildungsbetrieb und Arbeitsverhältnis

1. Welche Aussage über die Dauer der Probezeit bei der dualen Ausbildung ist richtig?

A Die Probezeit beträgt 3 Monate.
B Die Probezeit beträgt 1–4 Monate.
C Die Probezeit beträgt bis zu 3 Monate.
D Die Probezeit beträgt bis zu 4 Monate.
E Die Probezeit beträgt 1–3 Monate.

2. In welchem Gesetz sind die wichtigsten Grundlagen der Berufsausbildung niedergeschrieben?

A im Grundgesetz (GG)
B im Bürgerlichen Gesetzbuch (BGB)
C im Betriebsverfassungsgesetz (BetrVG)
D im Jugendarbeitsschutzgesetz (JArbSchG)
E im Berufsbildungsgesetz (BBiG)

3. Wer ist zur Berufsausbildung berechtigt?

A Nur Personen, die die Abschlussprüfung einer Fachoberschule bestanden haben.
B Nur Personen, die die Meisterprüfung bestanden haben.
C Personen, die die persönliche und fachliche Eignung für die Berufsausbildung nachweisen.
D Personen, die die Meisterprüfung bestanden haben und das 20. Lebensjahr vollendet haben.
E Nur studierte Berufspädagogen und -pädagoginnen.

4. Ordnen Sie die folgenden Begriffe dem Ausbildungsvertrag bzw. dem Arbeitsvertrag zu:

	Arbeitsvertrag	Ausbildungsvertrag
Lernpflicht	☐	☐
Arbeitspflicht	☐	☐
Freistellung zum Besuch der Berufsschule	☐	☐
Beschäftigungspflicht	☐	☐
Sorgfaltspflicht	☐	☐
Vergütungspflicht	☐	☐

5. In welchem Fall verstößt der Arbeitnehmer gegen seine Pflichten aus dem Arbeitsvertrag?

A Er kandidiert als Abgeordneter für den Bundestag.
B Er richtet sich nicht nach der Kleidungsordnung des Unternehmens.
C Er wirbt in seiner Abteilung für die Einrichtung eines Betriebsrats.
D Er weigert sich, in seiner Freizeit am Betriebssport teilzunehmen.
E Er hilft seiner Frau bei der Erstellung des Jahresabschlussberichts.

Duales System/Arbeitsrecht

6. Welche Aussage über die gesetzlichen Bestimmungen zur Probezeit ist richtig?

A Das Arbeitsverhältnis kann ohne Angabe von Gründen sofort beendet werden.
B Das Arbeitsverhältnis kann mit einer Frist von zwei Wochen gekündigt werden.
C Der Arbeitnehmer erwirbt in der Probezeit keinen Anspruch auf Urlaub.
D Arbeitgeber und Arbeitnehmer dürfen nicht auf eine Probezeit verzichten.
E Die Probezeit beträgt im Allgemeinen 12 Monate.

7. Welche der folgenden Regelungen entspricht dem Jugendarbeitsschutzgesetz?

A Täglich mindestens zwölf Stunden Freizeit
B Gefährliche Arbeiten sind bei sorgfältiger Überwachung zulässig.
C Der Urlaubsanspruch beträgt 30 Tage.
D Berufsschultage werden nicht auf die Arbeitszeit angerechnet.
E Ruhepausen mindestens 60 Minuten

8. In welchem Fall ist eine ordentliche Kündigung durch den Arbeitgeber unwirksam?

A Der Arbeitnehmer wurde nicht abgemahnt.
B Der Arbeitnehmer wurde nicht angehört.
C Der Betriebsrat wurde nicht angehört.
D Der Arbeitnehmer ist mit der Kündigung nicht einverstanden.
E Der Arbeitnehmer ist Mitglied einer Gewerkschaft.

9. Das Kündigungsschutzgesetz gilt *nicht*

A für Mitglieder des Betriebsrats
B für Mitglieder der Jugend- und Auszubildenden-Vertretung
C für Beschäftigte in Betrieben mit weniger als sechs Beschäftigten
D für Beschäftigte mit einer Betriebszugehörigkeit von weniger als 4 Monaten
E für leitende Angestellte.

10. Welche Aussage über die ordentliche Kündigung durch den Arbeitgeber ist richtig?

A Bei Kündigungen ist immer eine Sozialauswahl durchzuführen.
B Eine Sozialauswahl gibt es nur in Betrieben mit Betriebsrat.
C Kündigungen wegen zu niedriger Arbeitsleistung setzen üblicherweise eine vorherige Abmahnung voraus.
D Verhaltensbedingte Kündigungen sind nur mit Zustimmung des Betriebsrats zulässig.
E Bei betriebsbedingten Kündigungen gelten längere Kündigungsfristen.

11. Der Berufsschulunterricht beginnt ausnahmsweise um 10.30 Uhr und dauert 5 Unterrichtsstunden. Prüfen Sie anhand des Auszugs aus dem Jugendarbeitsschutzgesetz (JArbSchG):
- Kann der Arbeitgeber einen berufsschulpflichtigen Jugendlichen an diesem Tag vor Unterrichtsbeginn beschäftigen?
- Kann der Arbeitgeber diesen Jugendlichen an diesem Tag nach Ende des Berufsschulunterrichts beschäftigen?

Begründen Sie Ihre Entscheidung.

Auszug aus dem Jugendarbeitsschutzgesetz (JArbSchG)

§9: Berufsschule
(1) Der Arbeitgeber hat den Jugendlichen für die Teilnahme am Berufsschulunterricht freizustellen. Er darf den Jugendlichen nicht beschäftigen

1. vor einem vor 9 Uhr beginnenden Unterricht; dies gilt auch für Personen, die über 18 Jahre alt und noch berufsschulpflichtig sind,
2. an einem Berufsschultag mit mehr als fünf Unterrichtsstunden von mindestens je 45 Minuten, einmal in der Woche,
3. in Berufsschulwochen mit einem planmäßigen Blockunterricht von mindestens 25 Stunden an mindestens fünf Tagen; zusätzliche betriebliche Ausbildungsveranstaltungen bis zu zwei Stunden wöchentlich sind zulässig.

Betriebliche Mitbestimmung

12. Wer ist bei der Wahl eines Betriebsrats wahlberechtigt?

A Alle Arbeitnehmer ab 18 Jahre (Leiharbeiter nur, wenn sie schon länger als 3 Monate im Betrieb arbeiten).
B Alle Arbeitnehmer ab 18 Jahre, die schon länger als 3 Monate im Betrieb arbeiten.
C Alle Vollzeit-Arbeitnehmer ab 18 Jahre.
D Alle Arbeitnehmer ab 18 Jahre, die mindestens 6 Monate dem Betrieb angehören.
E Alle Arbeitnehmer ab 18 Jahre.

13. Welche der folgenden Aussagen zu Betriebsvereinbarungen sind richtig?

A Betriebsvereinbarungen gelten nur für die Mitarbeiter, für die es keine Tarifverträge gibt.
B Regelungen des Tarifvertrags können durch Betriebsvereinbarungen verändert werden.
C Der Betriebsrat ist für die Einhaltung der Betriebsvereinbarungen verantwortlich.
D Wenn sich Betriebsrat und Arbeitgeber nicht einigen, kann der Arbeitgeber eine Betriebsvereinbarung erlassen.
E Betriebsvereinbarungen werden von Gewerkschaft und Arbeitgeber geschlossen, wenn es im Betrieb keinen Betriebsrat gibt.

14. Was versteht man unter dem Begriff „Tarifautonomie"?

A Tarifvertragsparteien schließen ohne staatliche Einmischung einen Tarifvertrag ab.
B Das alleinige Recht der Gewerkschaften, einen Streik auszurufen.
C Der Staat darf durch Gesetz den Inhalt eines Tarifvertrages ändern.
D Der Arbeitgeber entscheidet allein, ob er seinen Arbeitnehmern den Tariflohn zahlt.
E Tarifverträge dürfen nur im Rahmen staatlicher Vorgaben geschlossen werden.

15. Was wird in einem Manteltarifvertrag geregelt?

A Höhe von Lohn und Gehalt
B Festlegung von Lohn- und Gehaltsgruppen
C Urlaubsanspruch
D Höhe des Urlaubsgelds
E Rechte des Betriebsrats bei der Eingruppierung von Beschäftigten.

16. Nennen Sie drei Beispiele für die Mitbestimmung des Betriebsrats in sozialen Angelegenheiten.

17. Bringen Sie die folgenden Ereignisse aus Tarifverhandlungen in die richtige Reihenfolge und notieren Sie sich diese.

A Urabstimmung der Gewerkschaftsmitglieder: 80 % erklären Schlichtung für gescheitert und stimmen für Streik.
B Urabstimmung der Gewerkschaftsmitglieder: 40 % erklären Schlichtung für erfolgreich und stimmen für Streikende.
C Verhandlungen zwischen Arbeitgebern und Gewerkschaften über neuen Tarifvertrag
D Aussperrung weiterer Beschäftigter durch die Arbeitgeber
E Neuer Tarifvertrag tritt in Kraft
F Erklären des Scheiterns der Verhandlungen
G Erlöschen der Friedenspflicht
H Kündigung des Tarifvertrags durch die zuständige Gewerkschaft
I Arbeitgeber stimmen dem Schlichtungsergebnis zu.
J Warnstreik
K Schwerpunktstreik
L Schlichtungsverfahren.

3. Medien kritisch wahrnehmen und nutzen

Recherchieren
Linktipps zum Thema
5fs8r4

Methode: Medien analysieren

„Wer glaubt, was in der Zeitung steht?“

Bilder und Worte können uns über Ereignisse auf der Welt informieren – sie können uns aber auch täuschen, irreführen oder unsere Gedanken bewusst in eine bestimmte Richtung lenken. Dadurch verfügen Medien über große Macht und Einfluss.

Die Mittel der Beeinflussung sind vielfältig: Sie reichen von der einfachen Lüge bis hin zur psychologisch ausgetüftelten Meinungsmanipulation. Darin unterscheiden sie sich kaum von den Mitteln der Werbung.

Als Mediennutzer und -nutzerin sind wir solcher Einflussnahme ebenso ausgeliefert wie als Käuferinnen und Käufer.

Durchschauen wir allerdings die Mechanismen, die Werbefachleute und Meinungsmacher einsetzen, fällt es uns leichter, den tatsächlichen Informationswert von Nachrichten und Berichten herauszufinden. Mit Hilfe einer Medienanalyse lässt sich die jeweilige Berichterstattung auf Form und Inhalt hin untersuchen.

Kriterien	Tageszeitung Bild	Lokalzeitung	überregionale Zeitung
Umfang			
Häufigkeit			
Vollständigkeit			
Zuverlässigkeit			
Sprache			
Bildanteil			
Form			

M1 Kriterien für die Medienanalyse

Methodenschritte auf einen Blick

1. Auswahl
Die Medien werden ausgesucht, die miteinander verglichen werden sollen.

2. Festlegen der Kriterien
Die Vergleichsperspektive wird festgelegt: Was will ich herausfinden?
Die Vergleichspunkte werden bestimmt, etwa:
- Sind Nachricht und Kommentar voneinander getrennt?
- Wie umfangreich und wie häufig ist die Berichterstattung zu einem Ereignis?
- Wie vollständig wird über ein Ereignis informiert?
- Wie zuverlässig erscheinen die Informationen?
- Wie sehen Sprache und Form der Berichterstattung aus?

3. Vergleich
Alle ausgewählten Medien werden miteinander verglichen.

4. Auswertung
Die Ergebnisse des Vergleichs werden ausgewertet und diskutiert.

Public Viewing vor dem Reichstag in Berlin: Wahl des Bundespräsidenten am 18. März 2012

Medien analysieren – wie gehen Sie vor?

1. Auswahl
Zuerst wählen Sie die Medien aus, deren Berichterstattung Sie vergleichen wollen. Sie können z. B. Ihre Lokalzeitung mit der meist verkauften Tageszeitung, der „Bild“, oder beide mit einer überregionalen Zeitung wie der „Welt“ oder mit den Nachrichtensendungen des Fernsehens vergleichen. Entscheiden Sie sich für ein aktuelles Thema, wie die Demonstrationen im Wendland gegen die Castortransporte.

2. Festlegen der Kriterien
Um die Vergleichsgesichtspunkte Ihrer Medienanalyse festzulegen, müssen Sie entscheiden, was Sie herausbekommen wollen. Eine Leserbriefschreiberin kritisiert beispielsweise, die Berichterstattung ihrer Zeitung über die Castor-Demonstrationen sei zu einseitig. Entsprechend können Sie sich fragen, ob einseitig berichtet wird oder ob viele Seiten zu ihrem Recht kommen, ob objektiv berichtet wird oder ob die Berichterstattung geradezu reißerisch ist.

Wichtige Vergleichspunkte können sein:

- die Trennung zwischen Nachricht und Kommentar;
- Umfang und Häufigkeit der Berichterstattung zu einem Ereignis, Problem oder Vorhaben (z. B. gemessen in Quadratzentimetern);
- die Vollständigkeit von Informationen;
  Faustregel: Ein vollständiger Bericht muss Antwort auf sieben W-Fragen geben:
  WAS ist WANN, WO, WIE und WARUM geschehen und WER war am Geschehen auf WELCHE Weise beteiligt?
- die Ausgewogenheit der Information: „die andere Seite;“
- die Zuverlässigkeit der Informationen: Zweifel sind angebracht, wenn die Informanten nicht genannt werden und die Einzelheiten nicht nachgeprüft werden können.
- Sprache und Form der Berichtserstattung: Wie werden die Meldungen über Ereignisse platziert und damit gewichtet? Werden Ausdrücke benutzt, die übertreiben oder beschönigen und so in verborgener Parteinahme Gefahren überspielen?

3. Vergleich
Die ausgewählten Zeitungen oder Fernsehsendungen bzw. Internetseiten werden unter den festgelegten Gesichtspunkten systematisch verglichen. Die Ergebnisse sollten überschaubar auf einer Felder-Tafel zusammengetragen werden. → M1

4. Auswertung
Für die Auswertung der Ergebnisse ist es wichtig, dass Sie sich an Ihre Ausgangsfrage erinnern. Was wollten Sie wissen? Welches Ergebnis zeigt Ihre Analyse im Blick auf Ihre Ausgangsfrage?

Die Methode kann auf alle Themen angewendet werden, über die in den Medien berichtet wird. Beispiele für wichtige Pressethemen in diesem Buch sind:

Wohin steuert die Piratenpartei?
→ S.155

Verbieten wir rechtsextreme Parteien?
→ S. 173

3.1 Gewalt in den Medien – brauchen wir mehr Verbote?

Einfluss der Medien

Vier Jugendliche aus verschiedenen Ländern prügeln einen Malergesellen ins Koma.
Videoüberwachung in der Berliner U-Bahn, 11.02.2011

Arbeitsauftrag

Untersuchen Sie den Einfluss der Medien auf jugendliche Gewaltbereitschaft. Und so können Sie dabei vorgehen:

1. Fassen Sie die wichtigsten Umfrageergebnisse zur Mediennutzung Jugendlicher zusammen. → *M1*

2. Informieren Sie sich über verschiedene Forschungsthesen zum Zusammenhang zwischen Gewaltbereitschaft und Medienkonsum.

3. Greifen Sie eine der Thesen zum Medienkonsum heraus und entwickeln Sie eine eigene begründete Position dazu.

4. Diskutieren Sie abschließend, ob Sie einen Zusammenhang sehen zwischen der realen Gewalt in der U-Bahn (s. o.) und medialer Gewalt in Filmen und Computerspielen.

Ansteckungsgefahr?

Gibt es einen direkten Zusammenhang zwischen Gewalttaten von Kindern und Jugendlichen und deren ***Medienkonsum***? Immer wieder hört oder liest man Meldungen, die einen solchen Zusammenhang unterstellen. Sie werfen Fragen danach auf, wie intensiv Jugendliche heute verschiedene Medien nutzen, in welchen medialen Welten sie unterwegs sind und wie gefährlich gewalthaltiger Medienkonsum – insbesondere durch Fernsehen, Filme und Videospiele – für Kinder und Jugendliche wirklich ist. → *M1*

Expertenmeinungen

Wenn Jugendliche aggressives Verhalten an den Tag legen, liegt es nahe, den vielen medialen Gewaltdarstellungen und den immer gewaltsameren Videospielen auf dem Markt die Schuld daran zuzuschieben. Doch dieser Rückschluss wäre zu einfach.

Ein Blick in die bisherigen Untersuchungen zeigt eine vielschichtige Problematik. Selbst Fachleute vertreten unterschiedliche Thesen, wenn es um die Wirkung gewalthaltigen Medienkonsums geht. Dabei lassen sich kurz gefasst vier Ansätze unterscheiden:

die Selbstreinigungstheorie: Gewalthandlungen in Filmen können stellvertretend für eine tatsächliche Gewalthandlung Aggressionen in der Gefühlswelt abbauen und dadurch die Bereitschaft zur tatsächlichen Gewaltanwendung senken.

die Ablehnungstheorie: Wer sich über Gewaltdarstellungen ärgert oder sich schockiert abwendet, dessen Abneigung gegen Gewalt verstärkt sich immer mehr; er wird Gewalt schließlich grundsätzlich ablehnen.

die Abstumpfungstheorie: Wer sich häufig medialer Gewalt aussetzt, der stumpft immer mehr ab. Gewalt wird als immer normaler erlebt und als nichts Besonderes hingenommen. Je mehr und je intensiver mediale Gewalt konsumiert wird, desto stärker wird die Abstumpfung und desto mehr wächst das Bedürfnis nach immer neuen und gesteigerten Formen von Gewalt.

Lernen am Modell
Die Karikatur von Bernd Kissel, 17 Jahre, erhielt einen ersten Preis beim bundesdeutschen Karikaturenwettbewerb, ausgeschrieben vom Studienkreis Bochum und der Deutschen Jugendpresse.

die Nachahmungstheorie: Das häufige Erleben von Gewalt im Fernsehen reizt zum Nachahmen, es verstärkt Aggressionen. Unter speziellen Umständen steigt die Bereitschaft zur tatsächlichen Gewaltanwendung. Je mehr und je intensiver mediale Gewalt konsumiert wird, desto stärker ist die Bereitschaft zur Nachahmung.

Jede dieser Theorien hat etwas für sich und ist durch Untersuchungen abgesichert. Es hängt von der jeweiligen Situation ab, welche Entwicklung tatsächlich in Gang kommt.

Nutzungsdauer der Medien, 1970 bis 2010

	1970	1974	1980	1985	1990	1995	2000	2005	2010
Fernsehen	113	125	125	121	135	158	185	220	220
Hörfunk	73	113	135	154	170	162	206	221	187
Tageszeitung	35	38	38	33	28	30	30	28	23
Internet	–	–	–	–	–	–	13	44	83
CD/LP/MC/MP3	–	–	15	14	14	14	36	45	35
Bücher	–	–	22	17	18	15	18	25	22
Zeitschriften	–	–	11	10	11	11	10	12	6
Video/DVD	–	–	–	2	4	3	4	5	5

(Mo–So, 5.00–24.00 Uhr), Pers. ab 14 J., in Min./Tag
1) Der Sonntag wurde erst ab 1990 in die Erhebung aufgenommen.
2) Bis 1990 nur alte Bundesländer.
ARD/ZDF-Langzeitstudien, in: Mediaperspektiven 1/2011, S. 8

M1 Mediennutzung

Medien sind keine Alleinerzieher!

Der Einfluss gewalthaltiger Medien auf die Aggressionsbereitschaft Jugendlicher kann nur als ein Faktor unter vielen gewertet werden. Ob er die Neigung zu Gewalttätigkeit von Heranwachsenden fördert und wie er es tut, hängt vor allem von zwei weiteren Einflussfaktoren ab – nämlich davon,

- ob Jugendliche in einem gewalthaltigen Umfeld aufwachsen und
- ob Jugendliche gut in ihr soziales Umfeld eingebunden sind – ob sie Anerkennung finden als Mensch mit verschiedenen Bedürfnissen, als Sohn/Tochter, Schüler/Schülerin sowie als Freund oder Freundin.

Berücksichtigt man das ***soziale Umfeld***, in dem Kinder und Jugendliche heute heranwachsen, dann zeigt sich: In einer Gesellschaft, in der Probleme in Familie und Schule ungelöst bleiben, in der es immer schwieriger wird, seinen Platz zu finden, steigt auch die Bereitschaft zu ***Gewalt***. Die Flucht vor Problemen in immer gewalthaltigeren Medienkonsum kann dann unabsehbare Folgen haben. Nicht das Fernsehen und andere Medien mit ihren Gewaltdarstellungen sind also die alleinige Ursache für jugendliche Aggression. Vielmehr spielt für die Wirkung von medialer Gewalt eine Rolle,

- ob Kinder und Jugendliche gelernt haben, mit persönlichen Misserfolgen umzugehen,
- ob und wie stark sie sich mit einem gewalttätigen Medienvorbild identifizieren und
- ob sie sich schließlich in die virtuelle Welt der Gewaltspiele isolieren und sich von ihrer realen Umwelt zurückziehen.

Alles halb so schlimm?

Ist es also eigentlich harmlos, wenn sich die ***Gewaltspirale*** in Filmen und Videospielen immer höher dreht? Die Wissenschaftler sind sich nicht einig, und die Spieleindustrie gibt viel Geld aus, um Zweifel zu streuen, ob gewalttätige Videospiele Aggressionen fördern.

Ganz so harmlos ist die Lage gerade im Blick auf Videospiele nicht. Denn die meisten Studien zeigen, dass zumindest Killer-Spiele Effekte haben können, wie sie in der Nachahmungs- und der Abstumpfungstheorie beschrieben werden. Selbst wenn es richtig ist, dass es keinen unmittelbaren Zusammenhang zwischen virtuellen Gewaltspielen und realer Gewaltbereitschaft gibt – ein möglicher Zusammenhang muss doch immer wieder erforscht und diskutiert werden.

Und neben aller Wissenschaft ist das auch ein Thema für uns selbst. Was spielen und was sehen wir? Welche Erfahrungen machen wir dabei mit uns und mit den Reaktionen anderer? → *M2*

M2 Spielspaß nonstop

(•) Auf einen Blick

Einflüsse auf jugendliche Aggressionsbereitschaft bestimmen

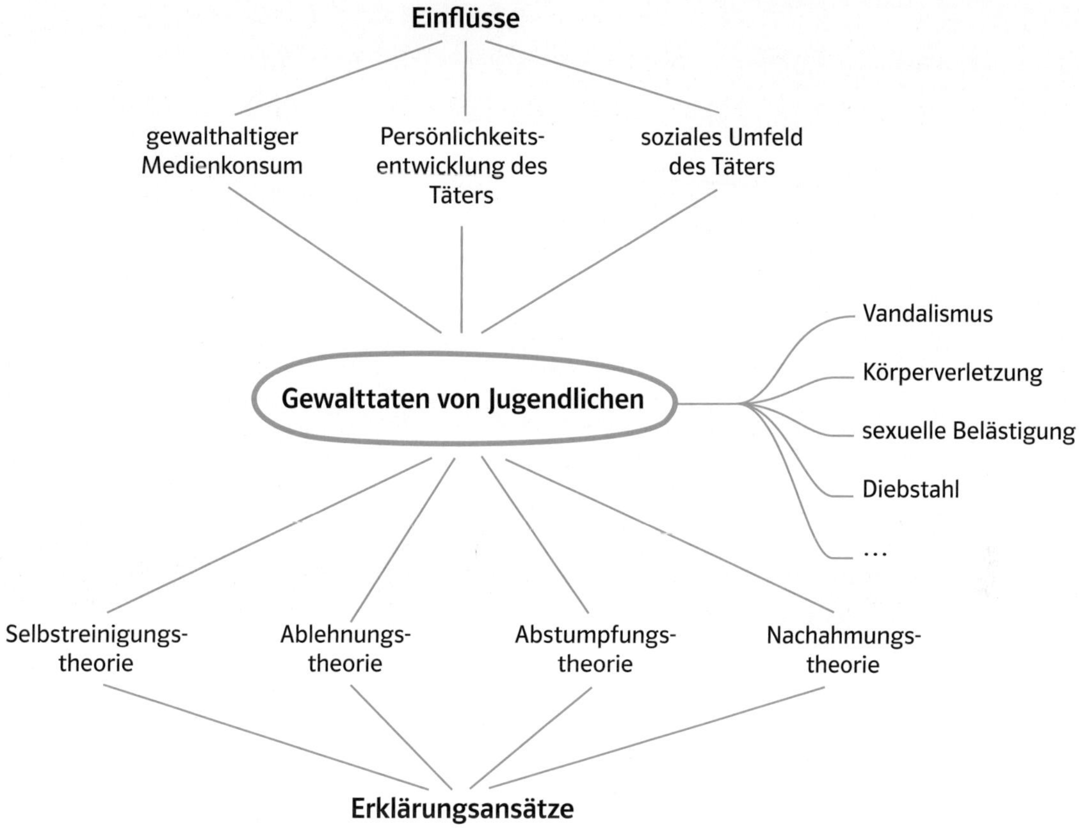

Weiterführende Aufgaben

1. Beobachten Sie das Fernsehprogramm unterschiedlicher Sender auf seinen Anteil an Gewaltszenen und fassen Sie Ihre Ergebnisse zusammen.

2. Gewalt im Fernsehen, in Filmen, in Videospielen → *M2* – macht das für Sie einen Unterschied? Schätzen Sie Ihren eigenen Konsum von gewalthaltigen Medien kritisch ein und tauschen Sie sich in der Klasse darüber aus.

3. Beschreiben Sie die Karikatur „Lernen am Modell". → *S. 83* Beurteilen Sie deren Aussagen.

4. **Projektvorschlag**: Laden Sie Medienfachleute in Ihre Klasse ein und diskutieren Sie mögliche Auswirkungen von gewalthaltigen Medien.

Staatlicher und privater Jugendmedienschutz

Arbeitsauftrag

Erarbeiten Sie gut begründete Vorschläge für einen wirksamen Jugendmedienschutz in Deutschland.
Und so können Sie dabei vorgehen:

1. Diskutieren Sie, welche Medieninhalte Sie für jugendgefährdend halten. → *M1*

2. Entwickeln Sie Kriterien, mit deren Hilfe eingeschätzt werden kann, wie groß die Jugendgefährdung von Medieninhalten ist. Sie können sich dabei an den Jugendschutzbestimmungen für das Internet orientieren. → *M3*

3. Schätzen Sie die Wirksamkeit der vorhandenen Altersfreigaben bei Film und Computerspielen ein. → *S. M2*

4. Legen Sie eine Übersicht an zum bestehenden staatlichen und privaten Jugendmedienschutz in Deutschland.

5. Vergleichen Sie die Vor- und Nachteile der freiwilligen Selbstkontrollen der Medienwirtschaft mit einem staatlichen Jugendmedienschutz.

„Der Zuschauer darf sich seine Regierung wählen, also auch sein Fernsehprogramm. Ich wundere mich auch hin und wieder über die Wahl, aber der Wurm muss dem Fisch schmecken und nicht dem Angler."

Helmut Thoma, ehemaliger RTL Geschäftsführer, in einem Interview mit dem SPIEGEL (15.10.1990): http://www.kinder.de/Gewalt-im-Fernsehen.639.0.html (Zugriff am 11.07.2011)

Fisch oder Angler?

Damit ein Fernsehsender hohe ***Quoten*** erreicht und hohe Werbeeinnahmen erzielt, werden oft Actionfilme in das Tagesprogramm aufgenommen. Gerade die Gewaltakte in vielen dieser Filme gelten als Spannungshöhepunkte und eignen sich daher besonders für eine Werbeinsel. Allerdings sind am Tag auch viele Kinder und Jugendliche unter den Fernsehzuschauern. Es gehört zum Schutz der Menschenwürde – dem obersten Gebot im Grundgesetz –, Kinder und Jugendliche vor Inhalten in den Medien zu schützen, die ihre ***Persönlichkeitsentwicklung*** gefährden könnten.

Selbstkontrolle

Grundsätzlich gilt in den Medien das Prinzip der ***Selbstregulierung***. Das heißt: Alle Anbieter verantworten und kontrollieren selbst, was sie veröffentlichen. Eine Selbstkontrolleinrichtung, die ***Freiwillige Selbstkontrolle Fernsehen (FSF)***, prüft Sendungen vor ihrer Ausstrahlung, wenn die privaten Fernsehveranstalter sie zur Begutachtung einreichen. Prüfer der FSF entscheiden auch, gemeinsam mit der ***Kommission für den Jugendmedienschutz (KJM)***, ob und zu welcher Zeit Programme unter Jugendschutzgesichtspunkten gesendet werden dürfen. So können für junge Zuschauer ungeeignete Sendungen z. B. in die späten Abend- und Nachtstunden verschoben werden. → *M1*

Altersbeschränkungen und Jugendverbot

Verschiedene Kommissionen und Anstalten regeln für Fernsehen, Rundfunk und Internet, welche Medieninhalte für welche Altersgruppen zugelassen oder verboten werden. Die ***Bundesprüfstelle für jugendgefährdende Medien (BPjM)*** darf die Verbreitung jugendgefährdender Medieninhalte in Filmen, DVDs, PC- und Online-Spielen ganz verbieten oder mit Unterstützung der freiwilligen Selbstkontrolleinrichtungen der Medienanbieter mit ***Altersbeschränkungen*** versehen.

Es werden Computerspiele, Fernseh- und Kinofilme, die die Entwicklung von Kindern oder Jugendlichen oder ihre Erziehung zu einer eigenverantwortlichen und gemeinschaftsfähigen Persönlichkeit gefährden, als jugendgefährdend bewertet. Dazu zählen vor allem unsittliche, verrohend wirkende, zu Gewalttätigkeit, Verbrechen oder Rassenhass anreizende Medien. Ebenso gelten als jugendgefährdend Darstellungen von Gewalthandlungen, Mord- und Metzelszenen, die rein zum Selbstzweck und detailliert vorgeführt werden, oder Selbstjustiz, wenn sie als einzig bewährtes Mittel zur Durchsetzung vermeintlicher Gerechtigkeit nahegelegt wird.

Persönlichkeitsentwicklung
Einer der wichtigsten Begriffe der Psychologie. Ein wichtiges Thema der Persönlichkeitsforschung ist die Wechselwirkung zwischen Person und Umwelt.

Jugendmedienschutz
Maßnahmen zum Schutz von Kindern und Jugendlichen vor schädlichen Einflüssen durch Massenmedien auf ihre Persönlichkeitsentwicklung.

Nächtliches TV-Programm

3 SAT	RTL	SAT.1
23.15 **Tödliche Aschewolke** Dramatische Folgen eines Vulkanausbruchs	23.10 **Monk** Mr. Monk und das Aus im Krankenhaus? Krimiserie mit Tony Shalhoub, Traylor Howard	23.30 **Die Harald Schmidt Show** Late-Night-Show Mod.: Harald Schmidt
0.05 **10 vor 10**	0.00 **Nachtjournal**	0.35 **24 Stunden** Spurlos verschwunden – Wer hat mein Kind gesehen? Reportagereihe
0.35 **Auf Ehrenwort** Amerik. Kriegsdrama mit Erol Flynn, Paul Lukas. Regie: Raoul Walsh, 1943/1944	0.30 **CSI Miami** Finsternis. Krimisersie mit David Caruso, Emily Procter	1.30 **24 Stunden** Die Kinder von Hartz IV
	1.25 **Dr. House** Denke immer daran. Arztserie mit Hugh Laurie, Lisa Edelstein	

M1 Ausschnitt aus der Frankfurter Allgemeinen Zeitung (FAZ) vom 27.09.2011

Was sind die Angaben wert?

Pluralismus
Annahme, dass ein Staat oder eine Gesellschaft aus einer Vielzahl verschiedener Individuen, Gruppen, Überzeugungen und Lebensformen besteht, die in einer ***pluralistischen Gesellschaft*** gleichberechtigt und tolerant miteinander umgehen können.

Die nicht immer ganz einfache Einordnung von Medieninhalten führt bei der Bundesprüfstelle ein Zwölfer-Gremium, in Fällen offensichtlicher Jugendgefährdung ein Dreier-Gremium, durch. Bei allen Entscheidungen der Gremien sind die verschiedenen Gruppen unserer pluralistischen Gesellschaft wie Kirchen oder Parteien vertreten.
Die Einzelhändler dürfen die indizierten Medien nur an die entsprechenden Altersgruppen verkaufen. → *M2* Sie sind dafür verantwortlich, das Alter der möglichen Käufer zu kontrollieren.
Verkaufen sie die jeweiligen Medien doch an zu junge Käuferinnen und Käufer, dann begehen sie einen Gesetzesverstoß. Dieser Verstoß kann sie früher oder später ihre Verkaufslizenz kosten. Natürlich haben alle gesetzlichen Auflagen nur ihren Wert, wenn der Einzelhandel und auch wir Verbraucher diese Angaben ernst nehmen.

„Wir wollen nicht provozieren“
Dan Houser (im Interview)

DAN HOUSER, 35, leitet die Videospielfirma Rockstar Games, die hinter der umstrittenen Reihe „Grand Theft Auto“ steckt. Zum Start des neuen Spiels „Red Dead Redemption“ spricht er über Gewalt und Doppelmoral.

Aus dem modernen New York Ihres letzten Spiels „Grand Theft Auto IV“ (GTA), das allein in der ersten Woche 500 Millionen Dollar Umsatz machte, schicken Sie den Spieler nun in die Vergangenheit – warum?
„Red Dead Redemption“ spielt um 1910 herum – zu einer Zeit, als die glorreichen Tage des Wilden Westens, der Cowboys und Outlaws langsam zu Ende gehen. Die Eisenbahn und der Telegraf breiten sich langsam aus, und mit ihnen dringt auch das Gesetz in die hintersten Winkel vor, in denen vorher noch Anarchie herrschte. Dieser Umbruch hat uns gereizt. […]

Für die Gewaltdarstellung in Ihren Spielen wurden Sie immer wieder kritisiert – hoffen Sie nun, dass man es Ihnen eher durchgehen lässt, wenn ein Cowboy einem Viehdieb die Birne wegpustet als ein Gangster einem Fußgänger?
Vielleicht finden es manche weniger schockierend, wenn sie Gewalt in einem Westernambiente sehen. Aber das war uns egal, weil wir auch die Gewalt in „GTA IV“) nicht schlimm finden. Es ist ein Spiel ausdrücklich für Erwachsene. Und: Es kann auch krass aussehen, wenn man mit einer Kanone einen Planwagen in die Luft jagt.

Manchmal könnte man meinen, Sie wollten die Sittenwächter absichtlich schockieren?
Ganz ehrlich: Wir haben es nie darauf angelegt, mit unseren Spielen zu provozieren. Wir wollen die Menschen unterhalten, ebenso wie andere sie mit Büchern oder Filmen oder Musik unterhalten. Aber wir werden dafür viel stärker kritisiert. Als „Manhunt“, eines unserer Spiele, in einigen Ländern verboten wurde, bekamen zur selben Zeit Horrorfilme wie „Hostel“ überschwängliche Kritiken. Das fand ich ungerecht […].

Befürworten Sie das System der Altersfreigabe für Spiele?
Ja, ich finde es gut, Spiele ebenso wie Filme für unterschiedliche Altersgruppen freizugeben. Funktioniert das hundertprozentig? Natürlich nicht. Ist es besser als gar nichts? Auf jeden Fall. […]
Christoph Koch (NEON), „Wir wollen nicht provozieren“, in: NEON 8/10, S. 134

USK 0	Freigegeben ohne Altersbeschränkung
USK 6	Freigegeben ab sechs Jahren
USK 12	Freigegeben ab zwölf Jahren
USK 16	Freigegeben ab sechzehn Jahren
USK 18	Keine Jugendfreigabe

M2 Standpunkt

Ausstrahlungsverbot

Auch wenn in Deutschland die verfassungsrechtlich garantierte ***Rundfunkfreiheit*** gilt, dürfen bestimmte Sendungen im öffentlich zugänglichen Fernsehen gar nicht ausgestrahlt werden. Dies sind zum Beispiel Sendungen, die zu Rassenhass aufstacheln oder anderweitig die Menschenwürde verletzen. Ein ***Ausstrahlungsverbot*** gilt auch für Filme, die von der Bundesprüfstelle für jugendgefährdende Medien (BPjM) indiziert wurden. → *M3*

Medienerziehung

Medienerziehung ist der wichtigste Baustein des Jugendmedienschutzes. Welche Grenzen aber sollen Eltern setzen, um ihre Kinder vor den Gefahren der Medien zu schützen, sie aber zugleich zu befähigen, ihre Chancen zu nutzen? Indizierung und Alterskennzeichnung beschränken die Abgabe von Medien an Kinder und Jugendliche durch den Handel. Zugleich geben Indizierungen und Alterskennzeichnungen auch Eltern Orientierung, welche Medien Kinder nicht nutzen sollten, um nicht gefährdet oder in ihrer gesunden Entwicklung beeinträchtigt zu werden. Sie sind damit auch eine Hilfe, um geeignete Grenzen in der Erziehung zu setzen.

Jugendmedienschutz – das heißt aber nicht nur: Verbote aufstellen. Es geht vor allem um die Förderung der Medienkompetenz von Kindern, Jugendlichen, Erziehern, Sozialarbeitern und Lehrern in Familie, Jugendarbeit und Schule. → *S. 90*

Menschenwürde
Moderner Begriff, der für Grundrechte und Rechtsansprüche jedes Menschen steht. Gemeint ist besonders, dass alle Menschen unabhängig von ihrer Herkunft oder anderer Merkmale wie Geschlecht, Alter oder Zustand denselben Wert haben, da sie sich alle durch ein dem Menschen einzig gegebenes schützenswertes Merkmal auszeichnen: die Würde.

Jugendgefährdende Internetangebote

Die für das Internet geltenden Jugendschutzbestimmungen sind im Wesentlichen im Jugendmedienschutz-Staatsvertrag der Bundesländer (JMStV) verankert.

Im § 4 des JMStV sind neben strafrechtsrelevanten Inhalten weitere Inhalte als absolut unzulässig definiert, die im Internet nicht verbreitet werden dürfen.

Absolut unzulässig gemäß § 4 Jugendmedienschutz-Staatsvertrag sind z. B. Angebote mit
- Verwendung von Kennzeichen oder Propagandamitteln verfassungswidriger Organisationen,
- Aufstachelung zum Rassenhass,
- Verharmlosung von Handlungen, die unter der Herrschaft des Nationalsozialismus begangen wurden,
- Kriegsverherrlichung,
- pornografischen Darstellungen, die Gewalttätigkeiten oder den sexuellen Missbrauch von Kindern oder Jugendlichen oder sexuelle Handlungen von Menschen mit Tieren zum Gegenstand haben; dies gilt auch bei virtueller Gewalt,
- Darstellung von Kindern und Jugendlichen in unnatürlich geschlechtsbetonter Körperhaltung (gilt auch für virtuelle Darstellungen),
- Verletzung der Menschenwürde, insbesondere durch die Darstellung von Menschen, die sterben oder schweren körperlichen oder seelischen Leiden ausgesetzt sind,
- Gewaltverherrlichung bzw. -verharmlosung,
- Anleitung zu rechtswidrigen Taten wie z. B. Mord, Totschlag, Völkermord und andere (vgl. § 126 StGB).

zusammengestellt nach: Wegweiser Jugendmedienschutz (2011) : http://bundespruefstelle.de

M3 Jugendmedienschutz

Rassismus
Ideologie, die die Rasse eines Menschen (im biologistischen Sinne) als bestimmenden Faktor seiner Fähigkeiten und Eigenschaften annimmt. Die politische Rassenlehre beruht auf subjektiven Wertungen und führt zu Diskriminierungen.

Medienkompetenz

Die Fähigkeit, Medien so zu nutzen, dass sie das Leben bereichern statt es eintöniger zu machen, ist Kindern und Jugendlichen nicht angeboren. Diese Fähigkeit, die man ***Medienkompetenz*** nennt, muss erlernt werden. Bei näherem Hinsehen erkennen wir, dass derjenige, der medienkompetent ist, nicht nur eine, sondern mehrere Fähigkeiten erworben hat. Medienkompetenz ist mehr als technische Mediengeräte bedienen zu können.

Zur Medienkompetenz gehört:
- die Fähigkeit, ein Medium auszuschalten, wenn es nicht mehr gut tut oder wenn es Inhalte wiedergibt, die zu belastend sind;
- die Fähigkeit, das richtige Medium auszusuchen, um die Antworten zu bekommen, die man sucht;
- zu wissen, welcher Information man mehr, welcher man weniger vertrauen kann;
- zu wissen, welche Interessen wer mit der Verbreitung von Medieninhalten verfolgt;
- technisches, ästhetisches und rechtliches Wissen, um ein Medium, z. B. eine Homepage, selbst zu erstellen.

Um Medienkompetenz zu erwerben, brauchen Kinder und Jugendliche Freiräume zum Ausprobieren und um eigene Erfahrungen mit Medien zu sammeln. Aber was ist, wenn Jugendliche diesen Freiraum nutzen, um anderen Jugendlichen zu schaden?

Stichwort „Cyber-Mobbing“

Die Ausgrenzung von Einzelnen oder ganzen Gruppen ist unter Jugendlichen nicht neu. Neben dieses Mobbing, das in der Schule oder auf dem Schulweg stattfindet → *S. 48*, tritt eine neue Form, die über das Internet die Betroffenen bis in ihr Zuhause verfolgt. → *M4* Über Handy, E-Mail, Website, Foren, Chats und Communities können beleidigende Texte, Fotos oder Filme eingestellt und verbreitet werden. Entfernen lassen sich solche Einträge kaum noch.

Wenn man sich im Netz gemobbt fühlt, muss man selbst tätig werden. Als erstes sollte man den Vorfall möglichst ausführlich dokumentieren, also E-Mails speichern, Screenshots machen und Informationen über die Plattform und die möglichen Täter sammeln. Dann wendet man sich an den Betreiber der Plattform, sendet ihm die Informationen und fordert ihn auf, die betreffenden Inhalte zu löschen, wozu er verpflichtet ist.

Da viele Mobbing-Attacken aus dem bekannten Umfeld kommen, kann es auch helfen, mit den Tätern und ihren Eltern ein klärendes Gespräch zu führen oder die Schule einzubeziehen. Wenn das alles nicht hilft, bleibt als letzte Möglichkeit die Strafanzeige wegen Persönlichkeitsrechtsverletzung oder Beleidigung.

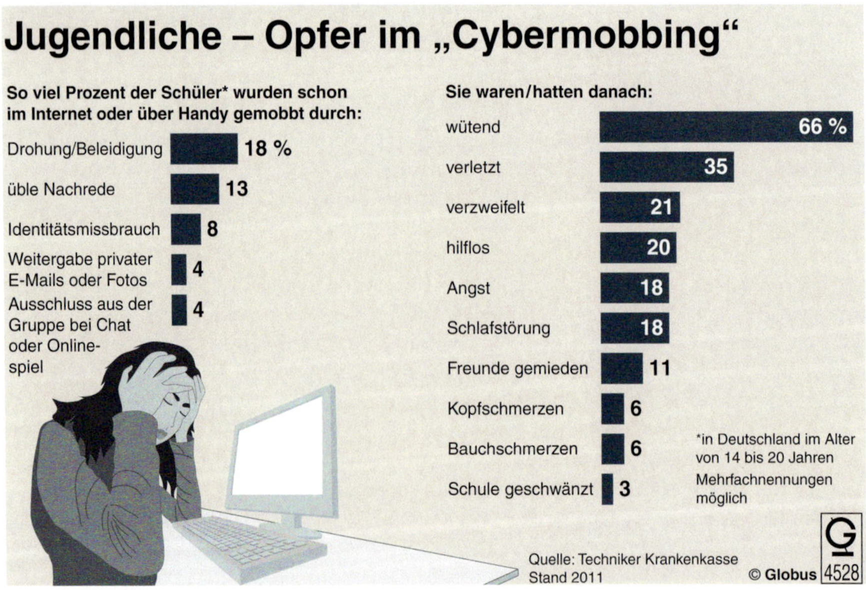

M4 Statistik

(•) Auf einen Blick

Staatliche und private Jugendmedienschutzmaßnahmen einschätzen

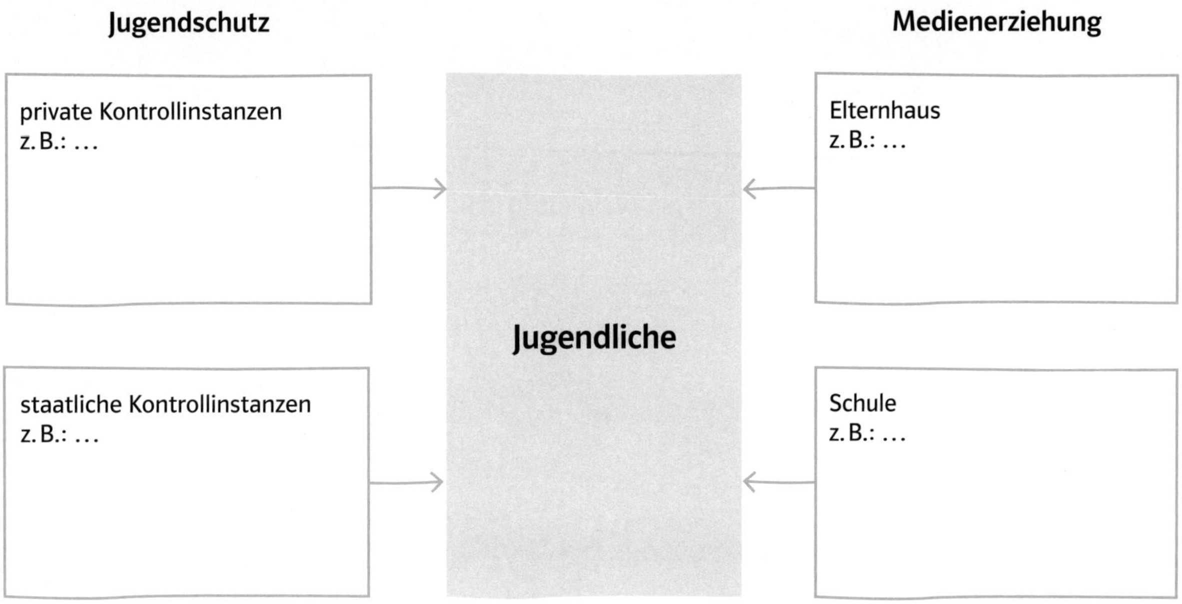

Weiterführende Aufgaben

1. Diskutieren Sie die Frage, ob freie Mediennutzung und Jugendmedienschutz zusammenpassen. Beziehen Sie dabei Stellung
- zum System der Altersfreigabe für Spiele,
- zum Verbot von Gewaltspielen.

2. Entwickeln Sie Empfehlungen für Ihre Altersgruppe zu einem angemessenen Umgang mit Medien. Orientieren Sie sich dabei am Konzept der Medienkompetenz.
→ *S. 90*

3. Setzen Sie sich in kleinen Gruppen zusammen und formulieren Sie ein „Anti-Cybermobbing-Gesetz".

4. Recherchieren Sie im Netz Hilfsangebote bei Mobbing. → *Standpunkte-Code*

3.2 Massenmedien – Meinungsmacher?

Medienmacht und Politik

Arbeitsauftrag

Beurteilen Sie die gegenwärtige Medienberichterstattung: Werden die Medien ihrer Verantwortung zwischen Informationspflicht, Sensationslust und Gewinnstreben gerecht?
Und so entwickeln Sie Ihren Standpunkt:

1. Erstellen Sie Ihre eigene „Hit-Liste" der Schlagzeilen im Cartoon oben. Überlegen Sie anschließend, nach welchen Kriterien Sie entschieden haben.

2. Notieren Sie einige Überlegungen, die die beiden Journalistinnen bei ihrer Auswahl anstellen könnten. In welcher Rangfolge werden sie vermutlich die Themen in ihrer Zeitung bringen?

3. Diskutieren Sie, welchen Stellenwert politische Themen in den Massenmedien haben sollten.

4. Informieren Sie sich über die politischen Aufgaben, die Medien in einer Demokratie erfüllen.

5. Erklären Sie, warum Medienvielfalt gerade für die politische Berichterstattung so wichtig ist. Berücksichtigen Sie dabei auch die Auflagenstärke verschiedener Tageszeitungen. → *M1*

Was Medien leisten

Medien können in ihrer Vielfalt ganz unterschiedlich genutzt werden und verschiedenen Zwecken dienen. Eine besondere Bedeutung besitzen Presse, Hörfunk, Internet und Fernsehen: Sie erfüllen wichtige Aufgaben für jeden Einzelnen wie für das öffentliche und politische Leben.

Wie können die Politikerinnen und Politiker erfahren, welche Probleme die Menschen beschäftigen? Und wie kann die Bevölkerung mitbekommen, welche Entscheidungen in Parlamenten und von Regierungen getroffen werden? Die regelmäßig wiederkehrenden Wahlkämpfe können diese Informationsaufgabe nur zum Teil erfüllen. Demokratisches Regieren ist darauf angewiesen, dass es zwischen den Bürgerinnen und Bürgern und ihren gewählten Vertreterinnen und Vertretern zu einem regelmäßigen Austausch an Informationen und Meinungen kommt.

Medien schaffen Öffentlichkeit

Was in unserer Gesellschaft und was in der Politik passiert, erfahren wir aus den Medien. Wer Medien nutzt, kann sich eine Meinung bilden und mitdiskutieren – d.h. Medien stellen ***Öffentlichkeit*** her. Die wenigsten von uns verfolgen das politische Geschehen durch eigene Anschauung. Selbst über die Kommunalpolitik, die sich vor unserer Haustür abspielt, erfahren wir aus den Medien: über die Lokalzeitung, das Lokalradio, eventuell auch über das lokale Fernsehen oder die Homepage des Rathauses.

Öffentlichkeit ermöglicht Kritik

Medien spielen deshalb die wichtige Rolle von Vermittlern zwischen den politisch Verantwortlichen und der Bevölkerung. Sie machen Interessen und politisches Handeln allen bekannt und hinterfragen diese Interessen und das öffentliche Handeln kritisch. Dadurch tragen sie dazu bei, dass eine öffentliche Meinung entsteht. ***Öffentliche Meinung*** heißt, unterschiedliche Ansichten und Interessen können frei geäußert werden. Niemand muss fürchten, dass er wegen seiner Ansichten verfolgt und eingesperrt wird.

Eine freie öffentliche Meinung ist Voraussetzung dafür, dass Entscheidungen im Staat und in der Gemeinde demokratisch getroffen und von den Bürgerinnen und Bürgern kontrolliert werden können.

Medienvielfalt – Meinungsvielfalt

Wenn wir das politische Geschehen verfolgen und beurteilen wollen, müssen wir Bescheid wissen. Die dazu notwendigen Informationen sollen die Medien so vollständig, sachlich und verständlich wie möglich liefern. Möglichst viele Informationen und unterschiedliche Meinungen – das alles soll in einer Zeitung zu finden sein? In der Praxis können nicht immer alle Meinungen in einem Medium berücksichtigt werden. Es fehlt an Platz, Sendezeit, Expertenwissen. Da es aber in einer freien Gesellschaft mehrere und unterschiedliche Zeitungen, Rundfunk- und Fernsehsender gibt, kommen immer auch unterschiedliche Meinungen zum Ausdruck. → *M1*

Auflagen verschiedener Tageszeitungen

Hannoversche Allgemeine Zeitung (HAZ)	148 000
Frankfurter Allgemeine Zeitung (FAZ)	360 000
Frankfurter Rundschau (FR)	119 559
Süddeutsche Zeitung (SZ)	415 007
Göttinger Tageblatt	32 019
Tagesspiegel	128 914
Bocholter-Borkener Volksblatt	22 430
Bild	2 898 086

Daten zusammengestellt nach: IVW 3. Quartal 2011

M1 Auflagenstärke

Massenmedien
Sammelbezeichnung für Presse, Rundfunk und Fernsehen; im weiteren Sinne auch für Bücher, CDs, Videos und das Internet.

Pressefreiheit
Grundrecht, besonderes Kennzeichen einer offenen demokratischen Gesellschaft.

„(1) Jeder hat das Recht, seine Meinung in Wort, Schrift und Bild frei zu äußern und zu verbreiten und sich aus allgemein zugänglichen Quellen ungehindert zu unterrichten. Die Pressefreiheit und die Freiheit der Berichterstattung durch Rundfunk und Film werden gewährleistet. Eine Zensur findet nicht statt."

Art. 5 GG Recht der freien Meinungsäußerung und Informationsfreiheit

Organisierte Öffentlichkeitsarbeit

Die Medien sollen – so steht es im Grundgesetz – frei und unabhängig berichten können. Größere politische und gesellschaftliche Gruppen haben bessere Chancen, in den Medien zu Wort zu kommen, als etwa ein Einzelner oder kleinere ethnische, religiöse oder politische Gruppen. Regierungen und Parteien haben eigene große Presseabteilungen, die die Medien mit ihren Nachrichten versorgen, um so mit ihrer Politik in die Öffentlichkeit zu dringen. Auch Interessenverbände wie Gewerkschaften und Unternehmerverbände, die Kirchen und andere große Organisationen machen auf diese Weise Öffentlichkeitsarbeit. Die Medien wirken dabei als Verstärker ihrer Interessen. Ein Beispiel: *→ M2, S. 18.*

Pressefreiheit schützt Demokratie

Massenmedien haben in einem demokratischen Staat zudem die Aufgabe, den Politikern auf die Finger zu schauen. Es gehört zu ihren Aufgaben, Korruptionsfälle im Amt, politische Lügen und Machtmissbrauch beim Namen zu nennen. Durch eine kritische Berichterstattung sollen Missbrauch und Fehlverhalten nicht erst im Nachhinein aufgedeckt, sondern von Anfang an verhindert werden. Diese Aufgabe der Medien wird Kritik- und Kontrollfunktion genannt.

Massenmedien setzen Themen

Welche Themen sind für die Medien überhaupt interessant? Was wird aufgegriffen, was wird nur kurz, was ausführlich berichtet? *→ M2*

Immer häufiger heißt es, dass die Massenmedien geradezu ihre Themen selbst machen: z. B. das Internet oder die großen Fernsehanstalten (ARD, ZDF und private Sender wie SAT1, RTL, PRO7, n-tv). Was dort diskutiert wird, wird zum Tagesgespräch. Auch Nebensächliches erscheint plötzlich wichtig, wenn sich alle Talkshows der Woche damit beschäftigen.

Was meinen Sie?

M2 Kritische Leser

Auch die großen Nachrichtenmagazine wie Der Spiegel oder FOCUS sowie die auflagenstarken Boulevardblätter wie Bild, Tageszeitungen wie die Frankfurter Allgemeine Zeitung oder die Frankfurter Rundschau „setzen" Themen – etwa indem sie skandalöse Zustände aufdecken oder Skandale geradezu selbst inszenieren. Manche öffentliche Debatte trägt auch dazu bei, Leser oder Zuschauer politisch zu aktivieren. Anhaltspunkte für die Themenwahl der Journalistinnen und Journalisten sind dabei:

- die Aktualität des Ereignisses,
- die allgemeine Bedeutsamkeit des Themas,
- Sensationsbedürfnisse der Leser oder Zuschauer,
- persönliche Vorlieben und Interessen.

Die vierte Gewalt

Wer aber kritisiert und kontrolliert eigentlich die Medien? Der Einfluss der Medien ist inzwischen so groß geworden, dass man von einer vierten Gewalt im Land – neben Exekutive, Legislative und Rechtssprechung – sprechen kann.

Politiker stehen unter Dauerbeobachtung durch Journalisten. Einerseits liegt das in ihrem Interesse, sie möchten Aufmerksamkeit erregen mit ihren Themen und Standpunkten. → *M3*

Andererseits kann es sehr riskant werden, wenn sie dabei Einblicke in ihr Privatleben geben. Die glamourösen Auftritte des Ehepaars Wulff oder der zu Guttenbergs auf der öffentlichen Bühne bescherten den Medien schöne Bilder. Wenig später fanden sie es dann lukrativer, Kritik statt Glamour zu verkaufen. Springer-Chef Mathias Döpfner soll das einmal so formuliert haben: „Wer mit der Bild-Zeitung im Aufzug nach oben fährt, der fährt mit ihr auch wieder hinunter."

Eine fünfte Gewalt?

Im Internet betätigt sich derweil eine neue Generation von selbsternannten Medien-Controllern: die Watchdogs. Sie fühlen sich als eine Art fünfte Gewalt und beobachten Politik und Medien gleichermaßen scharf. Sie setzen neue Regeln für die ***politische Kommunikation***. Mancher Politiker ist froh, dass er sich nun an allen Redaktionen vorbei direkt ans Volk wenden kann. In Blogs, Podcasts, sozialen Netzwerken und Kommunikationsdiensten wie Twitter praktiziert er neue Bürgernähe – und unterschätzt dabei die Dauerbeobachtung im Netz. Die ***digitale Kommunikation*** bietet noch größere Angriffsflächen als die konventionelle. Wenn ein Blog-Experiment misslingt oder sich jemand im Eifer des Wortgefechts verzwischert, ist das schnellstens herum.

Gewaltenteilung
Verfassungsgrundsatz moderner Demokratien zum Schutz des Einzelnen vor staatlicher Willkür.
Die drei Aufgaben der Staatsgewalt
- Gesetzgebung = Legislative
- Verwaltung = Exekutive
- Rechtsprechung = Judikative

sollen von untereinander unabhängigen Organen durchgeführt werden.

M3 „Abgeordnete unterwegs"

(•) Auf einen Blick

Den Einfluss der Medien beschreiben

Meinungen der Bürgerinnen und Bürger zu gesellschaftlichen und politischen Themen

↑ beeinflussen

Informationen, Berichte, Kommentare und Meinungen in Medien wie Fernsehen, Hörfunk, Internet und Zeitungen

Mittel zur Beeinflussung

Inhaltsauswahl

Über welche Themen wird berichtet?
Auswahlkriterien:
- Allgemeine Bedeutsamkeit
- Vorlieben der Journalisten
- Machteinfluss von Gruppen
- Sensationslust der Mediennutzerinnen und -nutzer
- …

Art der Berichterstattung

Wie und wie umfangreich wird von Themen berichtet?
Form:
- Sachlicher Bericht
- Fotostory
- Kommentar
- …

Weiterführende Aufgaben

1. Untersuchen Sie, welche Medien Sie selbst zur Meinungsbildung nutzen. Diskutieren Sie dabei den großen Einfluss der Boulevardzeitung „Bild".

2. Zwischen kritischer Meinungsbildung und Stimmungsmache liegt ein schmaler Grad. Zeigen Sie das an einem aktuellen Presse-Skandal.

3. Wählen Sie ein aktuelles bedeutsames Ereignis aus und schauen Sie sich die Berichterstattung dazu an. Vergleichen Sie die Berichterstattung in verschiedenen Medien. Erörtern Sie die Gemeinsamkeiten und Unterschiede.
→ *Medienanalyse S. 80, 81*

4. Beurteilen Sie Ihre Möglichkeiten, die Wahrheit aus den Medien zu erfahren.

4. Verantwortungsvoll wirtschaften

Recherchieren
Linktipps zum Thema
fv37bv

Methode: Statistiken auswerten

„Zahlen lügen nicht, oder?"

M1

„Trau' nur der Statistik, die du selbst gefälscht hast" – heißt es. Aber warum eigentlich? Sind Zahlen nicht viel objektiver als Worte? Lassen sich nicht zum Beispiel wirtschaftliche Entwicklungen gut anhand von Statistiken aufzeigen? → *M1*

Daten sind generell eine wichtige Grundlage für wirtschaftliche Entscheidungen. Allerdings können bei der Erfassung von Zahlenmaterial beabsichtigt oder unbeabsichtigt Fehler entstehen, bei der Auswertung können Zusammenhänge unterstellt werden, wo gar keine sind, die Form der Darstellung kann die Aussagen einer Statistik manipulieren. Daher ist es immer notwendig, den Aussagegehalt einer Statistik kritisch zu prüfen.

Methodenschritte auf einen Blick

1. Themenfindung
- Welcher Sachverhalt ist dargestellt?
- Auf welches Land, welche Region, welche Personengruppe, auf welchen Zeitraum oder Zeitpunkt bezieht sich die Statistik?

2. Datenprüfung
- Handelt es sich um absolute Zahlen, um Prozentzahlen, um Mengen- oder Größenangaben?
- Welche Bezugs- und Vergleichsgrößen habe ich?

3. Quellenprüfung
- Woher stammen die Daten, von wem wurden sie ermittelt?
- Wer hat sie veröffentlicht?
- Sind die Daten verlässlich oder lässt die Herkunft vermuten, dass sie manipuliert sein könnten?

4. Kritische Beurteilung
- Welche Angaben lassen sich vergleichen?
- Welche Folgerungen lassen sich daraus ziehen?
- Lassen sich Prognosen ableiten?

Bruttoinlandsprodukt (preisbereinigt, Referenzjahr 2005) je Einwohner

Daten zur Indikatorreihe					
lfd. Nr.	Gegenstand der Nachweisung	2002	2005	2009	2010
1	BIP (preisbereinigt, mit Referenzjahr 2005) in Mrd. EUR	2192,1	2224,4	2284,5	2368,8
2	Bevölkerung (in 1000)	82482	82464	81875	81757
3	BIP (preisbereinigt) je Einwohner in EUR Rechenvorschrift: (3) = (2) / (1)	26577	26974	27902	28937
Ergänzende Daten		1991 = 100%			
4	BIP (preisbereinigt)	117,0	118,8	122,0	126,5
5	Bevölkerung	103,1	103,1	102,4	102,2
6	BIP (preisbereinigt) je Einwohner	113,5	115,2	119,1	123,7

Menge eingesetzter Umweltressourcen Veränderung 2009 gegenüber 2000, in Prozent

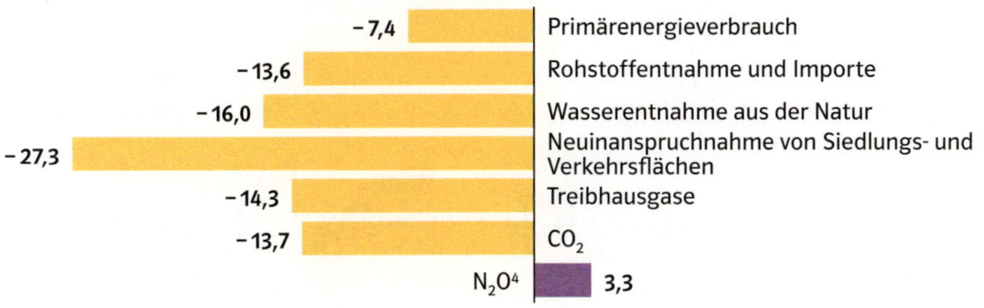

beide Quellen: Statistisches Bundesamt, Nachhaltige Entwicklung in Deutschland, Daten zum Indikatorenbericht 2012, S. 32

M2

Statistiken auswerten – wie gehen Sie vor?

Nachhaltiges Wirtschaften wird für uns und die uns nachfolgenden Generationen immer wichtiger. Wie aber kann die Wirtschaft wachsen und der Ressourcenverbrauch gleichzeitig zurückgehen? Der erste Schritt hin zu einer Nachhaltigkeitsstrategie ist die Bobachtung der Entwicklung anhand von Indikatoren und qualifizierten Zielwerten.

1. Inhalt und Thema beschreiben
Die Statistiken geben Auskunft über die Entwicklung des Bruttoinlandsproduktes und den Verbrauch der Umweltressourcen in den Jahren 2002 bis 2009/2010 in Deutschland. → M2

2. Darstellung und Aussagegehalt prüfen
Das Bruttoinlandsprodukt (BIP) ist Ausdruck der gesamten im Inland entstandenen wirtschaftlichen Leistung. Eine steigende Wirtschaftsleitung verbessert die Lebensbedingungen der Menschen (u.a. höhere Einkommen, sichere Arbeitsplätze, verbessertes Sozialsystem). Gemessen wird dies am BIP je Einwohner. Auf der anderen Seite wirkt ein steigendes BIP tendenziell umweltbelastend. Das BIP wird anhand von absoluten Zahlen, die Einsparungen bei den Umweltressourcen anhand von Prozentwerten dargestellt.

3. Herkunft der Statistik klären
Die Tabelle wurde vom Statistischen Bundesamt erstellt. Dabei gelten amtliche Statistiken als sehr verlässlich. Viele Stellen (Medien, Ministerien) beziehen sich auf deren Daten, häufig mit dem einleitenden Satz: „Laut Angaben des Statistischen Bundesamtes …"

4. Statistisches Material beurteilen
Zunächst einmal ist festzustellen, dass die Bundesregierung im Zeitraum von 2002–2009 das Ziel, Wirtschaftswachstum bei gleichzeitiger Reduzierung der Umweltressourcen, erreicht hat.
Einige Fragen bleiben dennoch unbeantwortet und schränken somit die Aussagefähigkeit der Statistiken ein:

- Inwieweit weicht die persönliche wirtschaftliche Entwicklung des Einzelnen von der durchschnittlichen gesamtwirtschaftliche Entwicklung ab?
  Denn laut Statistik haben ein Millionär und ein armer Kerl jeder eine halbe Million.

In diesem Kapitel werden viele wirtschaftliche Daten und Entwicklungen durch Zahlen und Schaubilder vermittelt. Sie geben Auskunft über den wirtschaftlichen Zustand eines Landes → S. 111, beschreiben die Stellung von Unternehmen → S. 129 oder erfassen das Konsumverhalten bzw. die Haushaltssituation von Verbrauchern. → S. 133

4.1 Wirtschaftspolitik – wie macht der Staat es richtig?

Die Rolle des Staates in der Wirtschaft

Lernen
Arbeitsblätter zum Thema
s8n63y

Arbeitsauftrag

Bestimmen Sie, welche Aufgaben der Staat im Wirtschaftsgeschehen der Bundesrepublik Deutschland übernehmen soll. So gehen Sie dabei vor:

1. Beschreiben Sie den Unterschied zwischen der freien und der sozialen Marktwirtschaft.

2. Erläutern Sie, warum der Wettbewerb als Motor der Marktwirtschaft gilt.

3. Gerät ein großes Unternehmen in wirtschaftliche Schwierigkeiten, wird der Ruf nach staatlichen Hilfen laut. Beschreiben Sie die Folgen für die Wirtschaft, wenn der Staat diesen Forderungen nachkommt.

4. Zeigen Sie die Auswirkungen von drei staatlichen Maßnahmen auf den sozialen, wirtschaftlichen und ökologischen Bereich auf.

5. Soll der Staat sich mehr oder weniger in die Wirtschaft einmischen? Begründen Sie Ihre Entscheidung

Wirtschaftsordnungen

Das Zusammenleben in einer ***Wirtschaftsgesellschaft*** benötigt Rahmenbedingungen. Im Vordergrund stehen dabei die folgenden Fragen:
- Was, wie viel und wie wird produziert?
- Wer entscheidet über Löhne und Preise?
- Was wird exportiert und importiert?

Diese Fragen werden in jedem Land anders beantwortet. Dennoch basiert jede Volkswirtschaft auf einer der beiden grundlegenden idealtypischen Wirtschaftsordnungen:
- der reinen ***Marktwirtschaft***, in der die Wirtschaft dem freien Spiel der Kräfte von Angebot und Nachfrage überlassen wird und
- der zentralen ***Verwaltungswirtschaft***, in der der Staat über Konsum und Produktion nach dem Prinzip der Bedarfsdeckung entscheidet.

Mit der Gründung der beiden deutschen Staaten (1949) musste eine Entscheidung darüber getroffen werden, an welches Modell sich die neu zu bestimmende Wirtschaftsordnung anlehnen sollte – eher marktwirtschaftlich oder eher planwirtschaftlich orientiert.

Marktwirtschaft

In einer Marktwirtschaft erstellen alle Haushalte und Unternehmen individuelle Einzelpläne, die auf dem ***Markt*** koordiniert werden. Die Wirtschaftssubjekte (***Haushalte*** und ***Unternehmen***) verhalten sich dabei nach dem erwerbswirtschaftlichen Prinzip, d. h. sie treffen ihre Entscheidungen so, dass sie mit gegebenen Mitteln den größtmöglichen Nutzen bzw. Gewinn für sich anstreben. So versuchen Unternehmen ihre Produkte kostengünstig herzustellen (u. a. durch niedrige Lohnzahlungen) und sie auf dem Markt mit einem maximalen Gewinn zu veräußern. Private Haushalte dagegen sind an hohen Löhnen interessiert und versuchen, preisgünstig einzukaufen (Nutzenmaximierung).

Auf dem Markt treffen die verschiedenen Interessen von Anbietern und Nachfragern aufeinander. Daraus ergibt sich der ***Marktpreis***. → *M1* Sind die Produktionskosten eines Unternehmens für eine bestimmte Ware zu hoch, wird er keine Käufer finden und er scheidet aus (Absatzrisiko). Sind die Qualifikationen eines Arbeitnehmers zu gering oder seine Lohnforderungen zu hoch, findet er keine Beschäftigung. Man spricht hier von der „Selbstregulierung der Märkte". Die Höhe des Preises hängt entscheidend davon ab, wie viele Anbieter und Nachfrager sich auf dem jeweiligen Markt gegenüberstehen. Dabei unterscheidet man grundsätzlich drei Marktformen.

Marktpreise

Preis in € je Stück	Angebot (Unternehmen) in Stück	Nachfrage (Haushalte) in Stück
1,00	200	300
2,00	400	500
3,00	**600**	**600**
4,00	800	700
5,00	1000	400

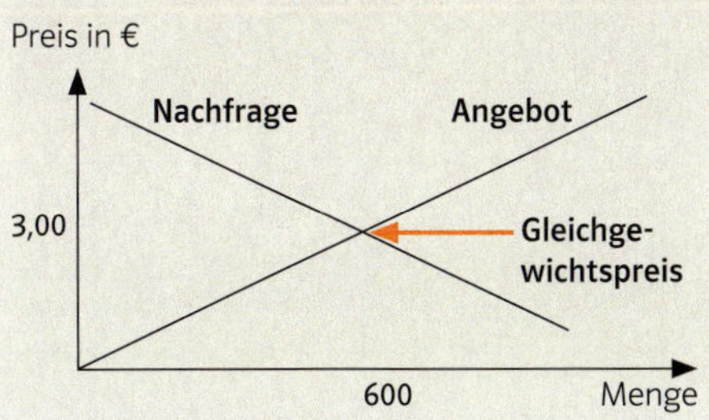

M1 Preisbildung

Marktformen

Marktformen	Anbieter	Nachfrager	Beispiel
Polypol	viele	viele	Gaststätten (Düsseldorfer Altstadt)
Angebots-**Oligopol**	wenige	viele	Lebensmitteleinzelhandel
Nachfrage-**Oligopol**	viele	wenige	Landwirte/Molkereien
Angebots-**Monopol**	ein	viele	kommunale Verkehrsbetriebe
Nachfrage-**Monopol**	viele	ein	Bundeswehr (Rüstungsgüter)

Vertragsfreiheit
Die Freiheit des Einzelnen, seine privaten Lebensverhältnisse durch Verträge zu gestalten. Sie ist im Grundgesetz in Artikel 21 gewährleistet.

Freie Marktwirtschaft

Das marktwirtschaftliche System der ersten Industrialisierungsphase zu Beginn des 19. Jahrhunderts führte zu einem Wohlstand weniger Menschen, aber zu einer Verelendung weiter Bevölkerungsteile. → S. 71
Die menschliche Arbeitskraft wurde wie eine Ware gehandelt. Schlechte Arbeitsbedingungen, lange Arbeitszeiten, geringe Entlohnung und Kinderarbeit waren an der Tagesordnung. Eine soziale Absicherung gab es nicht. → *M2*

Soziale Marktwirtschaft

Auch die Wirtschaftsordnung der Bundesrepublik ist marktwirtschaftlich orientiert. Damit die Wirtschaftssubjekte am Markt frei und unabhängig (Konsum- und Produktionsfreiheit) ihre Entscheidungen treffen können, müssen folgende Grundrechte garantiert sein:

- Eigentumsrecht: (Grundgesetz Art 14)
  - (1) Das Eigentum und das Erbrecht werden gewährleistet.
  - (2) Eigentum verpflichtet. Sein Gebrauch soll zugleich dem Wohle der Allgemeinheit dienen.
- freie Berufs- und Arbeitsplatzwahl;
- Koalitionsfreiheit: Bildung von Vereinigungen und Gesellschaften (u.a. Gewerkschaften);
- Vertrags- und Gewerbefreiheit.

Eine komplette Übernahme der freien Marktwirtschaft kam aufgrund der geschichtlichen Erfahrungen aber nicht infrage. Das Prinzip der Freiheit sollte mit einem sozialen Ausgleich verbunden sein. Daher übernimmt der Staat in der sozialen Marktwirtschaft folgende Aufgaben:

Wettbewerbspolitik: Der Wettbewerb ist der Motor der Marktwirtschaft. Zu seiner Sicherung setzt der Staat eine Reihe von Wettbewerbsgesetzen (Verbraucherschutzbestimmungen, Gesetz gegen Wettbewerbsbeschränkungen) ein. → S. 144

Einkommens- und Vermögenspolitik: Ziel ist die Schaffung einer gerechten Verteilung der Einkommen und Vermögen

- durch die Belastung der Einkommen derjenigen, die leistungsfähig sind. Der Steuersatz ist dabei von der Höhe des Einkommens abhängig. Die Steuerprogression bewirkt ein starkes Ansteigen der Steuer bei hohem Einkommen.
- durch die Unterstützung derjenigen mit sozialen Leistungen, die einen gesetzlichen Anspruch auf diese Leistungen haben, und
- durch vermögenswirksame Maßnahmen.

Konjunkturpolitik: Der Staat soll durch wirtschaftspolitische Maßnahmen Konjunkturschwankungen, Arbeitslosigkeit und Inflation verhindern. → S. 106–108

Kinderarbeit im Bergwerk (19. Jahrhundert)

Kinderarbeit unter Tage:
Jungen und Mädchen ab 8 Jahren transportierten die Kohle in den Loren, Kinder ab 4 Jahren mussten die Tore öffnen und schließen, die Arbeitszeit betrug 12 Stunden.

M2 Englischer Holzstich von 1842

Strukturpolitik: Unterstützung erhalten strukturell schwache Wirtschaftsregionen und Wirtschaftbranchen, die der Eigenversorgung eines Staates mit elementaren Gütern dienen (z.B. Bergbau und Landwirtschaft).

Umweltpolitik: Im Jahre 1994 wurde angesichts der um sich greifenden Umweltzerstörung der Artikel 20 a (Schutz der natürlichen Lebensgrundlage) in das Grundgesetz (GG) eingefügt. Durch staatliche Anreize oder Verbote sollen Haushalte und Unternehmen zu umweltfreundlichem Verhalten bewegt werden. → *S. 123*

Sozialpolitik: Zu den Aufgaben des Staaates in einer sozialen Marktwirtschaft gehört auch, Bürger, die in Not geraten oder die benachteiligt sind, zu schützen und zu fördern. Die wichtigsten Bestandteile der Sozialpolitik in Deutschland sind:

die Sozialversicherungssysteme, → *S. 24*

die Arbeitsschutzgesetze mit ihren Bestimmungen, z.B. zum Kündigungsschutz oder zur Arbeitszeit; → *S. 43, 62*

die Sozialleistungen wie die Grundsicherung für Arbeitsuchende (Hartz IV), das Arbeitslosengeld (AlGII), die Förderung von Ausbildung und Studium (BAföG) oder die Leistungen für Familien mit Kindern.
→ *S. 17, 18*

Staatshaushalte

Die Eingriffe des Staates in das Marktgeschehen können in Form von gesetzlichen Auflagen, durch staatliche Fördergelder/Subventionen (z.B. Installation einer Solaranlage) oder finanzielle Auflagen erfolgen. Darüber hinaus tritt der Staat als Unternehmer (z.B. städtische Müllabfuhr), als Käufer (z.B. Bau und Einrichtung einer Schule) und Arbeitgeber (z.B. öffentlicher Dienst) auf.

Damit der Staat seine vielfältigen Aufgaben erledigen kann, benötigt er erhebliche finanzielle Mittel. Die Höhe der Ein- und Ausgaben des Staates lässt sich z.B. an den Haushalten des Bundes → *M3*, der Länder und der Städte und Gemeinden ablesen.

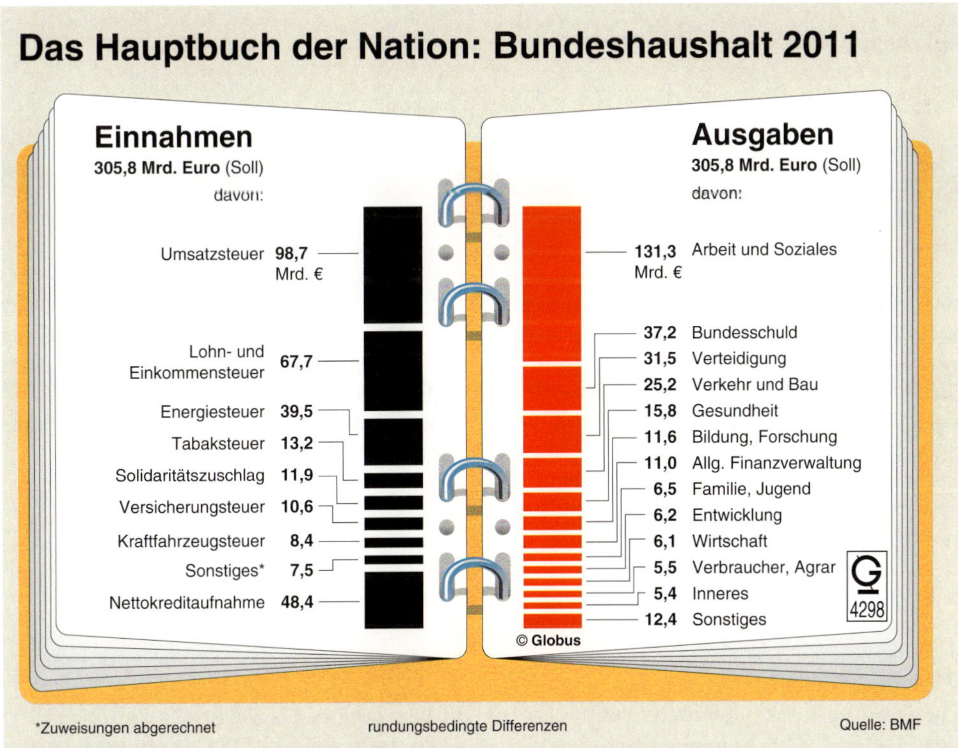

M3 Einnahmen und Ausgaben des Staates

(•) Auf einen Blick

Die Rolle des Staates in der sozialen Marktwirtschaft bestimmen

Weiterführende Aufgaben

1. Ordnen Sie die folgenden Begriffe der freien Marktwirtschaft oder der Zentralverwaltungswirtschaft zu: Individualplan, Bedarfsdeckungsprinzip, erwerbswirtschaftliches Prinzip, Eigentumsrecht, Konsum- und Produktionsfreiheit, freie Berufs- und Arbeitsplatzwahl, Vertragsfreiheit, Absatzrisiko, Planerfüllung, Gewinnmaximierung, Nutzenmaximierung.

2. Wie beurteilen Sie die Aussage eines Politikers, dass die zunehmende Aktivität des Staates die Leistungsbereitschaft der Bürger verkümmern lässt?

3. Beurteilen Sie
a) die Umwandlung der städtischen Müllabfuhr in ein privates Unternehmen,
b) den Vorschlag, den Bau von Autobahnen in private Hände zu überführen.

4. Im Jahr 2010 betrugen die Staatsschulden 2000 Milliarden Euro.
a) Versuchen Sie zu erklären, warum die Staatsschulden in den vergangenen Jahren so stark gestiegen sind.
b) Beschreiben Sie die Probleme für die Wirtschaft, wenn der Staat sehr hoch verschuldet ist.

Angebots- und nachfrageorientierte Wirtschaftspolitik

Arbeitsauftrag

Entscheiden Sie sich gut begründet für drei wirtschaftspolitische Maßnahmen, die der Staat in Zeiten der Rezession einsetzen soll. Bearbeiten Sie dazu folgende Teilaufgaben:

1. Erklären Sie den Begriff „Rezession".

2. Informieren Sie sich über die aktuellen wirtschaftspolitischen Daten und vergleichen Sie diese mit den wirtschaftspolitischen Zielen des Staates. → *M2*

3. Versuchen Sie eine Erklärung dafür zu finden, warum man die wirtschaftspolitischen Ziele des Staates als „magisches Viereck" bezeichnet. Hinweis: Betrachten Sie die Entwicklung der Indikatoren in den einzelnen Konjunkturphasen.

4. Bestimmen Sie die Maßnahmen, die der Staat in Zeiten der Rezession einsetzen kann. Ordnen Sie diese Maßnahmen der angebotsorientierten und der nachfrageorientierten Wirtschaftspolitik zu.

Bruttoinlandsprodukt (BIP)
Bezeichnung für den Wert aller Güter und Dienstleistungen, die in einem bestimmten Jahr von den Mitgliedern einer Volkswirtschaft produziert werden.

Wirtschaftsschwankungen

Beobachtet man die Entwicklung der Volkswirtschaften, gibt es immer wieder Wechsel zwischen Wirtschaftskrisen und guten Phasen. Wirtschaftsschwankungen lassen sich unterteilen in

Konjunkturzyklen: Unter einer Konjunktur versteht man das Auf und Ab bei der Entwicklung des Wirtschaftswachstums. Von diesen Wirtschaftsschwankungen sind die meisten Branchen unserer Volkswirtschaft betroffen. Das Wirtschaftswachstum wird an der Veränderung des Bruttoinlandsproduktes (BIP) gemessen. Die ständige Veränderung der Wirtschaftslage erfolgt in einer bestimmten Abfolge (Konjunkturzyklus), die aus vier Phasen besteht.

Tiefstand (Depression), Aufschwung (Expansion), Hochkonjunktur (Boom) und Abschwung (Rezession) bilden einen Konjunkturzyklus. → *M1*

Die einzelnen Phasen lassen sich anhand von sogenannten ***Konjunkturindikatoren*** beschreiben. Neben der Wachstumsrate des Bruttoinlandsproduktes gehören dazu:

- die Entwicklung der Preise und Löhne,
- die Zahl der Arbeitslosen,
- der Auftragseingang in der Industrie,
- der Umsatz im Handel,
- die Einschätzung der wirschaftlichen Lage („Stimmungsbarometer“) und
- die Zahl der Unternehmensinsolvenzen.

saisonale Schwankungen, die meist jährlich wiederkehrend, kurzfristig bestimmte Branchen betreffen. Beispiele: In den Wintermonaten hat der Tourismus in den Skigebieten Hochsaison; in der Bauindustrie wird hingegen wenig oder gar nicht gearbeitet.

strukturelle Schwankungen, die langfristig die Wirtschaftsentwicklung in bestimmten Regionen beschreiben. Beispiele: das Zechensterben im Ruhrgebiet oder der Niedergang der Bekleidungs- und Textilindustrie im Münsterland.

Arbeitslosigkeit hat oft strukturelle Ursachen, dann nämlich, wenn Angebot und Nachfrage auf dem Arbeitsmarkt nicht zueinander passen. Dann gibt es freie Stellen, aber die Arbeitslosen verfügen nicht über die nötige Qualifikation dafür.

Berg- und Talfahrt der Konjunktur

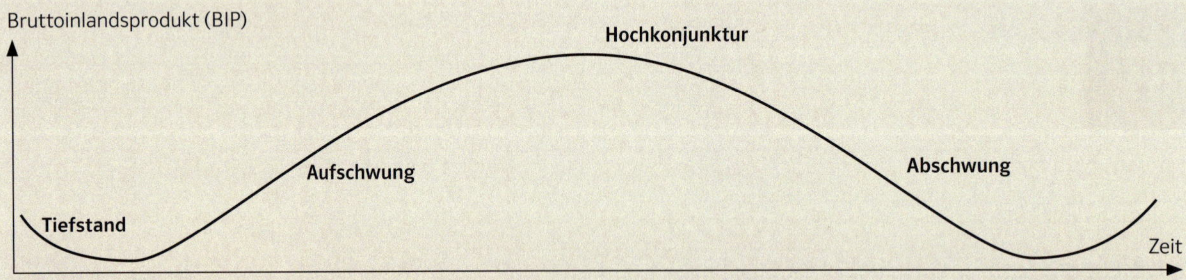

Tiefstand	Aufschwung	Hochkonjunktur	Abschwung
Die Nachfrage nach Gütern ist gering. Es wird wenig investiert und produziert. Die Arbeitslosenquote ist hoch. Gewinne und Löhne sind niedrig.	Die Nachfrage nach Gütern steigt, Unternehmen investieren und stellen Arbeitskräfte ein, Löhne und Gewinne steigen. Die Zukunftserwartungen der Haushalte, Unternehmungen und des Staates sind positiv.	Die Produktionskapazitäten der Unternehmen sind voll ausgelastet. In einigen Bereichen herrscht ein Mangel an Arbeitskräften. Die hohe Nachfrage führt zu hohen Löhnen und Preisen. Zuwachsraten des BIP werden geringer. Erste Unternehmen geraten in wirtschaftliche Schwierigkeiten.	Es wird weniger produziert und investiert. Arbeitnehmer werden entlassen. Die Zukunftserwartungen sind pessimistisch.

M1 Konjunkturentwicklung

Ziele der Wirtschaftspolitik

Die wirtschaftliche Entwicklung der Bundesrepublik Deutschland ist in der Vergangenheit nicht gleichmäßig verlaufen. Dies wird auch in Zukunft nicht anders sein. Da Wirtschaftsschwankungen sich nicht von alleine geben, sollte der Staat ihnen entgegenwirken.

Die Ziele staatlicher Wirtschaftspolitik sind im ***„Gesetz zur Förderung der Stabilität und des Wachstums der Wirtschaft"*** (kurz: Stabilitätsgesetz, StabG) formuliert. Man spricht auch vom „magischen Viereck" der Wirtschaftspolitik. → *M2* Die Ziele werden so formuliert:

Ein ***angemessenes Wirtschaftswachstum*** gilt dann als erreicht, wenn das Bruttoinlandsprodukt um 3–4 % steigt.

Preisstabilität herrscht dann, wenn die Preissteigerungsrate 2 % nicht übersteigt.

Eine ***Arbeitslosenquote*** von maximal 3 % definiert die Bundesregierung als Vollbeschäftigung.

Eine ***ausgeglichene Leistungsbilanz*** liegt dann vor, wenn der Wert der Ein- und Ausfuhren möglichst gleich groß ist. Bei einem Exportüberschuss im Güter- und Dienstleistungsverkehr von nicht mehr als 2 % des Bruttoinlandproduktes gilt das Ziel ***außenwirtschaftliches Gleichgewicht*** als erreicht.

Exportüberschuss bedeutet
↓
im Inland
↓ mehr Geld → ↓ Nachfrage +
↓ weniger Güter → ↓ Angebot –
Nachfrage + > Angebot –
↓
Preissteigerungen

Weitere Ziele der Wirtschaftspolitik sind der ***Umweltschutz*** → *S. 112* und eine gerechte ***Einkommensverteilung***.

Wirtschaftspolitische Konzeptionen

Erfolgt der Eingriff des Staates in den Konjunkturverlauf, indem er die Nachfrage beeinflusst, so spricht man von einer nachfrageorientierten Wirtschaftpolitik. Soll der Staat die Produktionsbedingungen der Unternehmen (also die Angebotsseite) verbessern, so spricht man von einer angebotsorientierten Wirtschaftspolitik. In der wirtschaftspolitischen Praxis hat sich eine Mischung aus Maßnahmen durchgesetzt, die aus beiden Theorien abgeleitet wurden.

Wirtschaftswachstum
Steigerung der gesamtwirtschaftlichen Produktion bzw. des gesamtwirtschaftlichen Einkommens. Wirtschaftswachstum entsteht vor allem durch vermehrten Einsatz von Kapital und Arbeit sowie durch Anwendung des technischen Fortschritts.

Die Nachfrage auf dem Markt kann der Staat durch seine Ein- und Ausgabenpolitik beeinflussen. Wenn er sich entgegengesetzt zum Konjunkturverlauf verhält, spricht man von einem antizyklischen Verhalten.

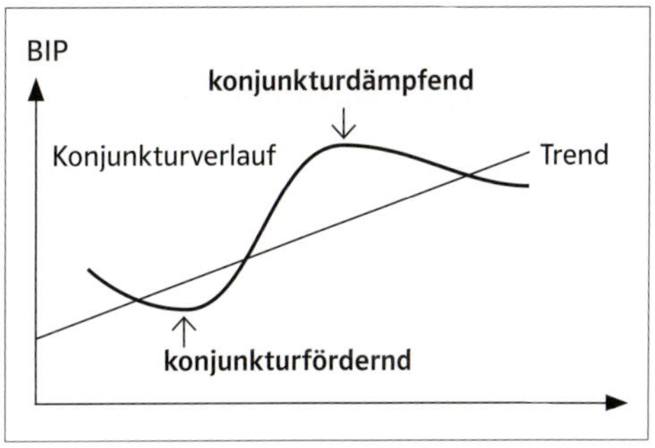

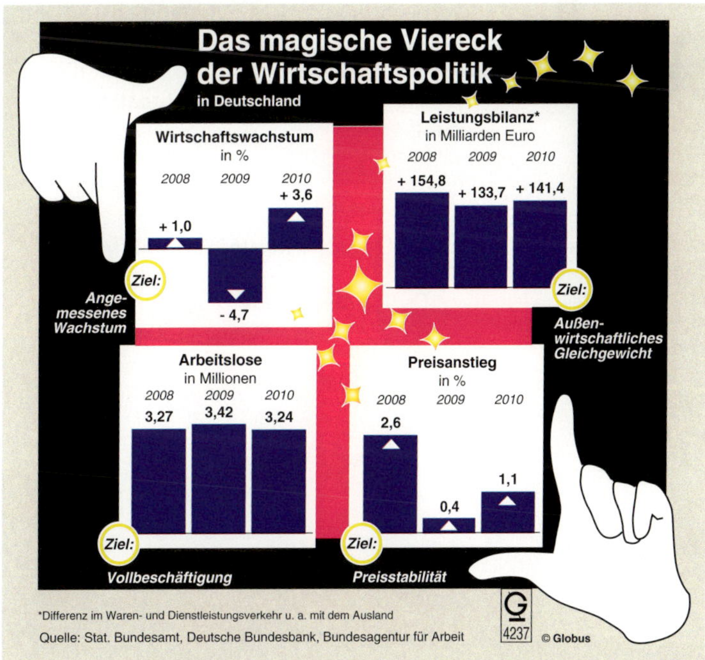

M2 Wirtschaftspolitische Ziele

Nachfrageorientierte Wirtschaftspolitik

Ausgabenpolitik: Der Staat verändert die Geldströme zu den Haushalten und Unternehmen. In Zeiten der Hochkonjunktur werden z. B. weniger Aufträge an Unternehmen vergeben, um so die Konjunktur zu dämpfen. In Zeiten der Rezession verfährt man umgekehrt.

Einnahmenpolitik: Mithilfe der Einnahmepolitik werden die Geldströme von den Haushalten und Unternehmen zum Staat verändert. Der Staat kann durch Veränderung der Steuern die finanziellen Handlungsmöglichkeiten von Haushalten und Unternehmen beeinflussen. In Zeiten der Hochkonjunktur werden z. B. die Steuern erhöht (Beispiel: Lohnsteuer), um die Einkommen und somit auch die Ausgaben der Haushalte zu verringern.

Beeinflussung der Wirtschaftssubjekte: Unternehmen, aber auch Haushalte sollen zum Kauf angeregt werden (z. B. durch Prämien und steuerliche Anreize bei Investitionen und Kaufentscheidungen). → *M3*

Die Risiken der nachfrageorientierten Wirtschaftspolitik bestehen darin, dass man die Wirkungen der eingesetzten Maßnahmen aufgrund der internationalen Wirtschaftsverflechtungen nicht eindeutig abschätzen kann. Sind die Maßnahmen in Form von Krediten finanziert worden, besteht die Gefahr einer zunehmenden Staatsverschuldung.

Abwrackprämie
Zeitlich befristete Prämie des Staates bei Kauf eines Neuwagens und Verschrottung eines mindestens neun Jahre alten Pkw.

M3 Nachfrageorientierte Maßnahme

Angebotsorientierte Wirtschaftspolitik

Mit diesem Konzept möchte man die Produktionsbedingungen einer Volkswirtschaft verbessern. Man geht davon aus, dass geringere Produktionskosten und eine höhere internationale Wettbewerbsfähigkeit der Unternehmen → *S. 128, 129* diese dazu veranlassen, mehr zu investieren und damit zusätzliche Arbeitsplätze zu schaffen.

Dazu dienen folgende staatliche Maßnahmen:
- Senkung der Lohnnebenkosten (knapp 30 Prozent des Bruttolohnes), um die Lohnkosten pro Stunde zu senken. Unter ***Lohnnebenkosten*** versteht man z. B. die Kosten für Urlaubs- und Feiertage, Entgeltfortzahlung bei Krankheit und Arbeitgeberbeiträge zur Sozialversicherung.
- Lockerung arbeitsrechtlicher Bestimmungen, z. B. Lockerung des Kündigungsschutzes,
- Abbau bürokratischer Auflagen, z. B. die Flexibilisierung der Arbeitszeiten,
- Reduzierung der Staatsschulden, um den finanziellen Handlungsspielraum des Staats zu erhöhen,
- Abbau sozialer Zahlungen, um die Eigenverantwortung der Einzelnen zu stärken, z. B. Selbstbeteiligung an den Krankheitskosten, Hartz IV,
- Senkung der Unternehmenssteuern, damit Investitionen durchgeführt und Arbeitsplätze geschaffen werden können,
- finanzielle Beteiligungen des Staates im Bereich Forschung und Technologie, z. B. im Bereich der Umwelttechnologie,
- Investitionen in Bildung, damit der Wirtschaft ausreichend qualifizierte Arbeitnehmer zur Verfügung stehen.

Das Konzept der angebotsorientierten Wirtschaftspolitik kann ebenfalls zu Problemen führen. So wird von Tarifpartnern – Gewerkschaften und Arbeitgebern – → *S. 67* in Zeiten hoher Arbeitslosigkeit erwartet, nur geringe Lohnerhöhungen zu vereinbaren. Niedrige Löhne drosseln die Nachfrage im eigenen Land. Senkt der Staat die Steuern für Unternehmen und kürzt gleichzeitig die Sozialleistungen für die Bürger, vergrößert sich die Kluft zwischen Arm und Reich. Das kann zu ***sozialen Spannungen*** führen.

(•) Auf einen Blick

Angebotsorientierte und nachfrageorientierte Wirtschaftspolitik einschätzen

Wirtschaftspolitische Konzeptionen

Nachfrageorientierte Wirtschaftspolitik:

Der Staat versucht, die Nachfrage auf dem Markt zu steigern durch
- Ausgabenpolitik
- Einnahmenpolitik
- Beeinflussung der Wirtschaftssubjekte

→ ?

Wirtschaftspolitische Ziele nach dem Stabilitätsgesetz:

- stetiges, angemessenes Wirtschaftswachstum
- Stabilität des Preisniveaus
- hoher Beschäftigungsstand
- außenwirtschaftliches Gleichgewicht

? ←

Angebotsorientierte Wirtschaftspolitik:

Der Staat versucht, die Produktionsbedingungen zu verbessern durch
- niedrige Lohnkosten
- niedrige Steuern
- gute Bildung
- usw.

Weiterführende Aufgaben

1. Um den Preisanstieg in der Bauwirtschaft zu dämpfen, beschließt die Bundesregierung, die öffentlichen Ausgaben für den Ausbau der Bundesstraßen und Autobahnen sowie für die Modernisierung der Bundesbahn drastisch zu kürzen.
a) Wie beurteilen Sie die Erreichung des Ziels „Preisniveaustabilität"?
b) Welche Folgen hat diese Politik für das Ziel „Erreichung eines hohen Beschäftigungsstandes"?
c) Beschreiben Sie den Zielkonflikt zwischen den Zielen „Preisniveaustabilität" und „hoher Beschäftigungsstand".

2. Erläutern Sie den Zusammenhang zwischen Wirtschaftswachstum und Arbeitslosigkeit in Deutschland.

3. Worin unterscheiden sich strukturelle und konjunkturelle Wirtschaftsschwankungen?

Wachstums- und Umweltpolitik

Vertiefen
Arbeitsblätter zum Thema
ev94ka

Arbeitsauftrag

Entscheiden Sie, ob sich staatliche Umwelt- und Wachstumspolitik miteinander vereinbaren lassen.
Und so können Sie dabei vorgehen.

1. Bestimmen Sie, ob es einen Zusammenhang zwischen Wirtschaftswachstum und Lebensstandard gibt.

2. Nennen Sie Gründe, warum der Staat in den vergangenen Jahren verstärkt die Umweltpolitik in den Mittelpunkt des politischen Handelns stellte.

3. Erläutern Sie, warum die Initiative „Cotton made in Africa“ den Zielen und Grundsätzen der staatlichen Umweltpolitik besonders entspricht. → *M4*

4. Zeigen Sie Vorteile und Risiken auf, die sich für die deutsche Wirtschaft und den deutschen Staat aus dem Ausstieg aus der Kernenergie ergeben können.

Wachstum = Wohlstand?

Die wirtschaftliche Leistungsfähigkeit und der wirtschaftliche Wohlstand einer Volkswirtschaft werden an der Entwicklung des Wirtschaftswachstums gemessen. Gemessen wird dies an der Höhe des Bruttoinlandsproduktes (BIP). Es bezeichnet den Wert aller Güter und Dienstleistungen, die in einem bestimmten Jahr von den Mitgliedern einer Volkswirtschaft produziert werden. → S. 106

Ein stetiges Wirtschaftswachstum kann unterschiedlich genutzt werden. Grundsätzlich bestehen zwei Möglichkeiten:

Steigerung des Durchschnittseinkommens: Das erwirtschaftete Sozialprodukt wird zum überwiegenden Teil privat verbraucht. Verteilt man den erwirtschafteten Wert an Gütern und Dienstleistungen auf den Einzelnen, spricht man vom Sozialprodukt pro Kopf der Bevölkerung. Dieser Wert sagt zwar nichts über die tatsächliche Verteilung aus, ist jedoch ein Gradmesser für den Lebensstandard in einer Volkswirtschaft. → *M1*

Verkürzung der Arbeitszeit: Durch die höhere Leistungsfähigkeit kann in kürzerer Zeit ein bestimmtes Sozialprodukt erwirtschaftet werden. So sank die Arbeitszeit von 1960 bis heute von jährlich 2124 Arbeitsstunden auf 1390 im Jahr 2010.

Entwicklung des Umweltgedankens

Betriebe benötigen ***Rohstoffe*** und ***Energie*** zur Herstellung von Waren und Gütern. Durch die Produktion werden Schadstoffe (Abgase, Abwasser) an die Umwelt abgegeben. → *M2* Produktionsabfälle müssen entsorgt werden ebenso Güter, die nicht mehr benötigt werden. Bis in die 1970er-Jahre blieben diese Aspekte bei der wirtschaftlichen Betrachtungsweise unberücksichtigt. Das wirtschaftliche Handeln war allein auf Wachstum ausgerichtet.

Erst die Erkenntnis, dass ein uneingeschränktes wirtschaftliches Wachstum zu Umweltbelastung und raschem Verbrauch nicht erneuerbarer Rohstoffe (z. B. Öl, Kupfer) führt, veränderte das Bewusstsein in weiten Teilen der Bevölkerung. Umweltpolitik wurde von diesem Zeitpunkt an zu einem neuen Aufgabengebiet der Politik. Dies spiegelt sich in einer Vielzahl von Gesetzen und Verordnungen wider, die Unternehmen bei ihrer wirtschaftlichen Tätigkeit zu beachten haben. So gibt es z. B. ein Gesetz zum Schutz der Bevölkerung vor schädlichen Umwelteinflüssen durch Luftverunreinigung, Geräusche, Erschütterungen und ähnliche Vorgänge: das Bundesimmissionsschutzgesetz.

BIP pro Kopf der Bevölkerung, in US $

Schweiz	67560
Deutschland	40875
Spanien	31946
Türkei	8723
Thailand	3940
Burundi	163

Stand 2009

M1 Bruttoinlandsprodukt

Grenze überschritten

Eine internationale Forschergruppe hat neun lebenswichtige Grenzwerte für die Erde definiert, von denen der Mensch bereits drei überschritten hat:

	Mögliche Folgen bei Überschreitung des globalen Grenzwertes	Grenzwert ist
1. Klimawandel	Gletscher und Polareis schmelzen, Dürren, Überschwemmungen	*überschritten*
2. Versauerung der Ozeane	Zerstörung von Korallenriffen, Gefährdung kalkhaltiger Lebewesen wie Muscheln	*noch nicht erreicht*
3. Ozonabbau	Schädigung der Haut durch UV-B-Strahlung	*noch nicht erreicht*
4. Konzentration von Schwebstoffen in der Luft	Störung von Wettersystemen (z. B. Monsun), gesundheitliche Schäden	*unbekannt: Belastung mengenmäßig noch nicht erfassbar*
5. Stickstoff- und Phosphorbelastung	Veränderung von Ökosystemen im Meer und an Land: Überdüngung und Versauerung	*Stickstoff: überschritten, Phosphor: noch nicht erreicht*
6. Süßwasserverbrauch	regionale Klimaveränderungen, Verlust der Artenvielfalt	*noch nicht erreicht*
7. Nutzung der Landflächen	Auswirkungen auf Ökosysteme, Artenverlust	*noch nicht erreicht*
8. Verlust der Artenvielfalt	nicht umkehrbare Veränderung von Ökosystemen, Beeinflussung anderer Grenzwerte wie Süßwasser, Stickstoffzyklus u. a.	*überschritten*
9. Chemische Verschmutzung	gesundheitliche Schäden, Veränderung von Ökosystemen	unbekannt: Belastung mengenmäßig noch nicht erfassbar

Quelle: Stockholm Resilience Centre © Globus 3236

M2 Grenzwerte

Die wichtigsten ***Umweltgesetze***:
- das Bundesimmissionsschutzgesetz
- das Kreislaufwirtschafts- und Abfallgesetz
- das Wasserhaushaltsgesetz
- das Energieeinsparungsgesetz
- die Verpackungsverordnung
- die Gefahrstoffverordnung.

Der Reaktorunfall in Fukushima (Japan) im Jahr 2011 führte zu einem Umdenken in der Energiepolitik. Die Frage der Beherrschbarkeit von Technologien und das Problem der Lagerung von (atomaren) Abfällen wurden von der Politik neu bewertet. Man entschied sich für den Ausbau erneuerbarer und umweltschonender Energieformen. Bis zum Jahre 2022 sollen alle Kernkraftwerke in Deutschland abgeschaltet werden.

Ziele und Grundsätze der Umweltpolitik

Dem Staat stehen zur Durchsetzung einer wirksamen Umweltpolitik verschiedene Maßnahmen zur Verfügung. Neben gesetzlichen Einschränkungen und Auflagen soll auch mit Hilfe von Fördermaßnahmen nachhaltiges Wirtschaften durchgesetzt werden. So können Unternehmen und private Haushalte staatliche Subventionen in Anspruch nehmen, wenn sie in umweltschonende Technologien investieren.

Die wichtigsten Ziele der staatlichen Maßnahmen sind:

Umweltfreundliche Produkte (z. B. Hybrid-Autos) sollen die Umweltbelastung so weit wie möglich reduzieren.

Umweltfreundliche Produktionstechniken sollen den Energieverbrauch und den Schadstoffausstoß verringern und weniger Müll verursachen.

Ein ***Kreislaufwirtschaftssystem*** (***Recycling***) soll die Rohstoffe wieder der Fertigung zuführen (z. B. Papier, Kupfer). → *S. 123*

Bei der Umsetzung ökologischer Ziele müssen die folgenden Grundsätze/Prinzipien der Umweltpolitik beachtet werden.

Vorsorgeprinzip bedeutet, dass Umweltbelastungen durch vorbeugende Maßnahmen vermieden werden sollen (z. B. Wärmeschutzvorschriften).

Verursacherprinzip bedeutet, dass derjenige, der die Umweltkosten verursacht hat, für den entstandenen Schaden aufkommen muss (z. B. Rücknahme von Altöl).

Nachhaltigkeit bedeutet, dass der Abbau nicht erneuerbarer Rohstoffe schonend erfolgt und erneuerbare Rohstoffe in dem Maße genutzt werden, wie sie wieder nachwachsen. → *M3*

Kooperationsprinzip besagt, dass alle gesellschaftlichen Gruppen bei der Durchsetzung dieser Ziele mit einbezogen werden sollen.

Viel Material gespart

Verbrauch in Deutschland in Millionen Tonnen

	2000	2002	2004	2006	2008	Veränderung 2008 gegenüber 2000 in Prozent
Baumineralien (z. B. Bausande, Kies)	704	585	548	546	518	–26,4
Erze (z. B. Eisen, Kupfer, Nickel)	562	416	432	468	417	–25,8
Energieträger (z. B. Kohle, Öl)	511	481	468	459	448	–12,4
Industriemineralien (z. B. Kieselsäure, Salze)	79	72	75	77	71	–9,9
Biomasse (z. B. Futterpflanzen, Holz)	391	358	382	355	377	–3,4
Insgesamt	**2247**	**1912**	**1905**	**1905**	**1832**	–18,5

Verbrauch in Deutschland: inländische Rohstoffförderung zuzüglich Importe abzüglich Importe

Umweltökonomische Gesamtrechnung, Institut der deutschen Wirtschaft Köln

M3 Einsparungen durch Recycling

Ökologie und Ökonomie

Die Einhaltung der Umweltschutzbestimmungen ist für Unternehmen mit höheren Kosten verbunden. Sei es, indem kostengünstige, aber umweltschädliche Stoffe für die Produktion verboten werden, oder sei es, indem Auflagen (z. B. der Einbau von Filteranlagen) gesetzlich vorgeschrieben werden. Komplizierte Verfahren bei der Genehmigung von Anlagen können den Bau verzögern und verteuern.

All diese höheren Kosten, so Kritiker der Umweltauflagen, führen für Unternehmen in der Bundesrepublik Deutschland gegenüber Unternehmen in anderen Ländern zu Wettbewerbsnachteilen. Dadurch sieht man das wirtschaftliche Wachstum gefährdet und fürchtet, dass es zu einer Abwanderung deutscher Unternehmen ins Ausland kommen könnte.

Diese Befürchtungen haben sich bisher nicht bestätigt. Unternehmen können davon profitieren, wenn der Umweltgedanke in die Unternehmenspolitik einfließt. Dies geschieht dadurch,

- dass sich durch geringeren Energieverbrauch, weniger Abfälle und umweltschonende Fertigungsverfahren die Kosten senken lassen. → *M3*
- dass ein großer Teil der Verbraucher bei der Kaufentscheidung nicht nur den Preis und die Qualität der Produkte berücksichtigt. Immer mehr Menschen legen Wert auf Produkte, die umweltverträglich und gesundheitlich unbedenklich sind. Dies zeigt sich auch bei der Bewertung von Gütern durch Warentester.
- dass neue Absatzmärkte geschaffen werden. Die Anwendung umweltschonender Technologien führt häufig zu einer technologischen Weiterentwicklung. Dies bedeutet eine Verbesserung der Wettbewerbssituation auf den „grünen Zukunftsmärkten."

Cotton made in Africa

Cotton made in Africa ist eine Initiative der Aid by Trade Foundation, die im Jahr 2005 vom Hamburger Unternehmer und Aufsichtsratsvorsitzenden der Otto Group, Dr. Michael Otto, gegründet wurde. Ziel der Stiftung ist es, durch Handel Hilfe zur Selbsthilfe zu leisten und so den Erhalt lebenswichtiger Ressourcen und die Zukunftsfähigkeit folgender Generationen zu sichern.
Die Initiative Cotton made in Africa steht für einen innovativen Ansatz der Entwicklungszusammenarbeit: Sie transferiert nicht einfach Finanzmittel nach Afrika, sondern baut eine Allianz von internationalen Textilunternehmen auf, die die von afrikanischen Kleinbauern nachhaltig erzeugte Baumwolle gezielt für den Weltmarkt einkaufen und weiterverarbeiten. Dazu gehören etwa Puma, C&A, die Rewe Group, Tchibo und die Otto Group. Die Lizenzeinnahmen werden in die Trainingsmaßnahmen sowie auch in „community projects" investiert. CmiA stößt diese Projekte, die als Public Private Partnerships in Zusammenarbeit mit Partnern aus Wirtschaft und Entwicklungszusammenarbeit entstehen, an und mobilisiert die nötigen finanziellen Mittel. So unterstützt CmiA u. a. den Ausbau der schulischen Infrastruktur in den CmiA Projektgebieten.
In Schulungen lernen die Kleinbauern zudem, moderne und effiziente Anbaumethoden mit einem optimalen und möglichst geringen Pestizideinsatz kennen, die ihnen helfen, die Qualität ihrer Baumwolle zu verbessern und höhere Ernteerträge zu erzielen. Außerdem wird die

natürliche Fruchtfolge eingehalten, und es wird nur mit Regenwasser bewässert. Aktuell (2011/2012) nehmen in Burkina Faso, Benin, Sambia, Côte d'Ivoire, Mosambik und Malawi rund 420 000 Kleinbauern an dem Programm teil. Im letzten Jahr kamen weltweit rund 15 Millionen Textilien aus Cotton made in Africa in den Handel, für dieses Jahr rechnet die Initiative mit 20 Millionen Teilen.

Cotton made in Africa – eine Initiative der Aid by Trade Foundation, Hamburg 2012

M4 Initiative für nachhaltigen Handel

(•) Auf einen Blick

Das Verhältnis von Wachstums- und Umweltpolitik bestimmen

Wachstumspolitik
(Ökonomie)

vereinbar
oder nicht?

Umweltpolitik
(Ökologie)

Ziele (Wachstumspolitik)

- hohes Sozialprodukt
- Hohes Pro-Kopf-Einkommen
- Verkürzte Arbeitszeit

Ziele (Umweltpolitik)

- umweltfreundliche Produkte
- umweltfreundliche Produktionstechniken
- Kreislaufwirtschaftssystem

Umweltauflagen bedeuten:

- höhere Kosten
- verschlechterte internationale Wettbewerbsfähigkeit
- Arbeitsplatzverluste
- Erschwerung von Investitionen

Umweltmanagement bedeutet:

- Schaffung neuer Wachstumsmärkte
- Einsparung von Energie- und Entsorgungskosten
- Schonung der Rohstoffreserven
- geringere Umweltbelastung
- schadstofffreie Produkte

Weiterführende Aufgaben

1. Zeigen Sie anhand von unterschiedlichen staatlichen Einschränkungen, Auflagen und Fördermaßnahmen, wie wir wirtschaftlich handeln können, ohne uns den Ast abzusägen, auf dem wir sitzen.

2. Erklären Sie an verschiedenen Produkten die Entwicklung der Kaufkraft einer Lohnminute.

3. Die Länder A und B weisen in etwa die gleiche Bevölkerungszahl und Fläche auf. Das Sozialprodukt des Landes A ist doppelt so hoch wie das des Landes B. Welche Aussagen könnten aus diesen Angaben abgeleitet werden?

Arbeitszeit für	1960		1991		2010	
	Std.	Min.	Std.	Min.	Std.	Min.
Mischbrot		19		11		11
Brathähnchen	2	12		15		12
Kabeljau		56		57	1	10
Flaschenbier		15		3		3
Benzin		14		4		6
Fernseher	349	8	79	4	10	31

Institut der deutschen Wirtschaft, Köln 2011

4.2 Unternehmen – welche Verantwortung haben sie?

Die Gründung eines Unternehmens

Planen
Projekthilfen
52r45k

Arbeitsauftrag

Planen Sie als Klasse/Gruppe eine Unternehmensgründung.
So gehen Sie dabei vor:

1. Entwickeln Sie eine Geschäftsidee und einen entsprechenden Geschäftsplan (Businessplan). Ihre Unternehmensgründung kann sich beziehen auf:
- ein rein fiktives Unternehmen,
- ein Unternehmen, das in Ihren Ausbildungsbereich fällt,
- ein praxisorientiertes Schülerunternehmen, z. B. auf einen Schulkiosk.

2. Lesen Sie die „Story von Smart Hydro Power". → *M1* Das Start-up-Unternehmen erhält 880 000 Euro Fördermittel. Schreiben Sie eine Begründung für die Vergabe der Mittel aus der Sicht des bayerischen Wirtschaftsministeriums und des High-Tech Gründerfonds.

3. Informieren Sie sich über Fördermöglichkeiten für Ihr geplantes Unternehmen.

4. Überlegen Sie abschließend: Kommt für Sie in Zukunft eine Unternehmensgründung in Betracht? Begründen Sie Ihre Entscheidung.

„Ich bin der Chef!"

Wer wäre nicht gern sein eigener Chef? Eigene Ideen umsetzen können am Arbeitsplatz, keinem Vorgesetzten Rechenschaft schulden und die Früchte des Erfolgs ganz allein ernten – in Umfragen halten viele Deutsche das für eine reizvolle Idee. Auch an einer passenden Geschäftsidee fehlt es selten. Allerdings fürchten sich die meisten Befragten vor dem finanziellen Risiko und davor, als Versager zu gelten, wenn sie scheitern.

Wege in die Selbstständigkeit

Es gibt verschiedene Möglichkeiten, sich beruflich selbstständig zu machen. Einer davon ist die ***Neugründung*** eines Unternehmens. Eine zweite Möglichkeit ist die ***Betriebsübernahme***. Vor allem im Handwerk bietet sich die Chance, ein bereits etabliertes Unternehmen zu übernehmen. Eine Gründung „light" versprechen ***Franchise-Systeme***. Dabei kauft sich ein Gründer in ein bereits bewährtes Geschäftsmodell ein (z. B. die Fastfoodkette McDonald's).

Bedeutung von Existenzgründungen

Gründungen eröffnen selbstständigen und ideenreichen Menschen die Möglichkeit, sich ihren eigenen Arbeitsplatz zu schaffen. Sie setzen ihre Ideen dem Wettbewerb auf dem Markt aus und übernehmen viel Verantwortung für sich und ihre Mitarbeiter. Dadurch treiben sie die wirtschaftliche Entwicklung im Land aktiv voran.

Wasser marsch – Die Story von Smart Hydro Power

Viel Wasser, aber keine dezentrale Energieversorgung – für solche Regionen baut Smart Hydro Power Mini-Wasserkraftwerke, die auch Laien bedienen können.

Die Idee zu seinem Start-up hatte Karl Reinhard Kolmsee, als er vor wenigen Jahren in Peru unterwegs war. Denn dort erlebte er, dass die einheimische Bevölkerung enorme Probleme mit der Energieversorgung hatte. Das, während gleichzeitig ein gewaltiges Energiepotenzial direkt vor ihrer Haustür lag: der Amazonas.

Eine typische Situation für Schwellenländer. Oft kann dort das Energiepotenzial von Wasser nicht genutzt werden, weil das Geld fehlt, um das Wasser aufzustauen, oder die technischen Möglichkeiten, die Energie in einer Region zu verteilen. Der Standard, mit dem in solchen Gegenden Strom erzeugt wird, ist ein Gerät, das gleichermaßen ressourcenverschwendend wie teuer ist: der Dieselmotor.

Kolmsees Start-up Smart Hydro Power will dort Abhilfe schaffen. Mit einem Wasserkraftwerk für den Hausgebrauch. Smart

Hydro Power ist ein knapp 200 Kilogramm schweres Gerät, das einem Propeller ähnelt und in nahezu jedem Fluss eingesetzt werden kann. Im Frühjahr 2011 soll das erste Gerät in Bayern getestet werden. Im Sommer wird der erste Langzeitbetrieb starten: am Amazonas. […]

Das bayerische Wirtschaftsministerium und der High-Tech Gründerfonds finanzieren das Startup mit insgesamt 880 000 Euro. Kolmsee beschäftigt bereits vier Mitarbeiter.

Claus Hornung, Wasser marsch – Die Story von Smart Hydro Power (18.01.2011): www.ftd.de

M1 Innovative Geschäftsidee

Persönliche und rechtliche Voraussetzungen

Vor dem Schritt in die Selbstständigkeit sollten angehende Unternehmer zunächst ihre persönliche Eignung kritisch überprüfen. Dabei können folgende Fragen hilfreich sein:

- Sind Sie bereit, auf ein erhebliches Maß an Freizeit, Urlaub und Familienleben zu verzichten?
- Können Sie sich selbst Ziele setzen und diese konsequent verfolgen?
- Ertragen Sie Stresssituationen auf Dauer und lösen Sie Probleme direkt?
- Haben Sie neben der technisch-fachlichen Qualifikation auch betriebswirtschaftliche bzw. kaufmännische Grundkenntnisse?
- Können Sie Mitarbeiter führen?
- Sind Sie kontaktfreudig?

Der Geschäftsplan

Unzureichende Planung ist einer der häufigsten Gründe, warum Jungunternehmen schon nach wenigen Jahren scheitern. Deshalb sollte man sich intensiv auf die Selbstständigkeit vorbereiten und einen detaillierten Geschäftsplan (***Businessplan***) erarbeiten.

Es genügt nicht, ein Konzept im Kopf zu haben. Für die eigene Absicherung ist es wichtig, dass man die Gedanken formuliert und zu Papier bringt. Ein durchdachter Geschäftsplan zeigt die Chancen und Risiken des Vorhabens auf und kann Kapitalgeber (z. B. Banken) von der Geschäftsidee überzeugen.

Checkliste Geschäftsplan

Geschäftsidee	Welches Produkt oder welche Dienstleitung will ich anbieten? Was ist das Neue oder das Besondere an der Geschäftsidee? Welchen Bedarf deckt mein Produkt/meine Dienstleistung?
Rechtsform (die wichtigsten Rechtsformen → *S. 119*)	Wollen Sie die Geschäftsidee allein oder mit Partnern verwirklichen? Wie soll die Art der Haftung, der Geschäftsleitung, der Kapitalbeschaffung aussehen?
Markteinschätzung	Welche Kunden kommen infrage? Wer ist meine Zielgruppe? Wer sind meine Konkurrenten? Wie könnten die Konkurrenten reagieren?
Standort	Wo eröffne ich das Geschäft/Büro? Gibt es Erweiterungsmöglichkeiten? Welche der Standortfaktoren sind für mein Geschäft von Bedeutung: Kundennähe, Verkehrslage, Parkplätze, Fachkräfte, Konkurrenz, Kosten für Miete und Energie, Lohnkosten, behördliche Auflagen, etc?
Marketing	Welche Kommunikationsmittel sollen eingesetzt werden (Absatzwerbung, Sponsoring)? Wie will ich mein Produkt/Dienstleistung verkaufen (Internet, Groß- und Einzelhandel, Filialen, Versandhandel, Haustürverkauf)? Welchen Preis verlange ich?
Kapitalrechnung und Finanzierung	Welche Einnahmen und Ausgaben sind zu erwarten? Wie hoch sind meine Investitions- und Gründungsausgaben? Wie hoch sind meine Anlaufverluste? Wie hoch ist mein Eigenkapital, wie hoch ist mein Kreditbedarf? Welche staatlichen Kredite und Fördermittel stehen mir zu?
Zukunftsaussichten	Wie stelle ich mir meine Firma in zwei oder drei Jahren vor?

Staatliche Hilfen

Im Vergleich zu anderen Ländern werden in Deutschland viel weniger Unternehmen gegründet. Dem versucht der Staat entgegenzuwirken, indem er Jungunternehmern auf ihrem Weg in die Selbstständigkeit auf vielfältige Weise hilft.

Der Staat (EU, Bund, Länder und Gemeinden) fördert den Weg in die Selbstständigkeit mit unterschiedlichen Maßnahmen. Die häufigste Form öffentlicher Förderung ist die Bereitstellung von ***Krediten zu besonders günstigen Konditionen***. Dazu gehören niedrige Zinssätze, lange Laufzeiten, Beginn der Tilgung erst nach einigen Jahren. Somit werden die finanziellen Belastungen der Kreditnehmer in der schwierigen Anlaufphase niedrig gehalten.

Wenn bestimmte Voraussetzungen vorliegen, erhalten Existenzgründer sogar ***staatliche Zuschüsse***, die im Gegensatz zu den Krediten nicht zurückgezahlt werden müssen. Durch umfassende Beratungsangebote und Gründungsinitiativen → *M2* soll der Weg in die Selbstständigkeit erleichtert und gefördert werden.
Das Bundesministerium für Wirtschaft und Technologie zum Beispiel hat eine Initiative Unternehmensnachfolge mit einer bundesweiten Nachfolgebörse eingerichte.

Gewerbe anzeigen

Der Betrieb eines Gewerbes ist grundsätzlich jedermann gestattet, der voll geschäftsfähig ist. Ausnahmen von diesem Grundsatz der Gewerbefreiheit liegen dann vor, wenn die Art der ausgeübten Tätigkeit mit einer besonderen Verantwortung und fachlichen Eignung verbunden ist (z. B. bei Apotheken, im Kreditwesen, im Gaststättengewerbe oder im Handwerk). In diesen Fällen ist die Erteilung einer Genehmigung (Erlaubnis, Konzession, Meisterprüfung) neben der Gewerbeanzeige eine zusätzliche Voraussetzung für den Beginn des Gewerbes.

Der Beginn der Gewerbeausübung muss bei der zuständigen Stadt- oder Gemeindeverwaltung (im ***Gewerbeamt***) angezeigt werden. Durchschläge der Gewerbeanmeldung gehen an verschiedene Stellen, wie z. B. an das Finanzamt, an die zuständige Kammer (IHK oder Handwerkskammer) und an die Träger der Sozialversicherungen (Arbeitsagentur, Krankenkasse, Berufsgenossenschaft).

Das ***Handelsregister*** hat die Aufgabe, die Öffentlichkeit über die Rechtsverhältnisse in Unternehmen zu informieren. Das Handelsregister wird beim Amtsgericht geführt. Kapitalgesellschaften (AG, GmbH) werden immer in das Handelsregister eingetragen. Bei Einzel- und Gesellschaftsunternehmen (GbR, OHG, GmbH & Co KG, KG) ist die Eintragung von der Art und dem Umfang des Geschäftsbetriebes abhängig.

Gründerland Deutschland
Guten Start

Selbstständigkeit fördern

Die Initiative „Gründerland Deutschland" des Bundesministeriums für Wirtschaft und Technologie (BMWi) zielt auf vier Teilbereiche:

- Gründungen als Schritt in die unternehmerische Freiheit,
- Gründung als berufliche Option – frühzeitige Vermittlung im Bildungssystem,
- Gründungen als Motor der strukturellen Erneuerung,
- Gründungen als Unternehmensnachfolge im Mittelstand.

M2 Staatliche Initiativen

Die Rechtsform eines Unternehmens

Merkmale Form	Gründung	Haftung	Geschäftsführung/ Vertretung	Organe	Vorteile/ Nachteile
Einzelunter- nehmen	Einzelunternehmer	unbeschränkt (privat- und Geschäftsvermögen)	allein	–	entscheidet allein/ trägt allein das volle Risiko
Gesellschaft bürgerlichen Rechts (GbR)	mind. 2 Personen mit gemeinsamem Ziel	Gesellschafter haften mit dem Privatvermögen gesamtschuldnerisch	jeder Gesellschafter, evtl. Geschäftsführer	Gesellschafter-versammlung	einfache Gründung/ solidarische Haftung
Offene Handelsgesellschaft (OHG)	mind. 2 Personen	unbeschränkt, solidarisch (jeder haftet für den anderen mit)	jeder Gesellschafter	Gesellschafter-versammlung	hohes Ansehen bei Kreditinstituten und Geschäftspartnern/ uneingeschränkte und solidarische Haftung,
Kommanditgesellschaft (KG)	mind. ein Vollhafter (Komplementär), mind. ein Teilhafter (Kommanditist)	Vollhafter unbeschränkt, Teilhafter mit Kapitaleinlage	Vollhafter	Gesellschafter-versammlung	Aufnahme neuer Teilhaber ohne Entscheidungsrecht/ unbeschränkte Haftung des Vollhafters
Gesellschaft mit beschränkter Haftung (GmbH)	mind. 1 Person, Einlage mind. 25 000 Euro	nur mit der Kapitaleinlage	Geschäftsführer	Gesellschafter-versammlung	Haftungs-begrenzung/ geringe Kredit-würdigkeit
GmbH & Co. KG	s. KG Vollhafter = GmbH	praktisch mit der Kapitaleinlage	Vollhafter = GmbH	Gesellschafter-versammlung	→ GmbH
Aktiengesellschaft (AG)	mind. 1 Person 50 000 Euro Grundkapital	Kapitaleinlage	Vorstand	Aufsichtsrat (wählt und kontrolliert den Vorstand) Hauptversammlung beschließt über Verwendung des Gewinnes, Satzungsänderungen, Wahl des Aufsichtsrats	Haftungs-begrenzung, durch Ausgabe von Aktien hoher Eigenkapitalwert, Aktien können jederzeit verkauft werden/ strenge Formvorschriften, mehrere Entscheidungsgremien

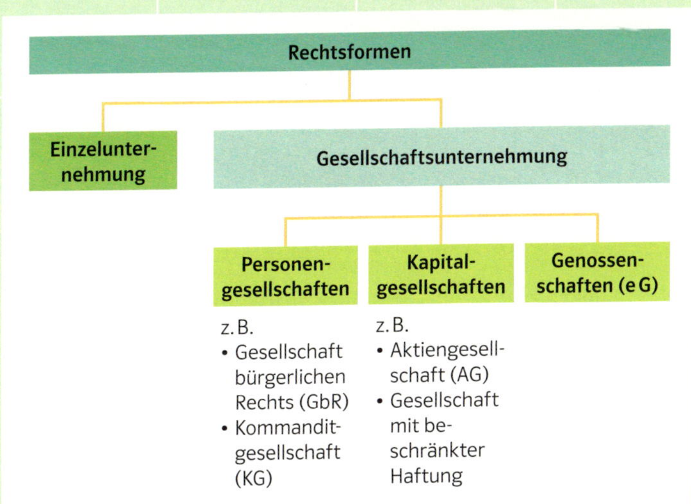

(•) Auf einen Blick

Den Weg in die Selbstständigkeit planen

Weiterführende Aufgaben

1. Nennen Sie drei Gründe, warum bei einer Unternehmensgründung die Aufstellung eines Geschäftsplans (Business-Plan) sinnvoll ist.

2. Der Weg in die Selbstständigkeit kann über eine Betriebsneugründung, Betriebsübernahme oder als Franchise-Nehmer erfolgen. Wo sehen Sie die Vorteile des jeweiligen Geschäftsmodells?

3. Gesellschafter von Kapitalgesellschaften (GmbH, AG) haften im Falle einer Insolvenz nicht mit ihrem Privatvermögen. Dadurch können Gläubiger häufig nicht ihre Ansprüche einfordern. Halten Sie diese gesetzliche Regelung für richtig?

4. Die Entscheidung für eine bestimmte Unternehmensform ist von der besonderen Situation des jeweiligen Unternehmens abhängig. Nennen Sie die Entscheidungspunkte, die die Wahl der folgenden Rechtsform rechtfertigen. Begründen Sie Ihre Entscheidung.

a) Einzelunternehmung
b) OHG
c) GmbH
d KG
e) AG

Nachhaltigkeit als Unternehmensziel

Vertiefen
Arbeitsblätter zum Thema
p3x4ae

Arbeitsauftrag

Viele Unternehmen stellen auf Nachhaltigkeit um. Bestimmen Sie die Auswirkungen dieses Strategiewechsels. Dabei sollten Sie folgende Teilaspekte bearbeiten:

1. Finden Sie eine Definition für den Begriff „Nachhaltigkeit“.

2. Beschreiben Sie die Vorteile des nachhaltigen Wirtschaftens für Unternehmen.

3. Machen Sie Vorschläge für ökologisches Handeln in den einzelnen Abteilungen eines Unternehmens – vielleicht Ihres Ausbildungsbetriebes.

4. Bestimmen Sie die Einflussmöglichkeiten des Verbrauchers auf nachhaltiges Wirtschaften in Unternehmen.

„Wirtschaftliches Handeln, das ist meine tiefste Überzeugung, darf sich künftig nicht mehr nur am ökonomischen Nutzen orientieren. Es muss auch ökologischen Schaden abwenden und sozialen Gewinn anstreben."

Michael Otto, Aufsichtsratsvorsitzender der Hamburger Otto Gruppe (Versandhaus und Internethandel), in: Frankfurter Allgemeine Zeitung (FAZ) vom 28. Juni 2011

Anders wirtschaften

Das Thema Nachhaltigkeit wird die Konsumgüterindustrie und den Handel in den nächsten Jahren immer weiter verändern. *→ M1* Die Ausrichtung des Sortiments auf nachhaltige, ökologische Produkte, die Berücksichtigung der Umwelt, faire Arbeitsbedingungen – all das interessiert Verbraucher von heute. Sie wollen mit gutem Gewissen einkaufen, und der Handel will mit gutem Gewissen gute Umsätze und mehr Marktanteile erzielen. Das muss kein Widerspruch sein.
Verschiedene Studien zeigen, dass die Umsätze der Konsumgüterindustrie und des Handels bei einer schlechten Reputation deutlich sinken können: Denn jeder zweite Verbraucher hat schon einmal Produkte von Firmen boykottiert, die nachweislich die Umwelt schädigen oder sozial bedenklich sind.

Unternehmensziele definieren

Die mehr als drei Millionen Unternehmen in Deutschland lassen sich in verschiedene Bereiche mit unterschiedlichen Zielen einordnen.

Privatunternehmen arbeiten nach dem erwerbswirtschaftlichen Prinzip, d. h. sie produzieren Güter oder bieten Dienstleistungen an, um einen möglichst hohen Gewinn zu erzielen. Der Gewinn fließt den Eigentümern zu.

Öffentliche Unternehmen gehören zu Bund, Land oder Gemeinden und arbeiten nach dem Bedarfsdeckungsprinzip. Vorrangiges Ziel ist es, die Versorgung der Bevölkerung in den Bereichen sicherzustellen, an denen private Anbieter kein Interesse haben, oder man will diese Aufgaben dem privaten Gewinnstreben nicht überlassen. Die Leistungen sollen kostendeckend (z. B. Müllabfuhr) angeboten oder es soll ein angemessener Gewinn erwirtschaftet werden (z. B. Sparkassen, öffentliche Energieversorger).

Schon nachhaltig, als noch niemand davon sprach
In der Unternehmensgruppe Tengelmann hat das Engagement für den Umweltschutz seit Jahrzehnten Tradition

Von den kleinen Windrädern und den Solarfolien auf dem Dach, den Solarpaneelen an den Wänden oder der Zisterne hinter dem Haus einmal abgesehen, sieht der inzwischen vielfach prämierte Klimamarkt fast genauso aus wie eine herkömmliche frisch renovierte Kaiser's oder Tengelmann Filiale. Denn so manche Raffinesse ist für den Kunden kaum sichtbar oder liegt hinter den Kulissen. So wird beispielsweise die Zahl der Besucher gleich am Eingang von einem kleinen Zählwerk erfasst, damit die erforderliche Belüftung exakt gesteuert werden kann. Über Sensoren wird die elektrische Beleuchtung so reguliert, dass sie fast völlig erlischt, wenn helle Sonne durch die Tageslichtbänder im Dach fällt. Allein das spart mehr als die Hälfte der früheren Beleuchtungskosten. Sind in herkömmlichen Lebensmittelgeschäften nur die Tiefkühlmöbel mit Türen verschlossen, so sorgen hier auch vor den meterlangen Kühlregalen Glastüren für beträchtliche Energieeinsparungen. Die Abwärme all dieser Kühlanlagen liefert einen Großteil der Heizenergie.

Das Thema Nachhaltigkeit beschränkt sich längst nicht nur auf Umwelt und Klima. Seit Jahren unterstützen die Mülheimer soziale Projekte. […] Jeder Tengelmann-Mitarbeiter der Holding kann sich für einen Tag freistellen lassen, um sich sozial zu engagieren.

Brigitte Koch, Schon nachhaltig, als noch niemand davon sprach (29.06.2011): www.faz.net

M1 Engagement für den Umweltschutz

Genossenschaften verfolgen das Ziel, durch ein gemeinsames Unternehmen für ihre Mitglieder wirtschaftliche Vorteile zu erzielen (z. B. Landwirtschaftliche Genossenschaften).

Seit einigen Jahren bestimmen nun nicht mehr allein wirtschaftliche Ziele die Strategien vieler Unternehmen. Zunehmend Einfluss darauf haben:
- die Kosten von Umweltbelastungen und
- das veränderte Verbraucherverhalten.

Kosten von Umweltbelastungen

Wirtschaftliches Handeln – produzieren und konsumieren – ist nicht möglich, ohne die Umwelt zu benutzen und zu belasten. Die Nutzung der Umwelt geschieht auf unterschiedliche Weise:
- Unternehmen benötigen für die Herstellung der Güter Rohstoffe und Energie.
- Die Umwelt wird mit allen möglichen Schadstoffen belastet, die bei der Produktion und beim Konsum der Güter durch die Haushalte anfallen.
- Nicht zuletzt müssen Industrie- und Haushaltsabfall entsorgt werden.

Rohstoffe und Energie stehen nicht in unbegrenztem Maße zur Verfügung. Ein Teil der Rohstoffe (Kupfer, Erz usw.) und Energievorräte (Erdöl und Erdgas) ist nicht erneuerbar. Dass Rohstoffe knapper werden, spiegelt sich in den gestiegenen Rohstoffpreisen wider. → *M2* Von daher ist ein sparsamer Umgang mit diesen Gütern genauso notwendig wie die Erstellung von Konzepten zur Wiederverwertung von Ressourcen. Für beides – Sparen und Wiederverwerten – gibt es inzwischen eine Reihe von gesetzlichen Auflagen und Bestimmungen.

Umweltgesetzgebung

Umweltschäden verursachen Kosten. Sei es, dass z. B. Trinkwasser mit hohem Aufwand aufbereitet werden muss, dass verseuchte Böden brach liegen oder dass die durch Umweltbelastungen (z. B. CO_2-Ausstoß) verursachte Klimaveränderung Naturkatastrophen mit erheblichen Schäden verursacht.

Der Staat stellt daher Vorschriften auf, um die Umweltkosten so gering wie möglich zu halten (Vorsorgeprinzip). Außerdem sollen diejenigen diese Kosten tragen, die sie verursacht haben (Verursacherprinzip).

Das ***Kreislaufwirtschafts- und Abfallgesetz (Krw-/AbfG)*** regelt die umweltverträgliche Beseitigung von Abfällen und fördert die Kreislaufwirtschaft. Die Vorschriften dieses Gesetzes gelten für
- die Vermeidung,
- die Verwertung,
- die Beseitigung von Abfällen.

Der Schwerpunkt dieses Gesetzes liegt in der Vermeidung von Abfällen, bezogen auf ihre Menge und Schädlichkeit. Dazu zählen u. a. die folgenden Maßnahmen:
- Abfall- und schadstoffarme Produkte herzustellen und zu erwerben,
- Stoffe in einem anlageinternen Kreislaufsystem zu führen.

Die ***Abfallverwertung*** zielt
- auf die Gewinnung der Stoffe oder
- auf die Energiegewinnung (energetische Verwertung).

Unter energetischer Verwertung versteht man die Nutzung der Abfälle als Ersatzbrennstoff. Dabei werden die Abfälle in Müllverbrennungsanlagen in Energie umgewandelt.
Die Rückgewinnung von Rohstoffen erfolgt in einem Kreislaufwirtschaftssystem. Dabei sollen die Abfälle in Unternehmen und Haushalten getrennt eingesammelt (Hol- und Bringsysteme) und zur weiteren Verwertung aufgearbeitet werden.

Motive für freiwilligen Umweltschutz in Unternehmen:

- Imagepflege
- Verantwortung gegenüber der Umwelt und zukünftigen Generationen
- Bessere Marktchancen
- Motivation der Mitarbeiter
- Öffentlicher Druck
- Aufnahme in Nachhaltigkeitsfonds
- Forderung von Kapitaleignern

Rohstoffe Werte: 2000 = 100	**2009**	**2010**	**2011**
alle Rohstoffe	210	270	288
Nahrungs- und Genussmittel	202	221	248
Industrierohstoffe	176	252	268
Agrarische Rohstoffe (z. B. Holz, Baumwolle)	125	169	167
Nicht-Eisen-Metalle (z. B. Kupfer, Zink, Aluminium)	172	232	250
Rohöl	218	277	295

Entwicklung der Rohstoffpreise (2011): http://www.ifw-kiel.de

M2 Rohstoffpreisentwicklung 2009–2011

Nachhaltigkeitskonzepte

Ökoaudit (EMAS)

Öko-Siegel

Nachhaltigkeit ist Chefsache. Viele Unternehmen haben bereits begonnen, ihr Produkt- und Dienstleistungsangebot zu „überdenken". → *M1* Nur so lassen sich Marktanteile halten und neue Kunden gewinnen. Dazu werden Arbeitsabläufe in den einzelnen Abteilungen und Zulieferketten auf Nachhaltigkeitskriterien überprüft und abgestimmt. Dazu gehören u. a.:

das Öko-Audit: Das Unternehmen unterzieht sich einem Öko-Audit. Umweltpolitische Ziele und Maßnahmen werden von Gutachtern überprüft. Werden die Anforderungen erfüllt, ist das Unternehmen berechtigt, ein EU-Ökozeichen zu führen.

eine Ökobilanz: Das Unternehmen erstellt eine Ökobilanz. Sie kann für ein Produkt oder für ein ganzes Unternehmen erstellt werden. In der Ökobilanz werden die aus der Umwelt bezogenen Entnahmen (Input, z. B. Rohstoffe, Betriebsstoffe) den Abgaben an die Umwelt (Output, z. B. die gefertigten Produkte, Abfälle, Abluft, Lärmbelastung) gegenübergestellt. Das Aufzeigen und Verdeutlichen der Energie und Stoffströme von der Herstellung bis zur Entsorgung ist die Grundlage für Verbesserungen. Diese können in allen Bereichen des betrieblichen Ablaufs erfolgen (Materialwirtschaft, Fertigung, Transport …). → *M3*

Öko-Siegel: Produkte, die besonders schadstoffarm oder umweltfreundlich sind oder einen geringen Energieverbrauch aufweisen, werden mit einem Ökosiegel versehen (z. B. schadstoffarme Produkte aus der Textilindustrie, niedrigere Energiestufe bei einem Kühlschrank).

das Prüfen von Arbeitabläufen auf Nachhaltigkeit – zum Beispiel so:

Abteilung	Tätigkeiten
Einkauf	Materialbedarf ermitteln, Bestellungen auslösen, Materialien lagern
Fertigung	Arbeitspläne erstellen, Fertigungsabläufe organisieren, Produktion von Gütern
Absatz	Vertrieb der Waren, Einsatz der Marketinginstrumente
Personal	Personalbedarf festellen, Bewerber auswählen, Lohn- und Gehaltsabrechnung, Fortbildungsangebote organisieren
Finanzen	Versorgung mit finanziellen Mitteln, Sicherstellung der Zahlungsfähigkeit (Liquidität), Begleichung und Erstellung der Rechnungen
Logistik	Material- und Informationsfluss im Material-, Produktions- und Absatzbereich organisieren

Puma poliert sein Öko-Image

Der Sportkonzern Puma stellt als erstes Unternehmen eine ökologische Bilanz seiner Produktion auf.

Puma hat ausrechnen lassen, wie viel Wasser das Unternehmen und seine Zulieferer 2010 verbraucht haben und für welche Treibhausgas-Emissionen der Konzern und die Partner verantwortlich waren. Insgesamt summierten sich die Kosten auf 94,4 Millionen Euro. (Zum Vergleich: Der Gewinn erreichte vergangenes Jahr 202 Millionen.) Mit 7,2 Millionen Euro ist dabei jedoch nur ein Bruchteil im Kerngeschäft angefallen. Für die meisten Belastungen sind die Lieferanten verantwortlich. Das ist nicht weiter überraschend, denn Puma übernimmt lediglich Design, Marketing und Vertrieb seiner Produkte. Alles andere kauft die Marke ein.
Den größten Raubbau an der Natur betreiben der Öko-Bilanz zufolge die Lieferanten ganz am Anfang der Wertschöpfungskette, etwa Landwirte, Viehzüchter und Kautschukplantagen. Vor allem Baumwolle verbraucht enorme Mengen Wasser. Der Anbau ist alles andere als nachhaltig. Wasserknappheit ist in manchen Teilen der Welt eines der größten Hindernisse für Wirtschaftswachstum.

Handelsblatt-News, Puma poliert sein Öko-Image (17.05.2011): www.handelsblatt.com

M3 Ökobilanz

(•) Auf einen Blick

Nachhaltigkeit als Teil einer Unternehmensstrategie verstehen

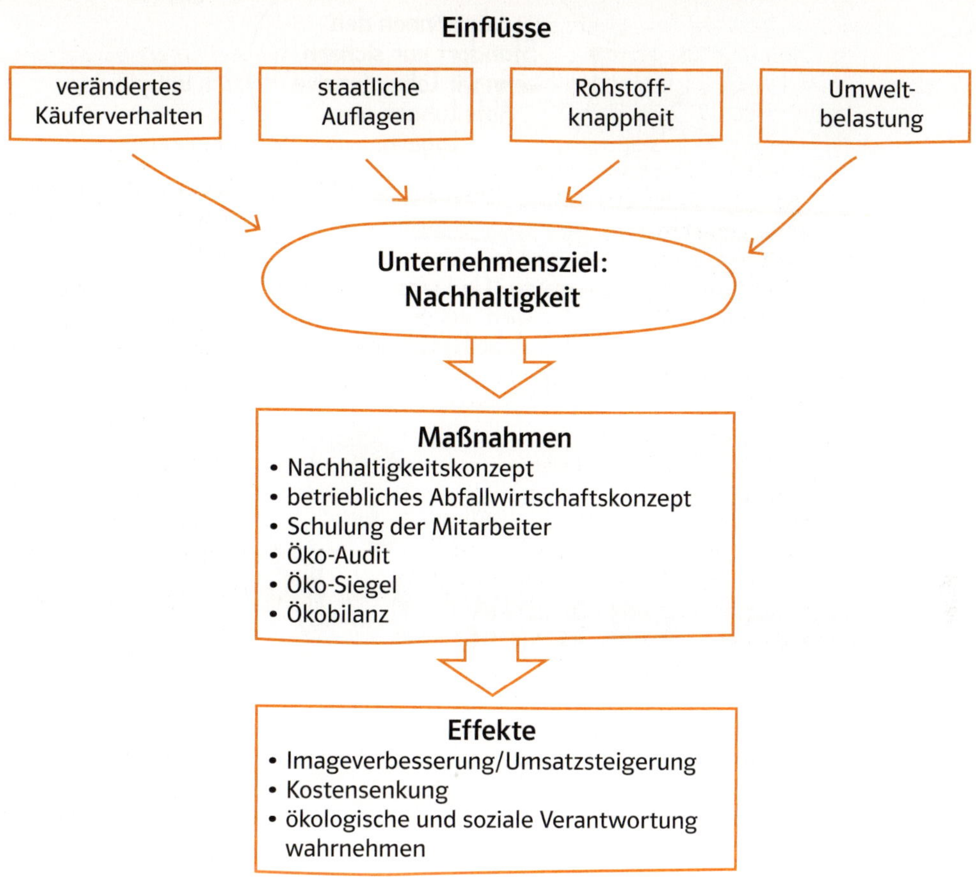

Weiterführende Aufgaben

Siegel: „Blauer Engel"

1. Machen Sie Vorschläge, wie das Umweltbewusstsein der Mitarbeiter in einem Betrieb verbessert werden könnte.

2. Im Jahr 1996 wurde das Abfallgesetz durch das 1. Kreislaufwirtschafts- und Abfallgesetz abgelöst. Erläutern Sie, warum in das neue Gesetz die Förderung der Kreislaufwirtschaft aufgenommen wurde.

3. Umweltfreundliche Unternehmen versehen ihre Produkte z. B. mit dem „Blauen Engel".
a) Was sagt dieses Logo aus?
b) Zählen Sie weitere Möglichkeiten auf, sich den Kunden als umweltfreundliches Unternehmen zu präsentieren.
c) Beschreiben Sie mögliche Ziele, die Unternehmen mit ihrem Umweltengagement verfolgen.

4. Nachhaltigkeit in der Umweltpolitik bedeutet: „Nimm dir nicht mehr, als nachwächst, wenn du morgen auch noch ernten willst."
Was können Sie als Verbraucher dazu beitragen, dass das Prinzip Nachhaltigkeit stärker zur Grundlage wirtschaftlichen Handelns wird?

Standortwahl in Zeiten der Globalisierung

Bei dem Motorenhersteller Jansen GmbH findet eine außerordentliche Betriebsversammlung statt. Den Mitarbeitern wird von der Geschäftsleitung mitgeteilt, dass aus Kostengründen die Gehäusefertigung, in der die Lohnkosten besonders hoch sind, in die Tschechische Republik verlagert wird. Die Verlagerung dieses Teils der Fertigung in ein Niedriglohnland ist nach Ansicht der Geschäftsleitung notwendig, um die internationale Wettbewerbsfähigkeit zu erhalten. Die Umstellung soll schrittweise erfolgen, aber betriebsbedingte Kündungen sind nicht auszuschließen.

Vertiefen
Arbeitsblätter zum Thema
n3h6jz

Arbeitsauftrag

Schätzen Sie die Maßnahme von Unternehmen ein, Teile der Produktion ins Ausland zu verlagern.
Diese Aspekte sollten Sie dafür zuvor bearbeiten:

1. Zeigen Sie am Beispiel der Firma Adidas den Konflikt auf, der sich bei einer Standortverlegung ins Ausland ergibt. → *M1*

2. Erläutern Sie, warum die internationale Arbeitsteilung in Zeiten der Globalisierung stark zugenommen hat.

3. Berechnen Sie, wie viele Kilometer die Einzelteile für einen 7er BMW ungefähr bis zur Montage in Deutschland zurückgelegt haben. → *M2*

4. Bestimmen Sie,
- welche Auswirkungen eine schlechte Wirtschaftslage im Ausland auf Deutschland hat,
- welche Standortfaktoren Einfluss auf den Wirtschaftsstandort Deutschland haben,
- welche Folgen die internationale Arbeitsteilung für Arbeitnehmer hat.

Globalisierung der Wirtschaft

Ihr wirtschaftliches Handeln haben die Menschen während des größten Teils ihrer Geschichte auf ihre unmittelbare Umgebung beschränkt. Produkte wurden gezielt für den heimischen Markt produziert. Mit dem grenzüberschreitenden Handel veränderten sich zunächst die Warenangebote auf den Märkten vor Ort. Bis in die 1970er-Jahre hinein exportierten die Industrieländer vor allem ***Industrieprodukte*** untereinander und in die weniger entwickelten Länder und führten von dort im Gegenzug Rohstoffe und Vorprodukte ein. Heute bringen Containerschiffe Fertigwaren wie Textilien, Spielzeug, Haushaltsgeräte, Fernseher usw. nach Europa. Industrieprodukte wie z. B. Maschinen, Autos oder medizinische Geräte werden in umgekehrter Richtung transportiert. Wenn die Waren dort produziert werden, wo sie am kostengünstigsten hergestellt werden, hat es für den Verbraucher den Vorteil, dass er Waren zu niedrigen Preisen einkaufen kann. Das erhöht die Konsummöglichkeiten, führt aber auch zu einer stärkeren Belastung der Umwelt. Noch mehr als der Welthandel haben ***Direktinvestitionen*** zugenommen.

Deutsche Unternehmen oder Investoren beteiligen sich an Firmen im Ausland, unterhalten Handelsniederlassungen und richten Forschungs- und Entwicklungslabore ein. → *M1* Ausländische Investoren tun dies ebenso in Deutschland.

Die enge internationale Zusammenarbeit hat ebenso viele andere Bereiche wie Finanzwirtschaft, Kultur, Politik und Umwelt erfasst. Diese Entwicklung wird als Globalisierung beschrieben → *S. 74* und hat verschiedene Ursachen. Die wichtigsten sind:

die weltweite digitale Vernetzung: Die neuen Informations- und Kommunikationsmedien verändern die Organisation der Wirtschaft. Aufträge können z. B. weltweit im Netz ausgeschrieben werden.

die Verbilligung der Transporte über See durch die Containerschifffahrt: Die neue Generation der Containerschiffe kann bis zu 18 000 Container laden.

der freie Handel: Die meisten Staaten der Welt öffnen sich für ausländische Unternehmen, die vor Ort produzieren, investieren und verkaufen dürfen.

Standortverlagerung bei adidas

Weltweit arbeiten für Adidas ca. 42 000 Menschen, davon ca. 3 500 in Deutschland. Hier finden sich Abteilungen wie Design, Marketing oder Logistik. Anfang der 90er-Jahre wurde die gesamte Produktion in Deutschland und Europa abgebaut.

Herbert Hainer, Vorstandsvorsitzender der adidas AG schildert die Situation so:

„Die Produktionsverlagerung ist natürlich nicht reibungslos abgelaufen. Wir hatten direkt in der Stadt eine Schuhfabrik und dann drei, vier Fabriken, die rund um Herzogenaurach angesiedelt waren. Das heißt, die meisten Familien hier waren irgendwie mit adidas verbunden, entweder direkt oder durch Freunde oder Verwandte. Sie kannten die Familie Dassler und dadurch war es für die Familie Dassler dann umso schwerer, die Fabriken zu schließen mit dem Hintergedanken, ich mache die Leute arbeitslos. Letztendlich hat das dazu geführt, dass wir die Fabriken viel zu lange hier gehalten haben. Als dann klar war, es geht so nicht mehr weiter, die Fabriken müssen geschlossen werden, wurden sie auch nach einem festgelegten Plan sukzessive alle stillgelegt. Das gab natürlich einen großen Aufschrei hier in Herzogenaurach, denn die Leute waren das nicht gewohnt. Die waren die letzten 20 Jahre hier beschäftigt, hatten einen sicheren Arbeitsplatz und jetzt auf einmal wurden die Arbeitsplätze ins Ausland verlagert.
Aber ohne die Verlagerung hätte es das Unternehmen sicherlich so nicht mehr gegeben, das muss man ganz klar sagen. Wir waren 1992 wirklich am Rande der Insolvenz … weil wir viel zu teuer produziert hatten."

Herbert Hainer, Über die eigenen Anfänge und die Anfänge des weltweiten Wettbewerbs bei adidas, in: Stefan Aust/Claus Richter/Matthias Ziemann, Wettlauf um die Welt, München 2007, S. 184–185

Globale Direktinvestitionen

in Mio. US$

Institut der deutschen Wirtschaft, Köln 2011

M1 Ein Beispiel für Globalisierung

Attraktivität der Wirtschaftsstandorte

Güter
Je nach dem, wozu Güter dienen, unterscheidet man zwischen Konsumgütern und Investitionsgütern. Konsumgüter dienen unmittelbar der Bedürfnisbefriedigung der Haushalte. Investitionsgüter dienen Unternehmen zur Erstellung und Weiterverarbeitung von Gütern.

Die Unternehmen haben die Möglichkeit, ihren Firmensitz oder Teilbereiche ihres Unternehmens (Produktionsstätten, Vertriebsbüros, EDV- und Entwicklungsabteilungen, Call-Center usw.) fast überall auf der Welt anzusiedeln. Bei der Wahl des Produktionsstandorts spielen viele Faktoren eine Rolle. Keiner von ihnen ist allein ausschlagend. Wichtige Standortfaktoren sind:

die Marktnähe: Vor allem in den dynamischen Märkten, das sind Märkte, in denen sich z. B. der Verbrauchergeschmack schnell ändert oder auf die viele Wettbewerber drängen, müssen Unternehmen mit ihren Produkten vor Ort präsent sein, um im Konkurrenzkampf bestehen zu können.

die Lohnstückkosten: Das sind die Arbeitskosten, die für die Produktion eines Gutes anfallen.

die Infrastruktur: Transport- und Logistiksysteme, Kommunikationssysteme, Schul- und Hochschuleinrichtungen usw.

die staatlichen Rahmenbedingungen: Fördermaßnahmen(z. B. für Forschung), steuerliche Belastung, Beschränkungen bzw. Auflagen (z. B. Umweltauflagen), politische Stabilität, Bürokratie usw.

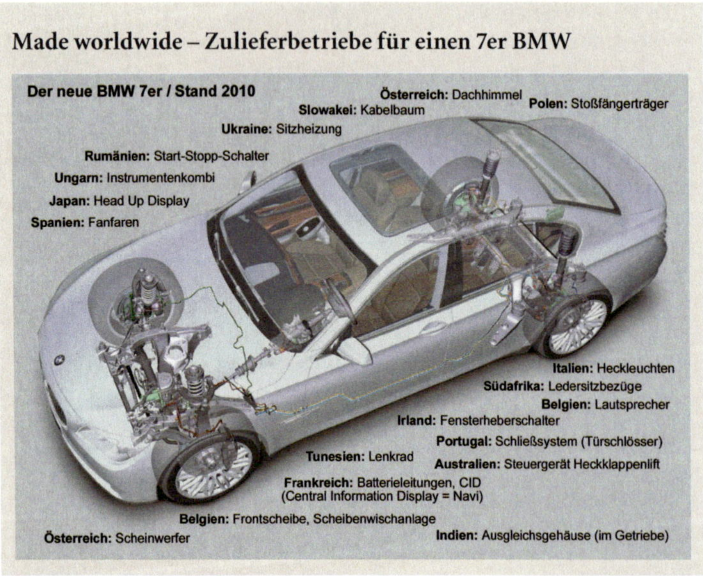

M2 Weltweite Arbeitsteilung

Welche Gründe ausschlaggebend sind für die Wahl des Standortes, hängt ab von den Produktionsstrukturen (was und wie wird produziert?) und den Unternehmenszielen. Ein Hersteller von T-Shirts und einfacher Bekleidung kann seinen Produktionsstandort in einem Land mit vergleichsweise gering qualifizierten Arbeitskräften und besonders niedrigen Löhnen einrichten. Ein Unternehmen, das hochwertige Maschinen herstellt, muss höhere Anforderungen an den Standort stellen.

Stellung der Bundesrepublik Deutschland im Welthandel

Die Einbindung Deutschlands in die Weltwirtschaft zeigt sich an der Entwicklung des Handels mit der Welt. Deutschland erwirtschaftet etwa 40 Prozent seiner Wirtschaftsleistung durch Exporte (zum Vergleich: USA 10 Prozent, Belgien 80 Prozent). In den letzten 20 Jahren verdreifachten sich die Ausfuhren. Vor allem Investitionsgüter wie Autos, Maschinen, chemische Erzeugnisse und Metallerzeugnisse wurden exportiert. Rund 70 Prozent der Ausfuhren gingen in die europäischen Länder, Deutschlands zweitwichtigster Absatzmarkt ist Asien mit einem Anteil von über 16 Prozent. Damit ist Deutschland stärker als die USA davon abhängig, dass seine Produkte international konkurrenzfähig sind. Eine schlechte Wirtschaftslage im Ausland schlägt sofort durch auf die Wirtschaftsentwicklung in Deutschland.

Weil der Wettbewerbsdruck weltweit zunimmt, geht der Trend in den großen Firmen hin zu einer immer geringeren ***Fertigungstiefe***: Um Kosten zu sparen und das wirtschaftliche Risiko zu begrenzen, werden immer mehr Teile von Fremdfirmen zugekauft. → *M2*

Die Zulieferung erfolgt nicht unbedingt aus Niedriglohnländern. Entscheidend ist, ob ein Unternehmen in einem bestimmten Bereich technologisch führend ist – wie hier in der Fertigung des Head-up-Displays in Japan.

Auswirkungen auf die Arbeitswelt

Vor allem durch die Einbindung Chinas und Indiens in die internationale Arbeitsteilung hat sich das Arbeitskräfteangebot in den vergangenen Jahren auf 3 Mrd. Menschen verdoppelt. Besonders groß ist dabei das Angebot an niedrig qualifizierten Arbeitnehmern. Werden keine besonders hohen Ansprüche an die Qualifikation gestellt, so können die Unternehmen ihre Standorte für die Produktion von Fahrrädern, Textilien oder Spielzeug in vielen Ländern ansiedeln. Allerdings entwickeln sich auch diese Länder.

In den sogenannten ***Schwellenländern*** gibt es immer mehr Facharbeiter und Hochqualifizierte, die den Beschäftigten in den Industriestaaten Konkurrenz machen. Wie viele Autohersteller auch in Osteuropa, Südamerika und Asien entwickeln und produzieren lassen, so auch Softwarehäuser und andere Unternehmen. Somit konkurrieren deutsche Arbeitnehmer mit ihren Kollegen in Asien oder Osteuropa. Die hohen ***Arbeitskosten*** bei uns setzen die Arbeitnehmer einem beständigen Kostenvergleich aus. → *M3*

Nur solange die Produktivität der Arbeit und die Qualität des Produkts stimmen und der technologische Vorsprung vor ausländischen Konkurrenten bleibt, kann der Nachteil auf der Kostenseite ausgeglichen werden.

All dies hat dazu geführt, dass es für niedrig qualifizierte Arbeitnehmer in den Industriestaaten immer weniger und immer schlechter bezahlte Jobs gibt. Kritiker der Globalisierung beobachten sogar, dass aufgrund der Standort- und Arbeitsplatzkonkurrenz sich nicht nur die Löhne, sondern auch Arbeitsschutzbestimmungen und Arbeitnehmerrechte sowie die sozialen Leistungen für die Arbeitnehmer nach unten entwickeln, da man sich den Ländern/Standorten mit den niedrigeren Standards anzupassen versucht.

Die ***internationale Arbeitsteilung*** und die Möglichkeiten für Unternehmen, weltweit ihre Standorte zu wählen, eröffnen auch den Arbeitnehmern die Möglichkeiten, über die Grenzen hinaus einen Arbeitsplatz zu suchen. → *S. 187*

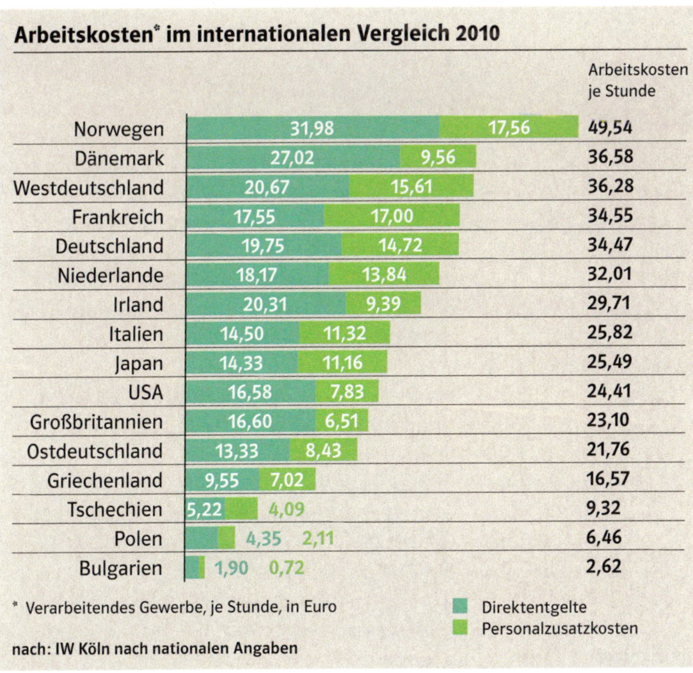

M3 Globalisierungsdruck

Betriebliche Kennzahlen

Produktivität
(drückt die Ergiebigkeit aus, der bei der Leistungserstellung eingesetzten Faktoren, z. B. Arbeit und Kapital)

$$\text{Arbeitsproduktivität} = \frac{\text{Produktionsmenge}}{\text{Anzahl der Beschäftigten}}$$

Wirtschaftlichkeit
(misst den Wert der geschaffenen Leistung)

$$\text{Wirtschaftlichkeit} = \frac{\text{Ertrag}}{\text{Aufwand}}$$

Rentabilität
(bringt zum Ausdruck, in welchem Maße sich der Einsatz von Kapital im Unternehmen gelohnt, d. h. rentiert oder verzinst hat)

$$\text{Rentabilität} = \frac{\text{Gewinn} \times 100}{\text{Kapital}}$$

(•) Auf einen Blick

Weltweite Standortwahl – Chancen und Risiken beschreiben

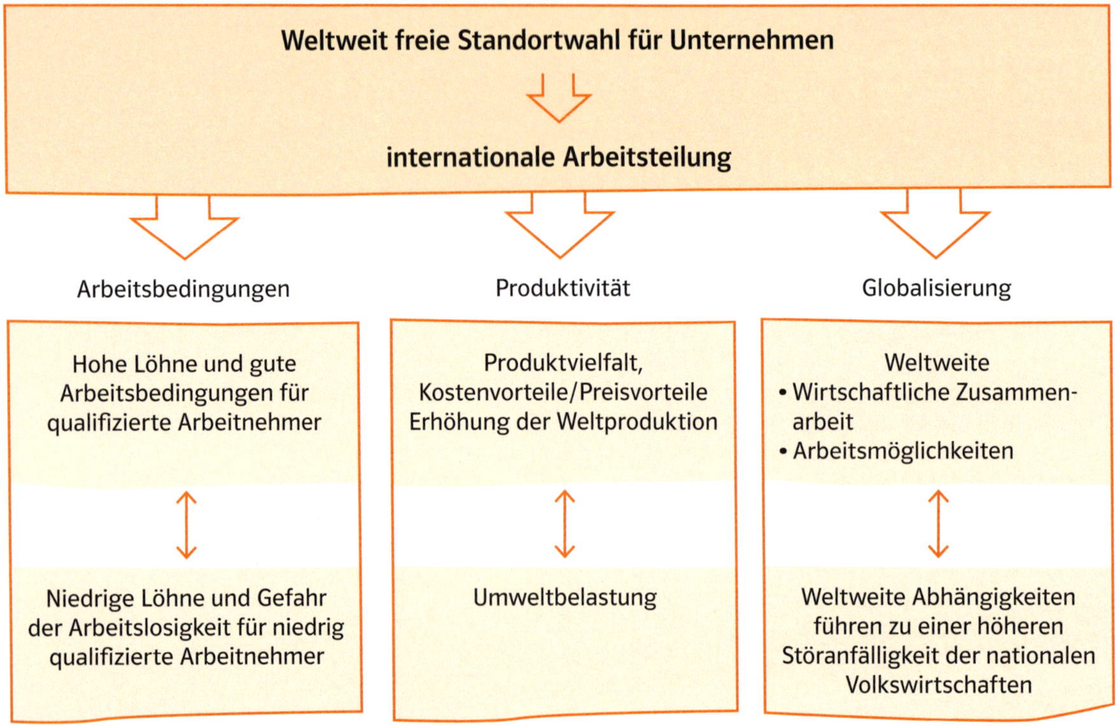

Weiterführende Aufgaben

1. Die Globalisierung hat neben Handel und Finanzwirtschaft viele andere Bereiche wie Kultur, Politik und Umwelt erfasst. Diskutieren Sie: In welche Bereiche Ihres Lebens dringt die Globalisierung vor?

2. Am Ende des Geschäftsjahres liegen in einem Unternehmen folgende Zahlen vor:

Anzahl der hergestellten Güter:	1500
Mitarbeiter:	20
Ertrag:	2500000 Euro
Aufwand:	2000000 Euro
Gewinn:	500000 Euro
Eigenkapital:	5000000 Euro

Ermitteln Sie die Kennzahlen zur Produktivität, Rentabilität und Wirtschaftlichkeit.
→ S. 129

3. In Zukunft werden die sogenannten Schwellenländer ihre Menschen immer besser ausbilden. In China und Indien verlassen jedes Jahr 400000 Ingenieure die Hochschulen (in Deutschland ca. 40000). Welchen Einfluss könnte das auf den Wirtschaftsstandort Deutschland haben?

4. Die Globalisierung bringt für 28% der Jugendlichen eher Vorteile, für 19% eher Nachteile und für 50% der Jugendlichen halten sich Vor- und Nachteile die Waage. So sehen es Jugendliche laut der Shell Jugendstudie 2010.
a) Wie entscheiden Sie sich?
b) Was bedeutet Globalisierung für Sie im Einzelnen? Begründen Sie Ihre Entscheidung.

4.3 Verbraucher – wie kommen sie zu ihrem Recht?

Überschuldung: Ursachen und Lösungswege

Lernen
Arbeitsblätter zum Thema
nv4t9a

Arbeitsauftrag

Schätzen Sie die Lebenssituation des jungen Mannes ein.
Und so können Sie dabei vorgehen:

1. Überlegen Sie, wie er in diese Lage gekommen sein könnte.

2. Erklären Sie den Begriff Überschuldung.

3. Überlegen sie, wie der junge Mann bisher mit der Situation als Schuldner umgegangen sein könnte.

4. Stellen Sie die Ursachen der Überschuldung zusammen, die typisch für die Altersgruppe der 18–25 Jährigen sind und vergleichen Sie diese mit anderen Altersgruppen. → *M1*

5. Bewerten Sie das private Insolvenzrecht. Stellen Sie die Argumente für und gegen einen Restschuldenerlass stichpunktartig in einer Übersicht gegenüber.

Bedarf
Nachfrage von Haushalten und Unternehmen auf dem Markt nach Gütern und Dienstleistungen.

Bedürfnisse erzeugen Bedarf

Jeder Mensch hat ***Bedürfnisse*** existenzieller Art: Um nicht zu verhungern, muss er sich ernähren. Um nicht zu frieren, muss er sich kleiden. Um sich vor der Witterung zu schützen, braucht er eine Unterkunft. Neben diesen Primärbedürfnissen gibt es Bedürfnisse, die nicht lebensnotwendig sind, aber das Leben verschönern oder angenehmer machen. Diese Art von Bedürfnissen nennt man Sekundärbedürfnisse (auch Kultur- und Luxusbedürfnisse).

Es spricht einiges dafür, dass unsere Bedürfnisse in Richtung Luxusbedarf unbegrenzt sind. Unternehmen versuchen, durch Werbung immer wieder neue Bedürfnisse zu wecken, um Menschen zum Kauf ihrer Produkte zu bewegen. Vorsicht: Schuldenfalle! → *M1*

Wirtschaftlich handeln

Jeder kann über die Verwendung seines Einkommens grundsätzlich frei entscheiden. Diese Freiheit, Güter nach Belieben zu kaufen, nennt man ***Konsumfreiheit***. Wenn die Mitglieder eines Haushalts, die die Entscheidungen über die Einkommensverwendung treffen, sich nach dem ***ökonomischen Prinzip*** verhalten, dann werden sie versuchen, mit ihren begrenzten Mitteln einen möglichst großen Nutzen zu erzielen. Das heißt, sie werden eine Rangfolge ihrer Bedürfnisse aufstellen.

Verträge abschließen

In der Bundesrepublik Deutschland gilt die Vertragsfreiheit, d.h. natürliche (alle Menschen) und juristische Personen (Unternehmen, Vereine) können Verträge abschließen. Dabei gilt der Grundsatz: Verträge sind einzuhalten. Bei einem Kaufvertrag gilt: Der Kunde muss die gekaufte Ware annehmen und bezahlen, der Verkäufer muss rechtzeitig und mangelfrei liefern und das Eigentum übertragen.

Rechtsgeschäfte abschließen

Kaufvertrag BGB §§433 ff.	Veräußerung von Sachen. *Beispiel: Sabine erwirbt in einem Elektrofachgeschäft einen Fernseher.*
Darlehensvertrag BGB §§488 ff.	Überlassung von vertretbaren Sachen oder Geld. Der Darlehensnehmer verpflichtet sich zur Rückzahlung. *Beispiel: Nils nimmt bei einer Bank einen Kredit auf.*
Mietvertrag BGB §§535 ff.	Überlassung einer Sache zum Gebrauch gegen Zahlung der vereinbarten Miete. *Beispiel: Wohnungsgesellschaft vermietet an Petra eine Wohnung.*
Pachtvertrag BGB §§581 ff.	Überlassung einer Sache zum Gebrauch und zur Nutzung des Ertrages gegen Entgelt. *Beispiel: Bauer Heinz pachtet von seinem Nachbarn Ackerland.*
Leihvertrag BGB §§598 ff.	Überlassung einer Sache zum Gebrauch ohne Entgelt. *Beispiel: Peter überlässt seinem Freund kostenlos für einen Tag sein Fahrrad.*
Dienstvertrag/ Arbeitsvertrag BGB §§611 ff.	Leistung von Diensten gegen Entgelt. *Beispiel: Frau Meier arbeitet als Technische Zeichnerin bei der Firma Flander.*
Werkvertrag BGB §§631 ff.	Herstellung eines Werkes. Der Auftraggeber liefert den Gegenstand oder das Material. *Beispiel: Eine Schneiderin ändert einen Anzug nach den Wünschen des Kunden um.*

Stufen der Geschäftsfähigkeit

Kinder und Jugendliche sind beim Abschluss eines Vertrags häufig in einer schwächeren Verhandlungsposition als ihr Gegenüber. Daher werden sie vom Staat geschützt. Die Berechtigung, Verträge selbstständig und wirksam abzuschließen, ist somit vom Alter eines Menschen abhängig.

Man unterscheidet drei Stufen der ***Geschäftsfähigkeit***. Bis zum siebten Lebensjahr ist der Mensch geschäftsunfähig. Er kann keine Kaufverträge abschließen. Vom siebten Geburtstag an werden Kinder beschränkt geschäftsfähig. Das bedeutet: Sie dürfen rechtswirksam
- im Rahmen ihres Taschengelds einkaufen,
- im Rahmen ihres Ausbildungs- oder Arbeitsverhältnisses Geschäfte abschließen,
- Geschäfte abschließen, die nur Vorteile bringen, Beispiel: Geldgeschenke.

Vom 18. Geburtstag an sind junge Menschen dann voll geschäftsfähig.

Die Schuldenfalle

„Keine Schulden machen!" Leichter gesagt als getan. Fast jeder gerät irgendwann in seinem Leben in eine Situation, in der es ohne Schulden nicht mehr weitergeht: Das Auto kommt nicht durch den TÜV, und die Reparatur lohnt nicht mehr; die erste eigene Wohnung muss eingerichtet werden; der Traum von den eigenen vier Wänden lässt sich nicht ohne einen ***Bankkredit*** verwirklichen.

In Deutschland
- sind 10 % der Haushalte überschuldet, am höchsten ist der Prozentsatz der ***Überschuldung*** in Großstädten;
- hat ein Viertel der 18–24-Jährigen einen ***Ratenkredit*** laufen;
- gibt es 1000 ***Schuldnerberatungsstellen***;
- werden jährlich mehr als 100 000 ***Privatinsolvenzen*** abgewickelt.

Schufa
Abkürzung für Schutzgemeinschaft für allgemeine Kreditsicherung , eine Gemeinschaftseinrichtung der Kreditinstitute mit dem Ziel, durch Auskunftserteilung eine Verringerung des Risikos bei Kreditgewährungen zu erreichen.

Ausgewählte Hauptauslöser der Überschuldung (in %)						
Alter von … bis unter … Jahren	Arbeitslosigkeit	Trennung, Scheidung, Tod des Partners	Erkrankung, Sucht, Unfall	Gescheiterte Selbstständigkeit	Unwirtschaftliche Haushaltsführung	Gescheiterte Immobilienfinanzierung
Insgesamt	29,3	13,5	9,8	9,5	8,6	4,0
Unter 25 …	33,5	3,3	6,4	1,4	16,6	0,2
25 – 35 …	34,3	10,1	7,6	5,5	11,2	1,9
35 – 45 …	28,1	18,3	10,0	10,7	7,1	5,0
45 – 55 …	29,9	16,0	11,3	12,5	5,8	5,2
55 – 65 …	24,7	12,0	14,2	15,5	5,5	6,2
65 und mehr	6,3	11,6	9,9	10,7	11,0	5,8

Statistisches Bundesamt 2011

M1 Überschuldung privater Personen und Verbraucherinsolvenzen

Die einen machen Schulden und zahlen sie zurück. Die anderen versinken in den Miesen.
Was haben sie falsch gemacht?

- In den meisten Haushalten ist der größte Teil des Einkommens verplant: Miete und Nebenkosten, Essen und Trinken, Kleidung, Auto, Telefon, Strom, Versicherungen, Urlaub usw. Was übrig bleibt, ist das frei verfügbare ***Einkommen***. Ich kann es sparen oder ausgeben. Wenn ich nichts davon spare, habe ich keine Reserven für Anschaffungen, Reparaturen und andere unvorhergesehene Ausgaben. Dann brauche ich dafür einen ***Kredit***.
- Für den Kredit muss ich ***Zinsen*** zahlen, und ich muss den Kredit zurückzahlen (***Tilgung***). Dadurch wird mein frei verfügbares Einkommen, mein finanzieller Spielraum, geringer. Viele Menschen überschätzen beim Schuldenmachen ihren finanziellen Spielraum. Wenn jetzt der Betrieb Kurzarbeit anmeldet, der Vermieter die Miete erhöht, das Auto kaputtgeht – dann reicht das Geld nicht mehr für die Zinsen und die Tilgung des Kredits. Ein niedrigeres Einkommen, z. B. durch Arbeitslosigkeit oder Scheidung, ist der häufigste Grund für Überschuldung.
- Wenn das frei verfügbare Einkommen nicht mehr für die Zinsen und die Tilgung der Kredite reicht, ist das Stadium der Überschuldung erreicht. Wer jetzt einen zweiten Kredit aufnimmt, um den ersten weiter abzahlen zu können, macht die Sache nur noch schlimmer und beschleunigt seinen Absturz. Das Kreditkarussell dreht sich immer schneller; das Geld reicht bald nur noch für die Zinsen und nicht mehr für die Tilgung. Am Ende stehen ***Lohn- und Kontopfändungen***, und die Schulden sind um ein Vielfaches höher als der ursprünglich aufgenommene Kredit.

Wege aus der Überschuldung

Bei einer Überschuldung führt kein Weg an der ***Schuldnerberatung*** oder der ***Verbraucherberatung*** vorbei. Diese können die geschlossenen Kreditverträge prüfen, mit den Gläubigern (Banken, Privatpersonen, Leasingfirmen, Inkassobüros) verhandeln und nach Auswegen suchen. Eine Möglichkeit ist, dass der Gläubiger auf einen Teil seiner Forderungen verzichtet, und der Schuldner den Rest sofort bezahlt.

Kredite

Formen, Kosten, Sicherheiten

Formen
- Dispositionskredit (Überziehung des Girokontos)
- Darlehen

Kosten
Zinsen + Gebühr =
Effektiver Zinssatz

Sicherheiten
- Bürgschaft (Verpflichtung Schulden zu übernehmen)
- Vertragliches Pfandrecht (Hinterlegung eines Wertgegenstandes z. B. Gemälde, Schmuck)
- Sicherungsübereignung (Hinterlegung eines Eigentumsrechts, z. B. KFZ-Brief)
- Grundschuld/Hypothek (Haus und Grundstück als Sicherheit)
- Abtretung von Forderungen

Schuldnerberatung wird von Gemeinden, Landkreisen, kirchlichen Trägern oder Einrichtungen wie der Arbeiterwohlfahrt angeboten. Ein großes Problem sind die Wartezeiten – oft mehrere Monate: Während der Schuldner auf einen Termin wartet, verschlechtert sich seine finanzielle Situation weiter. Bei der Suche nach einer Lösung spielt es auch eine Rolle, wofür die Schulden gemacht wurden. Wer sich für die Handyrechnung oder den Urlaub verschuldet hat, steht schlechter da als jemand, der ein Auto auf Raten gekauft hat. Das Auto lässt sich (mit Verlust) verkaufen und hilft, die Schuldenlast zu verringern.

Letzter Ausweg: Privatinsolvenz

Überschuldung führt nicht selten zu einer Privatinsolvenz. Das gesetzliche Verfahren läuft folgendermaßen ab:
Zuerst findet ein ***außergerichtlicher Einigungsversuch*** mit allen Gläubigern statt. Ein Schuldnerberater oder ein Anwalt muss mitwirken.
Scheitert dies, muss der Schuldner ein gerichtliches ***Verbraucher-Insolvenzverfahren*** beantragen. Dort wird das pfändbare Vermögen des Schuldners verwertet und der Ertrag an die Gläubiger verteilt.
Sechs Jahre lang muss der Schuldner nun sein ganzes pfändbares Einkommen an einen Treuhänder abgeben, der es an die Gläubiger verteilt. Anschließend bekommt er eine ***Restschuldbefreiung***, d.h., die Gläubiger haben keinen Anspruch mehr gegen ihn. Er steht schuldenfrei da.

Überschuldung vermeiden, aber wie?

Um gar nicht erst in die Schuldenfalle zu tappen, hilft nur eines: Die eigenen Ansprüche müssen sich nach dem Einkommen richten oder: Man sollte nicht mehr ausgeben, als man hat. Alles andere geht schief.

Dass die Bank einen Kredit gibt, ist noch kein besonderer Vertrauensbeweis: Kredite sind für Banken ein Geschäft. Oft unterschätzen junge Menschen die Ausgaben, die für den eigenen Lebensunterhalt nach dem Auszug von Zuhause entstehen. Vor der Aufnahme eines Kredits muss darum eine vorsichtige Gegenüberstellung der monatlichen Einnahmen und Ausgaben mithilfe eines ***Haushaltsbuchs*** stehen. „Vorsichtig" heißt: einen Puffer für unvorhergesehene Ausgaben einplanen, Risiken wie Arbeitslosigkeit, Schwangerschaft, längere Krankheit einkalkulieren.

Vom Schuldenmachen bis zum Insolvenzverfahren vergeht eine lange Zeit mit einer Reihe von außergerichtlichen und gerichtlichen Maßnahmen. → *M2* Viele Schuldner schaffen es nicht, ihre Zahlungsprobleme den Gläubigern gegenüber offenzulegen, um an einem gemeinsamen Lösungsweg aus der Überschuldung zu arbeiten: Das wäre z.B. ein teilweiser Schuldenerlass oder die Aussetzung der Tilgung. In vielen Fällen öffnen Gläubiger nicht einmal mehr ihre Post.

Mahnverfahren

Außergerichtlich
1., 2. … Mahnung
↓
Gerichtlich
↓
Mahnbescheid
↓
Vollstreckungsbescheid
↓
Zwangsvollstreckung
↓
Eidesstattliche Versicherung

M2 Mahnverfahren

(•) Auf einen Blick

Den Weg aus der Schuldenfalle prüfen

Private Überschuldung

↓

Ursachen
z. B. Arbeitslosigkeit, Scheidung, schlechte Haushaltsführung

↓ letzter Ausweg

Privatinsolvenz

Argumente dagegen:
- Schutz des Gläubigers wird vernachlässigt
- …
- …
- …

Ablauf
Schuldnerberatung/Verbraucherberatung
↓ erfolglos
Außergerichtlicher Einigungsversuch mit Gläubigern
↓ erfolglos
Gerichtliche Verbraucher-Insolvenz: Verwertung des pfändbaren Vermögens
↓
Abgabe des pfändbaren Einkommens an die Gläubiger
↓
Restschuldbefreiung (nach 6 Jahren)

Argumente dafür:
- ermöglicht einen Neuanfang für den Schuldner
- …
- …

Weiterführende Aufgaben

1. Für welche Zwecke halten Sie Schulden für normal:
- für den Urlaub,
- für ein eigenes Auto,
- für die Einrichtung der ersten Wohnung,
- für ein eigenes Haus?

Begründen Sie Ihre Entscheidung.

2. In Deutschland betrugen in den letzten 10 Jahren die Ausgaben für Grundnahrungsmittel weniger als 15 Prozent des durchschnittlichen Monatseinkommens. Die Zahl der verschuldeten Haushalte ist im gleichen Zeitraum stark gestiegen. Finden Sie dafür eine Erklärung.

3. Erläutern Sie, welche der folgenden Positionen zwangsvollstreckt werden können.
a) Sparguthaben
b) DVD-Player
c) Polstergarnitur
d) Webstühle in einer Weberei
e) Fernsehgerät
f) Anspruch auf Arbeitslosengeld
Begründen Sie.

4. Welche Bedürfnisse werden als Existenzbedürfnisse bezeichnet, welche als Luxusbedürfnisse? Finden Sie dazu aus dem eigenen Leben Beispiele.

Vertragsrecht und Gerichtsbarkeit

Im Möbelgeschäft Kranich …

Laura: „… ich habe vor fünf Monaten bei Ihnen eine Küche gekauft, die mein Freund und ich nach Ihrer Montageanleitung eingebaut haben. Gestern hat sich der Hängeschrank mit der Dunstabzugshaube aus der Halterung gelöst und ist auf den Herd geknallt. Der Schrank mit dem teuren Porzellan, die Dunstabzugshaube und das Ceranfeld sind völlig kaputt. Ein guter Bekannter, der als Schreiner arbeitet, meint auch, dass die mitgelieferten Halterungen bei dem Schrank auf Dauer nicht halten konnten. Ich habe schon mal alles zusammengerechnet. Der Schaden müsste so bei 1500 Euro liegen."

Verkäufer: „… den wir Ihnen erstatten sollen? So einfach geht das nicht. Nach fünf Monaten kommen Sie, um den Schrank zu reklamieren. Bis dahin war alles in Ordnung. Woher sollen wir wissen, was sie alles hineingepackt und noch oben daraufgestellt haben. Und wer sagt uns, ob Sie die Montageanleitung richtig gelesen und alles sachgemäß montiert haben? Bisher hat es bei diesem Küchenmodell noch keine Beanstandungen gegeben. Es tut uns leid, aber mit dem Schaden haben wir nichts zu tun."

Laura: „… wenn das Ihr letztes Wort ist, dann muss die Sache vor Gericht geklärt werden."

Arbeitsauftrag

Unterstützen Sie Laura bei der Durchsetzung ihrer Forderungen gegenüber dem Möbelhaus.
Klären Sie dazu die folgenden Fragen:

1. Wer muss nachweisen, dass ein/kein Sachmangel vorliegt?

2. Welche Rechte kann Laura gegenüber dem Möbelhaus geltend machen?

3. Welche Risiken sind mit einem Streitfall vor Gericht verbunden?

4. Welche Alternativen gibt es anstelle des Gerichtsverfahrens?

Sachmängel geltend machen

Im Kaufvertrag verpflichtet sich der Verkäufer, dem Käufer die Ware ohne Mängel zu übergeben. Dennoch tauchen in der Praxis immer wieder folgende ***Sachmängel*** auf:

- Mangel in der Art: falsche Ware
- Mangel in der Menge: falsche Menge
- Mangel in der Güte: falsche, fehlerhafte Qualität und Beschaffenheit
- Mangel in der Werbung: Ware entspricht nicht den Versprechen in der Werbung.
- Mangel in der Montage: Der Verkäufer hat die Montage falsch durchgeführt.
- Mangel in der Montageanleitung: Die Montageanleitung ist so fehlerhaft, dass der Käufer die Sache nicht montieren kann oder fehlerhaft montiert („Ikea-Klausel").

Rügefristen einhalten

Der Mangel muss vom Käufer innerhalb einer bestimmten Zeitspanne (Rügefrist) angezeigt werden. Ist der Käufer eine Privatperson und kauft er bei einem Unternehmen, spricht man von einem ***Verbrauchsgüterkauf***. Die Rügefrist beträgt zwei Jahre.

Dabei gilt:
Wenn innerhalb der ersten sechs Monate ein Sachmangel auftritt, so kann man unterstellen, dass der Mangel bereits bei der Übergabe vorhanden war (Rückwirkungsvermutung). Der Verkäufer muss nun nachweisen, dass die Ware zum Zeitpunkt der Übergabe mangelfrei war (Beweislastumkehr). In der restlichen Gewährleistungsfrist muss der Käufer beweisen, dass die Ware bereits bei der Übergabe Mängel hatte. Die ***Mängelrüge*** kann formlos erteilt werden.

Zwei Jahre Sachmangelhaftung

erste 6 Monate	letzte 18 Monate
↓ Rückwirkungsvermutung	↓ Käufer trägt die Beweislast
↓ Beweislastumkehr	

Die Rechte des Käufers bei Sachmängeln

Liegt ein Sachmangel vor, hat der Käufer in zwei Stufen folgende Rechte:

Stufe 1:
Nacherfüllung: Der Käufer kann wählen, ob er die Reparatur der Ware verlangt oder Ersatz geliefert bekommen möchte. Die mit der Nacherfüllung verbundenen Kosten, z.B. für Transport, Arbeit oder Material, hat der Verkäufer zu tragen. Klappt die Nacherfüllung nicht, tritt die nächste Stufe in Kraft.

Stufe 2:
Jetzt hat der Käufer folgende Rechte:

Rücktritt vom Kaufvertrag: Der Käufer kann wegen eines Mangels vom Kaufvertrag zurücktreten und erhält, falls die Ware schon bezahlt ist, den Kaufpreis erstattet. Einen Gutschein muss er nicht akzeptieren.

Minderung: Wenn der Käufer die fehlerhafte Ware noch verwenden kann, ist durch eine Einigung mit dem Verkäufer auch eine angemessene Preisminderung möglich.

Ersatz vergeblicher Aufwendungen: Der Käufer kann auf den Schadenersatz verzichten und stattdessen Ersatz für seine vergeblichen Aufwendungen verlangen.

Schadenersatz: Der Käufer kann zusätzlich Schadenersatz verlangen, wenn folgende Vorraussetzungen vorliegen:

- Der Verkäufer hat schuldhaft gehandelt.
- Der Käufer hat eine angemessene Frist zur Nacherfüllung gesetzt und die Frist ist abgelaufen.

Die Gerichtsbarkeit

In einem ***Rechtsstaat*** übernehmen Gerichte die Aufgabe, Rechtsstreitigkeiten zu klären und Rechtsansprüche durchzusetzen. Die Gerichtsbarkeit/***Judikative*** stellt neben der ***Legislative*** und ***Exekutive*** die dritte Gewalt im Staatsaufbau der Bundesrepublik Deutschland dar. → *S. 95* Aufgrund der Vielzahl der Gesetze und der sich daraus ergebenen Rechte und Pflichten haben sich unterschiedliche Gerichte mit unterschiedlichen Aufgaben entwickelt.

Neben der sogenannten ***Ordentlichen Gerichtsbarkeit***, die für Streitigkeiten aus dem Zivil- und Strafrecht zuständig ist, gibt es die ***Besondere Gerichtsbarkeit***, die zuständig ist für
- Streitigkeiten aus Arbeitsverhältnissen (Arbeitsgerichtsbarkeit), → *S. 63*
- Streitigkeiten, die die Sozialversicherungen betreffen (Sozialgerichtsbarkeit),
- Streitigkeiten aufgrund von Verwaltungsakten (Verwaltungsgerichtsbarkeit),
- Streitigkeiten bei Steuerangelegenheiten (Finanzgerichtsbarkeit).

Die ***Zivilgerichtsbarkeit*** ist zuständig für die Entscheidung bürgerlicher Rechtsstreitigkeiten (***streitige Gerichtsbarkeit***) und für die Angelegenheiten der ***freiwilligen Gerichtsbarkeit*** (z. B. die Führung des Grundbuches, Nachlass- und Vormundschaftssachen).

Die Gerichte der streitigen Gerichtsbarkeit entscheiden u. a. über Kaufpreisansprüche, Schadensersatzansprüche und Ehesachen. Zivilgerichte sind die Amtsgerichte, Landgerichte, Oberlandesgerichte sowie in letzter Instanz der Bundesgerichtshof. → *M1* Innerhalb der Zivilgerichte gibt es das Familiengericht und das Insolvenzgericht als spezialisierte Abteilungen.

Zuständigkeit der Gerichte

Verfahren beginnen bei einem Amtsgericht oder bei einem Landgericht in erster Instanz. Das Amtsgericht ist zuständig für Streitigkeiten mit einem Streitwert bis zu 5 000 Euro und unabhängig vom Streitwert u. a. für alle Familiensachen und Mietverträge. Prozesse, für die das Amtsgericht nicht zuständig ist, gehören also zum Landgericht.

Für die ***Berufung*** (zweite Instanz) gegen ein Urteil der ersten Instanz ist das nächsthöhere Gericht zuständig (Ausnahme: In Familiensachen entscheidet in erster Instanz das Amtsgericht, in zweiter Instanz das Oberlandesgericht). Im Berufungsverfahren werden alle Tatsachen nochmals festgestellt, geprüft und rechtlich gewürdigt. Die Revisionsinstanz ist der Bundesgerichtshof (BGH). Die ***Revision*** überprüft die korrekte Anwendung der gesetzlichen Bestimmungen im vorliegenden Fall.

Instanzenweg

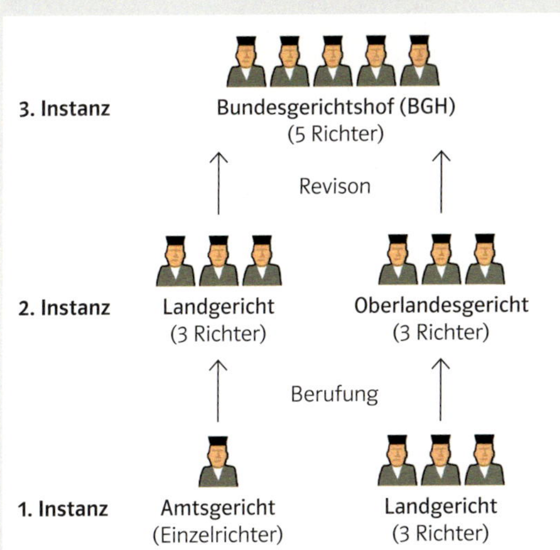

M1 Zivilgerichtsbarkeit

Risiken des Gerichtsverfahrens

Im ***Zivilprozess*** trägt diejenige Partei die Kosten des Rechtsstreits, die den Prozess verloren hat. Das bedeutet, dass die unterlegene Partei die Gerichtskosten, Kosten für Gutachter, Zeugengelder und die gesamten Anwaltskosten übernimmt. Dabei richten sich die Gerichts- und Anwaltskosten nach dem ***Streitwert***. Im Falle eines teilweise gewonnenen Prozesses werden die Kosten im Verhältnis zum Prozessausgang auf beide Parteien verteilt.

Ein Beispiel:
Der Streitwert beträgt 10 000 Euro. Das Gericht erkennt dem Kläger 6 000 Euro zu. Danach hat der Kläger 40 Prozent der gesamten Kosten zu tragen; die anderen 60 Prozent trägt die „unterlegene Partei".

Das Kostenrisiko kann somit Einfluss auf die Entscheidung haben, ein Gerichtsverfahren zu eröffnen. Dabei befinden sich Unternehmen aufgrund ihrer besseren finanziellen Möglichkeiten gegenüber Privatpersonen häufig in einer stärkeren Position.

Für Personen mit niedrigem Einkommen übernimmt der Staat die Kosten (Beratungs- und Prozesskostenhilfe). Die Bewilligung hängt auch von den Erfolgsaussichten ab. Für viele Kläger bedeutet ein Gerichtsverfahren eine starke nervliche Belastung, besonders dann, wenn sich das Verfahren über einen langen Zeitraum erstreckt. → *M2*

Alternativen zur Gerichtsbarkeit

Damit es nicht bei jedem Streitfall zu einer gerichtlichen Auseinandersetzung kommt, haben Handel und Handwerk ***Schiedsstellen*** und ***Schlichtungsstellen*** eingerichtet. Auch im Versicherungswesen gibt es diese Einrichtung. Neutrale Vermittler versuchen, eine Einigung zwischen beiden Parteien zu erreichen. Das Konzept der Streitschlichtung wird auch im Verfahrensrecht für den Zivilprozess übernommen. Bei einem Streitwert von bis zu 600 Euro soll vor Einreichung einer Klage der Versuch unternommen werden, in einem Schieds- und Schlichtungsverfahren eine Einigung zu erzielen. Ebenso wird bei einem Gerichtsverfahren am ersten Verhandlungstermin vom Gericht eine Einigung der Parteien angeregt.

Um seine Forderung durchzusetzen, ist in vielen Fällen die Inanspruchnahme einer ***Rechtsberatung*** sinnvoll. Grundsätzlich ist Rechtsberatung eine Tätigkeit, die den Rechtsanwälten vorbehalten ist. Nach dem Rechtsdienstleistungsgesetz (seit 2008) kann diese Beratung auch von Vereinigungen (Gewerkschaften) und Interessenverbänden (Verbraucherschutzverbände) durchgeführt werden.

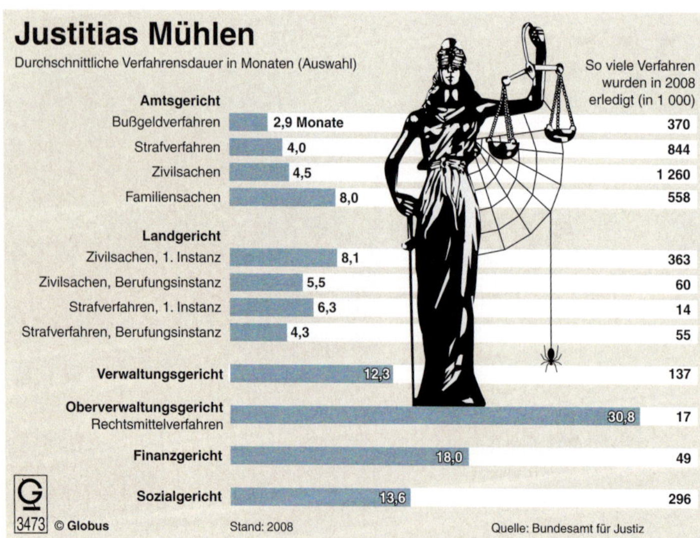

M2 Dauer von Gerichtsverfahren

(•) Auf einen Blick

Als Verbraucher seine Rechte einklagen

Rechtsansprüche des Verbrauchers

Rechte überprüfen → **Gesetzliche Bestimmungen** → **Bürgerliches Gesetzbuch (BGB)**

Rechte des Käufers

1. Stufe
- Nachbesserung
- Ersatzlieferung

2. Stufe
- Rücktritt vom Vertrag
- Minderung des Kaufpreises
- Ersatz erheblicher Aufwendungen
- Schadensersatz

↔ z. B. mangelhafte Lieferung

Rechte einklagen → **Gerichtsbarkeit** → **Zivilgericht**

Instanzen
- Amtsgericht
- Landgericht
- Oberlandesgericht
- Bundesgerichtshof

Risiken
- Prozesskosten
- lange Prozessdauer

Weiterführende Aufgaben

1. Ordnen Sie die folgenden Fälle der jeweiligen Gerichtsbarkeit zu:
a) Diebstahl
b) Kündigung des Arbeitsverhältnisses
c) Kündigung der Mietwohnung
d) Ablehnung eines Kurantrages
e) Schadensersatz wegen Sachbeschädigung
f) Anfechtung des Steuerbescheides
g) Ablehnung eines Bauantrages

2. Erläutern Sie, von welchen Käuferrechten Sie in den folgenden Fällen Gebrauch machen können.
a) Ein Pkw hatte bereits nach einigen Hundert Kilometern Fahrleistung einen Motorschaden, der von der Werkstatt behoben wurde. Wenige Wochen später trat der gleiche Fehler noch einmal auf. Das Fahrzeug wurde ein zweites Mal repariert. Als der Fehler zum dritten Mal auftritt, ist der Käufer mit seiner Geduld am Ende.
b) Ein Pizzaservice liefert anstelle einer Pizza Margarita eine Pizza Calzone aus.
c) Die Verlegung von Rohrleitungen erfolgte so unsachgemäß, dass es bereits nach drei Tagen zu einem Rohrbruch kam und der gerade verlegte Holzfußboden ruiniert wurde.
d) Ein Pkw verbraucht erheblich mehr Benzin als in der Werbung angegeben.

3. Eine römische Juristenweisheit lautet: „Vor Gericht und auf hoher See sind wir in Gottes Hand." Interpretieren Sie diese Aussage.

Verbraucherschutz bei Unternehmenskonzentrationen

Vertiefen
Arbeitsblätter zum Thema
2462hj

Arbeitsauftrag

Bestimmen Sie die Möglichkeiten des Staates und der Verbraucher, die Macht der Unternehmen zu begrenzen.
Bearbeiten Sie dazu die folgenden Aufgaben:

1. Stellen Sie Vermutungen über die Gründe der Unternehmenskonzentration im Einzelhandel an.

2. Bestimmen Sie die Vor- und Nachteile für Verbraucher und Lieferanten aus der Unternehmenskonzentration im Einzelhandel.

3. Auf der Internetplattform Lebensmittelklarheit.de können Kunden sich direkt über Lebensmittelhersteller beschweren. Verantwortlich für das Portal sind der Bundesverband der Verbraucherzentralen und die Verbraucherzentrale Hessen. Auch die betroffenen Firmen können sich dort zu Wort melden.
- Bewerten Sie diese Maßnahme.
- Legen Sie weitere Bereiche fest, in denen Ihrer Meinung nach der Verbraucherschutz nachgebessert werden müsste.

Konkurrenz und Konzentration

Ein gut funktionierender ***Wettbewerb*** gehört zu den Grundprinzipien der sozialen Marktwirtschaft. Unternehmen bestehen am Markt, wenn sie mit ihren Angeboten den Kundenansprüchen (Preis, Qualität, Service usw.) entsprechen. Leistungsschwache Anbieter verschwinden vom Markt, leistungsstarke setzen sich durch.

In den letzten Jahren haben sich viele Unternehmen zusammengeschlossen. Mit dem Ausbau der ***Marktanteile*** erhofft man sich eine Stärkung der Wettbewerbsposition. Weitere Gründe für Unternehmenszusammenschlüsse sind:

- Kostensenkung durch rationellere Produktion (Automation),
- Ausnutzung der Mengenrabatte beim Einkauf größerer Mengen,
- Erweiterung des Warenangebots/Sortiments,
- gemeinsames Nutzen von kostenintensiver Forschung,
- Einsatz modernster Technologie im Bereich der Planung, Steuerung und Kontrolle sowie im Vertrieb,
- Verminderung des unternehmerischen Risikos durch geringere Konkurrenz,
- Erweiterung des Eigenkapitals und somit höhere Kreditwürdigkeit.

Auch im deutschen Lebensmitteleinzelhandel hat es einen Konzentrationsprozess gegeben. → *M1*
Gab es 1999 noch acht große Handelsunternehmen, die einen Marktanteil von 70 Prozent hatten, kommen die vier großen Lebensmittelhändler inzwischen auf einen gemeinsamen Marktanteil von 85 Prozent. So gehören z. B. zur Edeka-Gruppe neben den Edeka-Märkten die Firmen Plus, Netto und Marktkauf; zur Schwarz-Gruppe Handelshof, Kaufland und Lidl.

Von wegen harter Wettbewerb

Ob Aldi, Edeka, Rewe oder Metro – viele Lebensmittelhändler werden […] Post vom Bundeskartellamt bekommen. Der Inhalt: Fragebögen. […] Die Wettbewerbswächter möchten tatsächlich viel wissen. Woher die Händler bestimmte Waren beziehen beispielsweise, was sie dafür bezahlen und welche Sonderregelungen sie möglicherweise mit ihren Lieferanten treffen. Eine solche Aktion starten sie immer dann, wenn sie den Verdacht haben, dass der Wettbewerb in einer Branche nicht ausreichend funktioniert. Dass das im Einzelhandel der Fall ist, scheint auf den ersten Blick abwegig. Belegen nicht zahlreiche Studien, dass nirgendwo in Europa Lebensmittel so preiswert sind wie in Deutschland? Und haben nicht die hierzulande so mächtigen Discounter in den vergangenen zwei Jahren Dutzende Preissenkungsrunden aufgelegt? All das spricht doch für einen lebhaften Wettbewerb, argumentieren die Händler.
Kartellamtschef Andreas Mundt hat eine andere Sicht der Dinge. […] Die Preiskämpfe beschränken sich meist nur auf wenige Artikel: Molkereiprodukte, Schokolade, Fleischwaren […]. Die Konsumforscher GfK haben festgestellt, dass nur in 40 von 275 Produktgruppen im Lebensmittelhandel Preiskämpfe stattfinden. Nicht jeder mag da an Zufall glauben. Außerdem untersucht Mundt die Kräfteverhältnisse bei Verhandlungen zwischen Lieferanten und Handelsketten. Auf der Lieferantenseite […] ständen 5 800 oft mittelständische Firmen. Verhandlungen auf Augenhöhe, das sollen diese Zahlenbeispiele zeigen, seien da wohl weniger zu erwarten.

Stefan Weber, Von wegen harter Wettbewerb (18.02.2011): http://archiv.sueddeutsche.de

M1 Konzentration im Lebensmittelhandel

EU-Kartellausschuss
Zuständige Behörde in Brüssel für Unternehmenszusammenschlüsse innerhalb der EU.

Zusammenschlüsse mit Folgen

Wenn Großbetriebe mit Milliardenumsätzen das Bild einzelner Wirtschaftsbereiche bestimmen, besteht die Gefahr, dass diese Unternehmen, zumindest auf Teilmärkten, marktbeherrschend werden. Sie können z.B. die Preise nach Belieben festsetzen, weil die Konkurrenz fehlt. Außerdem kann die Vielfalt an angebotenen Waren verloren gehen, wenn sich nur noch wenige Unternehmen den Markt teilen. Weiterhin besteht die Gefahr, dass Großunternehmen aufgrund der wirtschaftlichen Macht leichter ihre Interessen gegenüber Lieferanten durchsetzen können. Eine solche Entwicklung soll durch das Gesetz gegen Wettbewerbsbeschränkungen verhindert werden.

Gesetz gegen Wettbewerbsbeschränkungen

Zuständig für die Einhaltung der Bestimmungen ist das ***Kartellamt*** in Bonn. So müssen beabsichtigte Zusammenschlüsse von Unternehmen → *M2* ab einer bestimmten Größenordnung beim Kartellamt angemeldet werden. Zu seinen Aufgaben gehört die ***Fusionskontrolle***.

Außerdem hat das Kartellamt die ***Missbrauchsaufsicht***. Es überwacht marktbeherrschende Unternehmen und achtet darauf, dass keine verbotenen Kartelle entstehen und dass genehmigungspflichtige Kartelle beantragt werden. Dies ist die ***Kartellaufsicht***. Verboten sind Preisabsprachen (Preiskartell), die Aufteilung eines Absatzgebiets (Gebietskartell) und die Vereinbarung über bestimmte Produktionsmengen (Quoten- oder Mengenkartell), um Nachteile für Verbraucher zu verhindern.

Liegt kein spürbarer Nachteil für den Verbraucher und keine Einschränkung des Wettbewerbs vor, sind Ausnahmeregelungen möglich. Dazu zählen u.a. Vereinbarungen,
- die die Warenerzeugung oder Warenverteilung der Mitglieder verbessern,
- die den technischen und wirtschaftlichen Fortschritt fördern,
- die mittelständische Unternehmen zum Zweck der Rationalisierung treffen.

Ein Beispiel: In einer Region können Nachprüfungen für Fahrschüler so von den Fahrschulen geregelt werden, dass zu den einzelnen Terminen jeweils nur eine Fahrschule diese Prüfung anbietet.
Bei Verstößen gegen das Kartellgesetz können Bußgelder verhängt werden. → *M3*

Formen von Unternehmenszusammenschlüssen

Unternehmenszusammenschluss	Selbstständigkeit	
	wirtschaftlich	rechtlich
Kooperation	bleibt erhalten	bleibt erhalten
Konzern	geht verloren	bleibt erhalten
Trust/Fusion	geht verloren	geht verloren

Bei einem Kartell schließen gleichartige Unternehmen sich durch einen Vertrag zusammen. Dabei bleiben sie rechtlich selbstständig, geben aber ihre wirtschaftliche Selbstständigkeit teilweise auf. Das Kartell zählt zu den Kooperationen.

M2 Im Überblick

Mehr Macht für Verbraucherverbände

[...] Verbraucherschützer sollen künftig gegen Kartellsünder klagen können: Wenn Unternehmen mit unerlaubten Absprachen Preise in die Höhe treiben, müssen Verbraucherbände stellvertretend für Millionen Konsumenten gerichtlich dagegen vorgehen können. Zuletzt hatte es spektakuläre Fälle von Kartellverstößen mit Millionenschäden gegeben. So hatte das Kartellamt 2009 die Preisabsprache von mehreren Kaffeeherstellern aufgedeckt, bei dem sich der individuelle Schaden im Centbereich bewegte und eine Klage nicht lohnte. In der Masse der Fälle kassierten die Hersteller aber Millionensummen zu viel. [...]

dis/dpa, Verbraucherschützer sollen klagen können (02.08.2011): http://www.spiegel.de

M3 Verbraucherschutz bei Kartellverstößen

Verbraucherschutz-bestimmungen

Produkthaftungsgesetz (ProdHaftG): Ein Unternehmen haftet nach dem Produkthaftungsgesetz für Schäden, die sein mangelhaftes Produkt beim Verbraucher anrichtet. Gehaftet wird für Konstruktionsfehler, Fabrikationsfehler und Instruktionsfehler (mangelhafte Bedienungsanleitung). Es genügt, wenn durch die Produkte ein Schaden verursacht worden ist: Man spricht von Gefährdungshaftung. Gehaftet wird für Personenschäden und Sachbeschädigung.

Gesetz gegen den unlauteren Wettbewerb (UWG): Kaufleute sollen nach fairen Regeln um Kunden werben. Das UWG verbietet ihnen,
- mit ihren Handlungen gegen die guten Sitten zu verstoßen (keine anreißerische Werbung, nur direkte Werbevergleiche mit Konkurrenten, keine Gewinnspiele mit Kaufzwang),
- irreführende Angaben zu machen (keine falschen Angaben, keine Lockangebote).

Preisangabenverordnung (PAngV):
Wer erwerbs- oder geschäftsmäßig Verbrauchern Waren oder Dienstleistungen anbietet, muss diese mit Preisen auszeichnen. Die Preise sind einschließlich der Mehrwertsteuer und sonstiger Bestandteile anzugeben. Bei der Auszeichnung der Preise müssen die Grundsätze der Preisklarheit und Preiswahrheit beachtet werden.

Widerrufsrecht bei Haustürgeschäften:
Der Käufer kann innerhalb von 14 Tagen schriftlich widerrufen, wenn der Abschluss des Vertrages am Arbeitsplatz oder in der Privatwohnung, durch überraschendes Ansprechen auf der Straße oder in Verkehrsmitteln oder auf einer vom Verkäufer organisierten Veranstaltung („Kaffeefahrt") zustande kam. Die Frist von zwei Wochen verlängert sich auf einen Monat, wenn die Belehrung über das Widerrufsrecht erst nach Vertragsabschluss erfolgte. Wenn der Verbraucher nicht ordnungsgemäß belehrt wird, erlischt das Widerrufsrecht nicht. Ein Recht auf Widerruf besteht nicht, wenn die Kaufverhandlung auf Wunsch des Käufers geführt wurde, er also den Berater bestellt hat; wenn sofort geliefert und gezahlt wird und der Kaufpreis 40 Euro nicht übersteigt.

In Raten zahlen: Bei Teilzahlungsgeschäften (über 200 Euro) muss der Vertrag zwischen Unternehmer und Verbraucher schriftlich abgeschlossen werden und bestimmte Angaben enthalten: Preis, sämtliche Kosten, Ratenzahlung, Fälligkeit, Zinssatz, Belehrung, dass der Verbraucher innerhalb von 14 Tagen schriftlich ohne Angabe von Gründen oder durch Rücksendung der Sache den Vertrag widerrufen kann.
Das Widerrufsrecht gilt ebenfalls beim:
- Verbraucherdarlehensvertrag,
- Ratenlieferungsvertrag (Zeitschriftenabonnements, Mitgliedschaft im Bücherclub).

Fernabsatzverträge und elektronischer Geschäftsverkehr: Dieses Gesetz gilt für Verträge, die unter ausschließlicher Verwendung von Fernkommunikationsmitteln (z. B. Telefon, Internet, aber nicht für Lieferung von Speisen und Getränken) abgeschlossen werden. Der Unternehmer muss dem Verbraucher die Möglichkeit verschaffen, die Vertragsbestimmungen einschließlich der Allgemeinen Geschäftsbedingungen (AGB) abzurufen und auf seinem PC zu speichern. Zudem hat jedes Unternehmen eine Informationspflicht, → M4 z. B. über seine Anschrift oder das Bestehen eines Widerrufs- oder Rückgaberechts. Der Widerruf muss schriftlich innerhalb von 14 Tagen erfolgen.

Online-Shopping

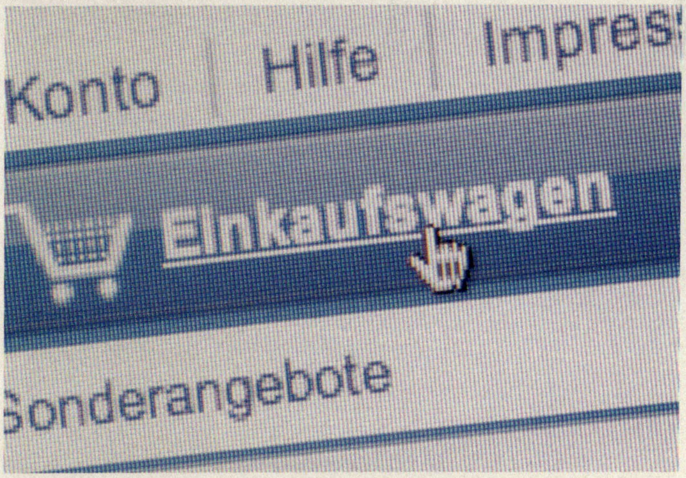

Ein Einkauf im Netz kann teuer werden. Bald soll nur noch der zahlen müssen, der zuvor eindeutig über die Kosten informiert wurde.

M4 Hinweis

Auf einen Blick

Staatliche Maßnahmen für funktionierenden Wettbewerb beschreiben

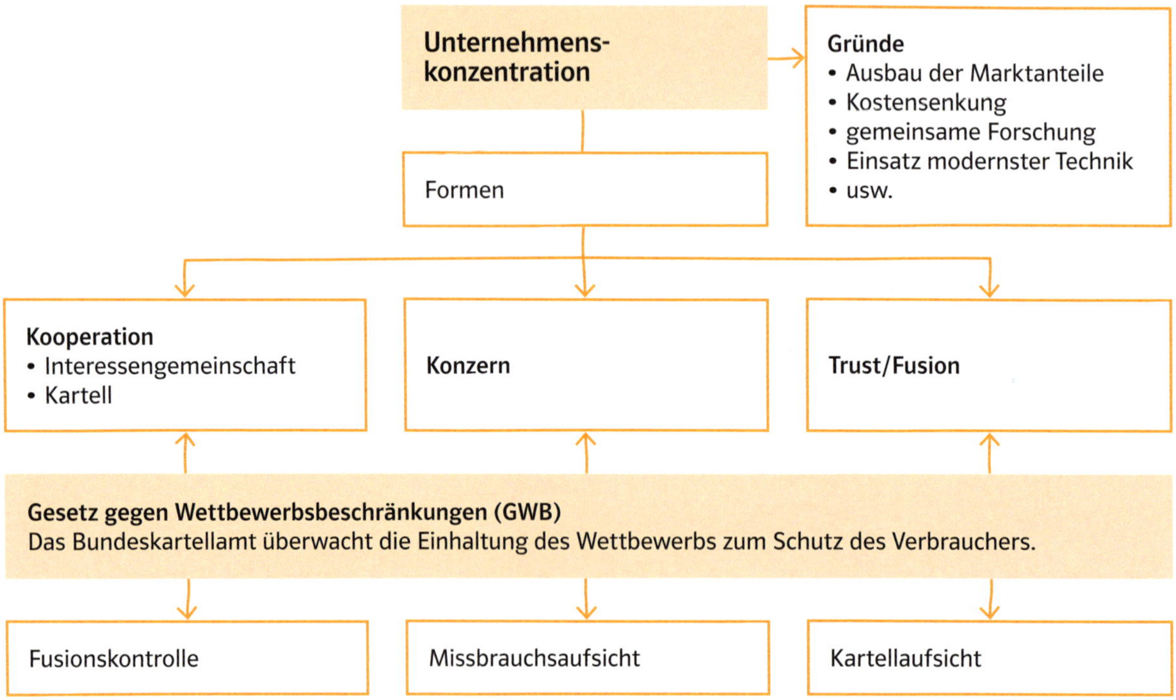

Weiterführende Aufgaben

1. Bestimmen Sie in den folgenden Fällen die Art des Zusammenschlusses:

a) Lebensmittelgeschäft Gerda Marschall wird von einer Supermarktkette aufgekauft und verliert seine rechtliche Selbstständigkeit.

b) Ein Automobilkonzern erwirbt 80 Prozent der Aktien eines Elektrokonzerns.

c) Die Unternehmen Gerber und Schmattke beschließen, gemeinsam ein Prüflabor einzurichten.

d) Die Heizölhändler eines Ortes beschließen einen für alle verbindlichen Verkaufspreis für Heizöl.

2. Bearbeiten Sie die folgenden Fälle:

a) Herr Buchholtz hat aufgrund einer Anzeige des Getränkehandels Scholz dort für seine Gartenparty Bier bestellt. Als er einige Zeit später die Rechnung erhält, stellt er fest, dass er mehr bezahlen soll, weil zu den Preisen in der Anzeige plötzlich noch die Umsatzsteuer (USt) hinzugerechnet wurde. Auf Anfrage erhält Herr Buchholtz vom Getränkehandel Scholz die Auskunft, er hätte wegen des außerordentlich günstigen Preises erkennen müssen, dass es sich um Nettopreise handelte und die Umsatzsteuer natürlich noch dazukomme.
Muss er den höheren Rechnungsbetrag bezahlen?

b) Herr Bähron hat den Vertreter des Möbelherstellers Pieron zu sich nach Hause eingeladen, um sich wegen einer neuen Wohnzimmereinrichtung beraten zu lassen. Am Ende schließt er einen Kaufvertrag ab. Darin ist vereinbart, dass er 30 Tage nach der Lieferung 15 000 Euro zahlen muss. Am nächsten Tag kommen Herrn Bähron Bedenken, ob er dieser Zahlungsverpflichtung nachkommen kann. Er möchte vom Vertrag zurücktreten. Kann er das?

Prüfungsaufgaben

Beispiele

1. Was gilt als oberstes Ziel eines erwerbswirtschaftlich ausgerichteten Unternehmens?

A Steigerung des Umsatzes
B Gewinne erzielen
C Rationalisierung
D Schaffung neuer Arbeitsplätze
E Versorgung der Verbraucher mit Gütern und Dienstleistungen

2. In welcher Unternehmensform haften die Gesellschafter uneingeschränkt und solidarisch?

A OHG
B GmbH
C KG
D AG
E GbR

3. Welche Behauptung über Handwerksbetriebe ist richtig?

A Der Maschineneinsatz ist größer als in Industriebetrieben.
B Die Fertigung im Handwerk ist lohnintensiv.
C Der Kapitalbedarf im Handwerk ist größer als in der Industrie.
D Im Handwerk findet eine weitergehende Arbeitsteilung als in der Industrie statt.
E Industrieunternehmen haben eine engere Kundenbeziehung zum Endverbraucher als Handwerksbetriebe.

4. In welcher Auswahlantwort sind alle drei Abteilungen den Betriebsbereichen richtig zugeordnet? → *Tabelle*

5. Das Kreislaufwirtschaftssystem soll in erster Linie
a) umweltfreundliche Produkte herstellen
b) umweltfreundliche Produktionstechniken anwenden
c) Abfälle vermeiden
d) Rohstoffe der Fertigung wieder zuführen
e) Abfälle verbrennen

6. Bei der Wahl des Standortes können sich die Unternehmen für Deutschland oder das Ausland entscheiden. Welche Entscheidungsfaktoren sprechen für den Standort Deutschland?

A die Höhe der Lohnkosten
B die gute Infrastruktur
C die Verfügbarkeit von ausgebildeten Arbeitskräften
D die geringe Produktivität der Arbeitnehmer
E geringe Umweltschutzauflagen

7. Wodurch lässt sich die Arbeitsproduktivität steigern?

A Einsatz moderner Maschinen
B Einstellung neuer Mitarbeiter
C Herabsetzung der Wochenarbeitszeit
D Lohnerhöhung
E Zahlung einer Sonderprämie

	Einkauf	Fertigung	Absatz
a)	Materialeinkauf	Konstruktion	Werbung
b)	Wareneingangskontrolle	Arbeitsvorbereitung	Materialeinkauf
c)	Vertrieb	Wareneingangskontrolle	Qualitätskontrolle
d)	Arbeitsvorbereitung	Materialeinkauf	Buchhaltung
e)	Personalplanung	Fertigungsplanung	Fertigungskontrolle

Tabelle Aufgabe 4

8. Durch Rationalisierung des Produktionsprozesses möchte man ...
a) die Produktion einschränken
b) Mitarbeiter entlassen
c) Kosten senken und die Leistung steigern
d) die Arbeitsbedingungen verbessern
e) die Lohnkosten senken

9. Unter Finanzierung versteht man:

A Preise kalkulieren
B Investitionen vorbereiten
C Gewinne erwirtschaften
D finanzielle Mittel beschaffen
E Kosten senken

10. Welche Aussage zum Leasing ist richtig?

A Leasing ist ein anderer Begriff für Kredit.
B Leasing ist kostengünstiger als ein Barkauf.
C Der Leasingnehmer wird Eigentümer an dem Leasingobjekt.
D Leasing ist nur etwas für Unternehmen.
E Leasing ist das Mieten und Vermieten von langfristig nutzbaren Gütern.

11. Die Absicherung eines Kredites durch eine Grundschuld erfolgt beim Kauf
a) eines Pkw
b) eines Hauses
c) einer Urlaubsreise
d) einer Wohnungseinrichtung
e) Waschmaschine

12. In welchem der folgenden Fälle ist ein Vertrag zustande gekommen?

A Anfrage – Angebot
B Anfrage – Bestellung
C Anfrage – Annahme
D Bestellung – Bestellungsannahme
E Angebot – Nachfrage

13. Bei einem Kaufvertrag zwischen einem Kaufmann und einer Privatperson gelten die gesetzlichen Bestimmungen des
a) Handelsgesetzbuches
b) Bürgerlichen Gesetzbuches
c) Strafrechts
d) Gewerberechts
e) Grundgesetzes

14. Welche Sonderregelung gilt für Internetangebote?

A Sie müssen nicht an eine bestimmte Person gerichtet sein.
B Die Preise erfolgen nach Vereinbarung.
C Es besteht eine umfassende Informationspflicht über Einzelheiten des Vertrages, Widerrufsrecht usw.
D Der Verkäufer muss sich nicht zu erkennen geben.
E Internetangebote müssen preisgünstiger als andere Angebote sein.

15. Setzen Sie die folgenden Schritte des Mahnverfahrens in die richtige Reihenfolge.

a)	Vollstreckungsbescheid zustellen
b)	Eidesstattliche Versicherung ablegen
c)	Mahnbescheid zustellen
d)	Zwangsvollstreckung durchführen
e)	Versteigerung durch Gerichtsvollzieher
f)	Mahnung schreiben

16. Bei Haustür- und Teilzahlungsgeschäften kann der Kunde innerhalb welcher Frist schriftlich widerrufen?

A 8 Tage
B 14 Tage
C 1 Monat
D 2 Monate
E 3 Monate

17. Ein Unternehmen wird von einem Konkurrenten aufgekauft und verliert seine wirtschaftliche und rechtliche Selbstständigkeit. Wie wird ein solcher Unternehmenszusammenschluss bezeichnet?

A Trust
B Konzern
C Kartell
D Interessengemeinschaft
E Aktiengesellschaft

Wiederholen und Testen
Weitere Beispielaufgaben
32u4kx

5. Demokratie gestalten und vertreten

Recherchieren
Linktipps zum Thema
h358bs

Methode: Ein Thema im Gruppenpuzzle erarbeiten

„Wer steht wofür?"

Die Bundestagsparteien haben zu verschiedenen politischen Problemen unterschiedliche Positionen. Das ist ein wichtiges Merkmal einer funktionierenden Demokratie.

Wer sich zu tagespolitischen Problemen ein eigenes Urteil bilden möchte, für den ist es sinnvoll, sich über die jeweiligen Parteipositionen zu informieren. Wer schon seinen Standpunkt hat, der kann feststellen, welche Partei seiner eigenen Meinung am nächsten steht. Allein Parteiprogramme zu durchforsten ist mühsam – gemeinsam geht es besser. Eine erfolgreiche Methode zur gemeinsamen Informationserarbeitung in der Klasse ist das Gruppenpuzzle.

Beim Gruppenpuzzle wird mit einer doppelten Gruppenstruktur gearbeitet: mit Expertengruppen und mit Stammgruppen. Nachdem sich jeder einen Experten-Standpunkt z. B. zu einer Partei erarbeitet hat, kehrt er in seine Stammgruppe zurück und kann dort sein Wissen einbringen. So können schnell Informationen ausgetauscht und interessant diskutiert werden.

M1 Parteien in Deutschland

Methodenschritte auf einen Blick

1. Problemfindung
- Stammgruppen bilden
- Arbeitsauftrag klären: Problemstellung erfassen
- Grundinformationen lesen

2. Erarbeitung von Teilaspekten
- Expertengruppen bilden: pro Teilaspekt eines Themas je eine Gruppe
- Stammgruppenmitglieder in die jeweiligen Expertengruppen schicken
- Teilaspekte erarbeiten

3. Integration der Teilaspekte zum Gesamtthema
- als Experten in die Stammgruppe zurückkehren
- Kurzvorträge über das jeweilige Spezialthema halten
- das Gesamtthema besprechen und diskutieren

4. Präsentation der Ergebnisse
- Kurzvorträge zum Ergebnis der Gruppenarbeit halten

Im Gruppenpuzzle arbeiten – wie gehen Sie vor?

Wenn Sie sich die Position der Parteien in der Bundesrepublik Deutschland zu einem bestimmten Thema erarbeiten möchten, dann organisieren Sie das Gruppenpuzzle folgendermaßen:

1. Problemfindung
- Stammgruppen bilden, jedes Mitglied erhält eine Zahl bzw. ein Symbol als Experte/Expertin
- Aufgabenstellung:
  - Vergleichen Sie die unterschiedlichen Positionen der Parteien in der Bundesrepublik Deutschland. → *M1*
  - Wählen Sie in der Klasse ein für Sie bedeutsames politisches Thema aus wie „Armut in Deutschland" und erarbeiten Sie sich zunächst gemeinsam einige Grundinformationen.

2. Erarbeitung von Teilaspekten
- Bilden Sie Expertengruppen zu den jeweiligen Bundestagsparteien.
- Machen Sie sich in dieser Arbeitsphase gemeinsam mit den neuen Gruppenmitgliedern zum Experten oder zur Expertin Ihres politischen Themas.
- Halten Sie die Ergebnisse Ihrer Recherche stichpunktartig fest. Diese Dokumentation nehmen Sie anschließend mit zurück in Ihre Stammgruppe.

3. Integration der Teilaspekte zum Gesamtthema

In jeder Stammgruppe sitzt nun mindestens ein Experte oder eine Expertin zu jeder Partei.
- Erklären Sie Ihren Gruppenmitgliedern die Position der Partei, die Sie ausgewählt und erarbeitet haben. Am Ende dieser Informationsphase sollte jedes Gruppenmitglied über jede Partei informiert sein.
- Am Schluss diskutieren Sie, welche Position Sie am meisten überzeugt: Wer nimmt das Thema Armut in Deutschland ernst? Wer hat welche Vorschläge zur Bekämpfung? Wer hat besondere Ideen?
- Begründen Sie Ihre Entscheidung und stellen Sie Ihre Gruppenergebnisse vor.

Die Methode kann für alle Themen genutzt werden, für die umfangreiche Informationen recherchiert werden müssen. Beispielthemen in diesem Buch sind:

Wie funktioniert das Sozialversicherungssystem?
→ *S. 22–24*

Was wollen die Neuen sozialen Bewegungen?
→ *S. 154, 155*

5.1 Wozu sind Parteien und Bürgerinitiativen gut?

Soziale Protestbewegungen

Arbeitsauftrag

Schätzen Sie den Einfluss von sozialen Protestbewegungen wie Bürgerinitiativen auf die Politik ein. Dafür klären Sie am besten zuvor die folgenden Punkte:

1. Welche sozialen Protestbewegungen stecken hinter diesen Logos? Welche sind Ihnen bekannt – woher?
Tauschen Sie Ihre Erfahrungen aus.

2. Was ist eine
- Bürgerinitiative,
- Neue soziale Bewegung,
- Nicht-Regierungsorganisation?

Erläutern Sie die drei Begriffe mit eigenen Worten.

3. Informieren Sie sich über die Geschichte, über die Ziele und einige Aktionen
a) der Anti-Atomkraftbewegung und
b) der Piratenpartei.

4. Überlegen Sie, welchen Einfluss Bürgerinitiativen auf die Politik und auf die öffentliche Meinung haben könnten.

Bürgerinitiativen als direkte Bürgerbeteiligung

Demokratie – das heißt: Herrschaft des Volkes. Es gibt immer Menschen in unserer Demokratie, die diese Staatsform wörtlich und ganz persönlich nehmen. Sie engagieren sich vor Ort. Sie gründen Bürgerinitiativen gemeinsam mit anderen, die meinen, es müsse etwas verhindert oder angestoßen werden. Dabei entstehen spontane und lockere Zusammenschlüsse von Bürgerinnen und Bürgern, die sich z. B. für Spielplätze und verkehrsberuhigte Straßen oder gegen den Ausbau von Flughäfen oder Industrieanlagen einsetzen. Ist ihr Anliegen erreicht oder endgültig gescheitert, lösen sich diese Bürgerinitiativen wieder auf.

In ***Bürgerinitiativen*** finden sich Anhänger verschiedener politischer Richtungen. Sie werden auf Gemeindeebene häufig von Vereinen, Verbänden und Parteien unterstützt. Diese helfen bei der Öffentlichkeitsarbeit, bieten organisatorische Hilfestellung und hoffen neben dem Erfolg der Aktion auch darauf, für ihren Verein oder ihre Partei zu profitieren. Solche Bündnisse helfen häufig beiden Seiten. → *M1*

Immer mehr Bürgerinitiativen

Die Zahl der Bürgerinitiativen in Deutschland lässt sich heute nicht genau feststellen. Spitzenschätzungen gehen von ca. 50 000 Gruppierungen mit etwas 1,5 Millionen Mitgliedern aus. Darüber hinaus ist über die Hälfte der Bevölkerung nach Umfragen bereit, wenn es nötig wäre, in einer Bürgerinitiative mitzumachen. Das sagt allerdings noch nichts über die tatsächliche Aktivität aus. Noch deutlicher wird das hohe Ansehen von Bürgerinitiativen, wenn man die Bürgerinnen und Bürger fragt, wem sie zutrauen, die Probleme der Zukunft zu lösen. Oft trauen sie den Engagierten vor Ort mehr zu als den gewählten Abgeordneten in den Parlamenten.

Die meisten Bürgerinnen und Bürger engagieren sich in Initiativen, wenn sie direkt betroffen sind, insbesondere wenn es sich um Themen aus ihrem direkten Wohnumfeld handelt. Andere setzen sich in Bürgerinitiativen für Menschen ein, die selbst nur schwer in der Lage sind, für ihre Interessen zu kämpfen, wie Obdachlose oder Flüchtlinge. Es gibt aber auch eine wachsende Zahl von Menschen, die aus grundsätzlichen und politischen Motiven heraus aktiv werden. Sie engagieren sich, weil sie es für unverantwortlich halten, den nachfolgenden Generationen zahlreiche, schwer lösbare Probleme aufzuhalsen.

Aktiv in der Umweltpolitik

Die Bürgerinitiative Umweltschutz e. V. (BIU) in Hannover ist eine parteiunabhängige Initiative, die mit ihrem Engagement für die Umwelt aktiv in die hannoversche Stadtpolitik eingreift.

Die BIU besteht als eingetragener Verein seit 1971. Unsere Geschäftsstelle ist das erste Umweltschutz-Zentrum, das in der Bundesrepublik entstand.

Die BIU setzt Schwerpunkte

- Konzepte zur ökologischen Stadtentwicklung
- Ausbau der oberirdischen Stadtbahn, Förderung des Fahrradverkehrs, Verkehrsberuhigung in den Stadtteilen
- Müllvermeidung, ökologisch verträgliche Abfallentsorgung
- kommunale Energiepolitik und Klimaschutz
- Ausstieg aus der Atomenergie, Reaktor(un)sicherheit

Die Bürgerinitiative Umweltschutz e. V. wird seit 1973 von der Landeshauptstadt Hannover institutionell gefördert.

© Bürgerinitiative Umweltschutz e. V. (BIU), Hannover (05.11.2011): http://www.biu-hannover.de/

M1 Bürgerbeteiligung

Protest in Gorleben

1.5.1980

23.11.2011

Die Anti-Atomkraftbewegung in Deutschland verändert Politik

1950	erste Pläne der Bundesregierung zur friedlichen Nutzung der Atomenergie als Energie der Zukunft
1975	erste große Demonstration von 28 000 Menschen gegen den Bau eines Atomkraftwerkes in Wyhl/Baden-Württemberg, das Kernkraftwerk wird dort nicht gebaut
Ende der 70er-Jahre	Planung und Bau von Atomkraftwerken an zahlreichen Standorten, die wachsende Bewegung gegen Atomkraft organisiert sich zusehends sowohl vor Ort in Bürgerinitiativen als auch bundesweit, z. B. im Bundesverband Bürgerinitiativen Umweltschutz, starke Auseinandersetzungen in Brokdorf und Grohnde
80er-Jahre	heftige Proteste in Bayern gegen die Errichtung der Wiederaufbereitungsanlage Wackersdorf, die Pläne werden schließlich von den Betreibern aufgegeben
	Beginn der Probebohrungen für ein Endlager in Gorleben, die Anti-AKW-Bewegung konzentriert sich auf den Widerstand gegen dieses Endlager, ein Hüttendorf und die Gründung der sogenannten Republik Freies Wendland mobilisieren die Menschen vor Ort, aber auch bundesweit
1980	Gründung der Partei Die Grünen, die sich den Kampf gegen die Kernenergie auf die Fahnen schreibt und teilweise aus der Bewegung hervorging
1986	Havarie und Kernschmelze im Kernkraftwerk Tschernobyl/heutige Ukraine, Tausende Tote, verseuchtes Umland, eine radioaktive Wolke erreicht auch Westeuropa, Angst und Ablehnung der Atomenergie wachsen
1998	eine rot-grüne Bundesregierung leitet den Ausstieg aus der Atomenergie ein: die bestehenden Atomkraftwerke sollen nach einer befristeten Laufzeit vom Netz genommen werden
2010	eine schwarz-gelbe Bundesregierung nimmt die Beschlüsse teilweise zurück: Kernkraftwerke, die vor 1980 errichtet wurden, dürfen bis zu acht Jahren weiter betrieben werden, jüngere erhalten eine um 14 Jahre verlängerte Laufzeit, diese Beschlüsse mobilisieren die Anti-AKW-Bewegung erneut und führen zu zahlreichen lokalen, regionalen und bundesweiten Aktionen
2011	Als am 11. März durch das schwere Erdbeben in Japan die Reaktoren des Atomkraftwerks Fukushima/Japan außer Kontrolle geraten, vervielfachen sich die Proteste, und die Bundesregierung sieht sich gezwungen, die im Herbst 2010 beschlossene Laufzeitverlängerung rückgängig zu machen und den endgültigen Ausstieg aus der Atomenergie zu planen.

M2 Aus der Geschichte der Anti-Atomkraftbewegung in Deutschland

Neue soziale Bewegungen

Viele Initiativen haben sich bundesweit zusammengeschlossen – z. B. im Bund für Umwelt und Naturschutz (BUND). Diese Umweltorganisationen bilden zusammen den Bundesverband Bürgerinitiativen Umweltschutz. Damit geben sich gegenwärtige und zukünftige Bürgerinitiativen eine dauerhafte Organisation. Sie arbeiten professioneller als zuvor und können von ihren gegenseitigen Erfahrungen profitieren.

Die Vielzahl der Initiativen, die aus der Gesellschaft heraus entstanden sind, ist keine vorübergehende Erscheinung. Für sie hat sich die Bezeichnung ***Neue soziale Bewegungen*** eingebürgert.

Im Brennpunkt ihrer Aktivitäten stehen die Themen der Ökologie und des Kampfes gegen die Atomkraft, der Frieden und die Abrüstung, Elend und Hunger in der Dritten Welt, aber auch die Forderung nach mehr Bürgerbeteiligung und die Suche nach selbstbestimmten Arbeits- und Lebensformen außerhalb der normalen Gesellschaft. Sie engagieren sich
- im Umweltschutz,
- in der sozialen Arbeit,
- in der Anti-Atomkraftbewegung,
- in der Frauenbewegung,
- für den Schutz der Menschenrechte,
- für bedrohte Tiere und
- im Kampf gegen eine zügellose Globalisierung.

Bekannt wurden diese Neuen sozialen Bewegungen durch unkonventionelle und öffentlichkeitswirksame Aktionen, mit denen sie ihre Kritik deutlich machen. So haben die Atomkraftgegner in Gorleben in den 1980er-Jahren ein Hüttendorf errichtet, → *M2* Greenpeace kapert heute Schiffe oder rußende Schornsteine.

Besonders interessant an diesen Bewegungen ist ihre innere Struktur. Im Unterschied zu Parteien haben sie eine netzwerkartige Organisationsform, sie sind also meist lokal organisiert und haben nicht unbedingt einen starren hierarchischen Aufbau. Sie bilden lockere Gruppen, die sich auch übernational vernetzen, wie die globalisierungskritische Attac- oder die Occupy-Bewegung. Die Mitgliedschaft in diesen Bewegungen ist weniger eindeutig (formell) als in einer Partei.
Man kann sich hier spontan für einen besonderen Zweck oder auf bestimmte Zeit mit einem bestimmten Ziel engagieren. Damit ist nicht zugleich ein Bekenntnis zu einer politischen Partei verbunden.

Neue Parteien

Zunächst wandten sich die Neuen sozialen Bewegungen scharf gegen die etablierten Parteien. Doch seit den 1980er-Jahren verwischten sich diese Grenzen, vor allem mit dem Aufkommen der Partei Die Grünen. Denn in dieser Partei sammelten sich diejenigen Anhänger der Neuen sozialen Bewegungen, die Einfluss auf die Parlamente nehmen wollten.

Auch die ***Piratenpartei*** begann als Neue soziale Bewegung. Die „Piraten im Netz“ wollen die ***Bürgerrechte*** in der Informationsgesellschaft stärken – vor allem durch eine Reform des ***Urheberrechts***. Sie plädieren für
- einen freien Informationsaustausch im Internet,
- für ***informationelle Selbstbestimmung*** (Datenschutz und Privatsphäre) und
- für mehr direkte Demokratie.

Inzwischen erschließen sie sich weitere politische Themen aus den Bereichen Bildung, Umwelt- und Verbraucherschutz.

Öffentliche Aufmerksamkeit erregten die Piraten, als sie sich für die Legalisierung des ***Filesharing*** von Dateien in sozialen Netzwerken einsetzten und eine Abmahnung wegen illegalen Uploads von Musik erhielten. Positiv wahrgenommen wurden z. B. die Musik-Piraten, die für Kindergärten kostenlose digitale Liederbücher organisierten, oder die Anti-Atom-Piraten wegen ihrer seriösen Berichterstattung im Internet während der Atomkatastrophe in Fukushima.

Filesharing
Bezeichnet das direkte Weitergeben von Dateien zwischen Benutzern des Internets unter Verwendung eines Peer-to-Peer-Netzwerks.

Nicht-Regierungsorganisationen

Als ***Nicht-Regierungsorganisationen*** (englisch abgekürzt ***NGOs***) treten Zusammenschlüsse wie Greenpeace, Amnesty International, Human Rights Watch, Attac oder die kirchlichen Hilfswerke „Misereor" und „Brot für die Welt" weltweit gegenüber Regierungen auf. Manche von ihnen sind auch Ansprechpartner oder Teilnehmer auf internationalen Zusammenkünften wie den UN-Weltklima-Konferenzen. Ihr Ziel ist es, als gesellschaftliche Gruppen auf das internationale Geschehen in den Bereichen Einfluss zu nehmen, in denen sie in den einzelnen Ländern selber tätig sind.

Weitere Aktionen der NGOs reichen von der Öffentlichkeitsarbeit mit Informationsbroschüren und Pressekonferenzen über Lobby-Arbeit in den politischen Gremien und Institutionen → *S. 31* und eigene Hilfsprogramme bis hin zu spektakulären Protestaktionen. So hat besonders Greenpeace immer wieder mit Besetzungen von Bohrinseln im Meer und Schiffsblockaden gegen gefährliche Umweltbelastungen Aufmerksamkeit erregt.

Was als spontane lokale Aktion vor einigen Jahrzehnten begann, zeigt sich heute in den Neuen sozialen Bewegungen als eine starke „dritte Kraft" der politischen Beteiligung – neben Parteien und Interessenverbänden.

NGOs als Wirtschaftsunternehmen

Einige der NGOs sind heute selbst Wirtschaftsunternehmen. Sie wollen aufzeigen, dass umweltgerecht und nachhaltig produziert und konsumiert werden kann. So bietet Greenpeace Strom an, der nicht aus Atomkraftwerken kommt, und der BUND hat ein umfangreiches Angebot an umweltverträglichen Produkten in seinem Versandhandel. → *M3* Oft engagieren sich die Mitarbeiter dabei ehrenamtlich, und die Gewinnspannen sind gering, oder Erlöse werden wiederum in soziale Projekte gesteckt. Doch verliert sich die eigentliche politische Idee nicht durch die wirtschaftsorientierten Tätigkeiten?

Nachhaltig einkaufen

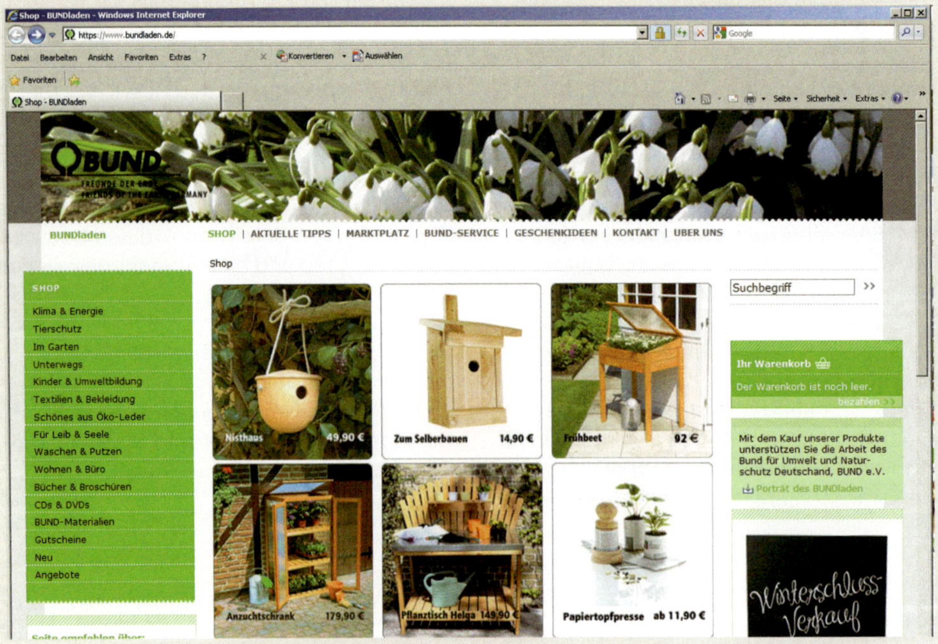

M3 Screenshot: www.bundladen.de (Stand 29.05.2012)

(•) Auf einen Blick

Den politischen Einfluss von Protestbewegungen charakterisieren

Direkte Beteiligung von Bürgerinnen und Bürgern bei der Lösung regionaler und überregionaler Probleme

Regionale, zeitlich begrenzte Zusammenschlüsse von Bürgerinnen und Bürgern (Bürgerinitiativen)

Anliegen z. B.:
- Verhinderung des Baus einer Müllverbrennungssanlage
- Schaffung einer Verkehrsberuhigung im Stadtteil

z. B.:
- Bäuerliche Notgemeinschaft im Wendland (gegen das Atomlager Gorleben)

Überregionale und längerfristige Zusammenschlüsse von Bürgerinnen und Bürgern (Nicht-Regierungsorganisationen)

Anliegen z. B.:
- Umweltschutz
- Armutsbekämpfung

z. B.:
- Amnesty International (gegen Menschenrechtsverletzungen weltweit)
- Greenpeace (weltweite Umweltschutzorganisation)

Weiterführende Aufgaben

1. Sehen Sie in Bürgerinitiativen und Neuen sozialen Bewegungen eine Stärkung oder eine Schwächung der Demokratie in Deutschland? Begründen und diskutieren Sie Ihre Standpunkte.

2. Informieren Sie sich über Ziele und Inhalte möglicher Bürgerinitiativen vor Ort.

3. Diskutieren Sie, inwiefern Sie selbst sich in einer Neuen sozialen Bewegung bzw. einer regionalen Bürgerinitiative engagieren würden.

4. Projektidee: Planen Sie die Gründung einer Bürgerinitiative für ein lokales politisches Projekt.

Rolle der Parteien in einer Demokratie

Standpunkte vertreten
Diskussionspapiere
6si5j7

Arbeitsauftrag

**Erläutern Sie, welche Rolle Parteien in unserer Demokratie spielen.
Und so können Sie dabei vorgehen:**

1. Beschreiben Sie am Beispiel der Diskussion über Atomenergie das Verhältnis zwischen dem, was die Bürger wollen, und dem, was die Parteien machen. Ist das Beispiel typisch?

2. Informieren Sie sich darüber, welche Aufgaben Parteien in einer repräsentativen Demokratie haben. Machen unsere Parteien ihre Sache gut?

3. In einer Bürgerinitiative mitmachen oder in eine Partei eintreten: Wo, finden Sie, hat man mehr Möglichkeiten, etwas zu verändern oder mitzugestalten? Begründen Sie Ihren Standpunkt.

Wie herrscht das Volk?

Mit dem Satz „Alle Staatsgewalt geht vom Volke aus" (Art. 20 GG) legt das Grundgesetz die ***Demokratie*** als Staatsform bei uns für immer fest. Das Volk selbst soll über sich bestimmen. Aber wie kann das funktionieren?

Es gibt verschiedene Formen politischer Beteiligung:

die direkte Demokratie, in der alle wahlberechtigten Bürgerinnen und Bürger unmittelbar über Sachfragen entscheiden und

die repräsentative Demokratie, in der politische Entscheidungen von Abgeordneten getroffen werden, die von den Bürgerinnen und Bürgern gewählt wurden.

Die erste Demokratie in Deutschland, die Weimarer Republik, scheiterte, weil eine rechtsradikale Partei, die NSDAP, einen Führer-Staat errichtete und sich dabei direkt auf den Willen des Volkes berief. Damit etwas Ähnliches nicht wieder passiert, schrieben die Verfasser des Grundgesetzes den Deutschen eine repräsentative Demokratie vor, in der die obersten politischen Instanzen (Bundespräsident, Bundeskanzler und Bundesregierung) nicht mehr direkt, sondern von Abgeordneten gewählt werden. Diese sind meist in Parteien organisiert.

Wie verhindern wir Machtmissbrauch?

Das Volk überträgt seine Macht in der repräsentativen Demokratie gewählten Abgeordneten (Volksrepräsentanten in Parlamenten). Damit diese ihre Macht nicht missbrauchen, sind Regeln nötig.

Diese Regeln lauten:
- Die Personen, die das Volk vertreten, werden durch allgemeine Wahlen bestimmt.
- Die Macht wird ihnen nur für eine bestimmte Zeit übertragen. In überschaubaren Abständen (meist 4 bis 5 Jahre) werden neue Vertreterinnen und Vertreter gewählt.

Die Abgeordneten werden sozusagen an einer langen Leine geführt, die alle vier bis fünf Jahre eingeholt wird. Das eröffnet den Wählern die Möglichkeit, Abgeordnete bzw. eine Partei abzuwählen, wenn ihre Arbeit nicht überzeugt oder sie den Erwartungen der Wähler anderweitig nicht entsprechen. Dies zwingt Abgeordnete auch dazu, den Wählern von ihrer Arbeit zu berichten und sie von den eigenen Leistungen zu überzeugen.

Machtzentrale Bundestag

Der ***Bundestag*** ist die einzige staatliche Institution auf Bundesebene, die direkt vom Volk gewählt wird. Die Personen zu wählen, die an der Spitze des politischen Systems stehen, ist nicht die Aufgabe des Volkes. Die Bundestagsabgeordneten wählen
- den ***Bundeskanzler***: mit der Mehrheit der Bundestagmitglieder,
- die Hälfte der Mitglieder des ***Bundesverfassungsgerichts*** und
- den ***Bundespräsidenten*** (zusammen mit einer gleich großen Anzahl von Vertretern der Länder).

Der Bundestag (***Legislative***) ist also die politische Schaltstelle, die die Personen bestimmt, die an der Spitze der Regierung (***Exekutive***) und der Gerichtsbarkeit (***Judikative***) stehen. Das ist typisch für eine ***parlamentarische Demokratie.*** → S. 95

M1 Abgeordnete unter Aufsicht des Volkes?

Kontrolle durch Opposition

Die Mehrheit der Bundestagsabgeordneten arbeitet mit der Bundesregierung Hand in Hand, schließlich haben sie mit ihrer Mehrheit den Kanzler gewählt. Diese Abgeordneten sehen ihre Aufgabe darin, die Regierung zu unterstützen: bei der Gesetzgebung, aber auch bei Debatten im Bundestag.

Die Minderheit im Bundestag kann ihre politischen Ziele nicht gegen den Willen der Regierungsmehrheit durchsetzen. Ihre Tätigkeit besteht darin, als ***Opposition*** die Regierung zu kritisieren, zu kontrollieren und Alternativen anzubieten.

Die Opposition wendet sich dabei an die ***Öffentlichkeit***, denn ihr Ziel ist es, bei den nächsten Wahlen mehr Stimmen zu gewinnen. Dazu muss sie im Streit mit der Regierung um die richtige Politik das Interesse der ***Massenmedien*** wecken und bei der Bevölkerung Punkte machen.

Wozu eigentlich Parteien?

Grundsätzlich haben Parteien die Aufgabe nach Art. 21 (1) des Grundgesetzes, bei der ***politischen Willensbildung*** des Volkes mitzuwirken. Um diese Aufgabe auch finanziell abzusichern, erhalten die Parteien in Deutschland vom Staat finanzielle Unterstützung. Sie sind also nicht allein auf Spenden und Mitgliedsbeiträge angewiesen und damit nicht abhängig von ihren Mitgliedern und Spendern, sondern erhalten Zuschüsse und eine Erstattung von ***Wahlkampfkosten***.

Das ***Parteiengesetz*** beschreibt die Aufgaben der Parteien im Einzelnen so:
Parteien

- formulieren ihre Ziele in Parteiprogrammen,
- beteiligen sich an Wahlen und stellen dafür Kandidaten auf,
- nehmen Einfluss auf die Politik in den Parlamenten,
- werben für ihre Ziele in der Öffentlichkeit,
- beteiligen die Bürgerinnen und Bürger aktiv an der Politik und regen sie an, politische Ämter zu übernehmen,
- vermitteln zwischen der Politik im Staat und der Bevölkerung.

In heutigen Demokratien sind die Abgeordneten meist in Parteien organisiert. Die Wählerinnen und Wähler orientieren sich heute immer noch bei ihrer Stimmabgabe mehr an der Beliebtheit der jeweiligen Partei und ihren Zielen als an der Persönlichkeit der aufgestellten Kandidaten.

In Deutschland regieren mehrere Parteien gemeinsam, weil keine Partei allein eine Mehrheit im Bundestag erreicht. Die Abgeordneten bilden im Bundestag deshalb Bündnisse, sogenannte ***Koalitionen*** ihrer Parteien.

In Parteien mitarbeiten – lohnt sich das?

Wer wählt, kann auswählen zwischen verschiedenen Parteiprogrammen und den dazugehörenden Kandidaten-Listen der Parteien. Auf die Programme und die Personen, die von den Parteien angeboten werden, kann allerdings nur Einfluss nehmen, wer Mitglied einer Partei wird. Das wollen offenbar aber immer weniger Bürgerinnen und Bürger.

Sie sehen die Parteien als zu starre und behäbige Organisationen an. Einige bemängeln die innerparteilichen „Seilschaften". Doch in den Parteien gilt immer noch der ***Grundsatz der innerparteilichen Demokratie***, das heißt: Die Mitglieder haben die Möglichkeit, die politischen Ziele und Programme der Partei, das Führungspersonal und die Wahlkandidaten der Partei mitzubestimmen. Das gilt auf allen Ebenen der Parteiorganisation, wobei die Willensbildung von unten nach oben stattfindet: von den Ortsverbänden über die Kreisverbände zu den Landesverbänden und dem Bundesverband. In Einzelfällen haben Parteien ihre Mitglieder auch direkt an wichtigen Entscheidungen beteiligt. Diese Möglichkeiten werden auf Grund der abnehmenden Beteiligung der Bürger an der Parteiendemokratie zur Zeit ausgeweitet.

Knapp 3 Prozent der Bevölkerung sind in Deutschland Mitglied einer Partei, mit sinkender Tendenz. Sorge macht den Parteien auch, dass sie viele alte und wenige junge Mitglieder haben. Wenn immer weniger Menschen in Parteien mitarbeiten möchten, können diese schließlich die politische Meinung der Bevölkerung nicht mehr repräsentieren.

Politik ohne Jugendliche?

In keiner anderen Altersgruppe ist die Wahlbeteiligung so niedrig wie bei den Jungwählern. Viele junge Menschen vertrauen den Parteien sowie den Politikerinnen und Politikern nicht mehr. Und umgekehrt sind die politischen Akteure zum Teil enttäuscht von der Jugend.

Wer sich nicht beteiligt, kann allerdings die politische Richtung nicht aktiv mitbestimmen. Verantwortung tragen kann nur, wer Ämter übernimmt. Das ist in Parteien nicht anders als in Vereinen und Verbänden.

Wollen junge Menschen keine Verantwortung mehr übernehmen? Für sich nicht, für ihre eigenen Interessen oder für andere? Nur Fun und Action? Oder denken sie nur an die Karriere und den eigenen Vorteil? Oder sind ihnen die Politiker und die Parteien zu zerstritten und unwillig, tatsächlich Reformen zu verwirklichen?

Auf diese Fragen gibt es viele Antworten. Eine Jugendstudie kommt zu dem Ergebnis, dass sich viele junge Menschen von den Parteien und den Politikerinnen und Politikern schlecht vertreten fühlen: Es gebe Politik über Jugendliche statt Politik mit Jugendlichen.

Ein Teil der Jugendlichen engagiert sich lieber in Vereinen, Projekten oder Bürgerinitiativen mit konkreten politischen Zielen. Ein anderer Teil der Jugendlichen zeigt tatsächlich hohes Desinteresse an Politik.

Pro und Kontra Bürgerinitiativen

Bürgerinitiativen zeigen ungewöhnliche Lösungen in politischen Streitfragen.

Bürgerinitiativen benennen Probleme, die die Politikerinnen und Politiker verschlafen haben, und zeigen, wo die Bürgerinnen und Bürger der Schuh drückt.

Bürgerinitiativen führen zu unnötigem Streit und verhindern oder verzögern notwendige Entscheidungen.

Die wichtigen politischen Entscheidungen sollen im Gemeinderat fallen und nicht auf der Straße.

Politische Beteiligung

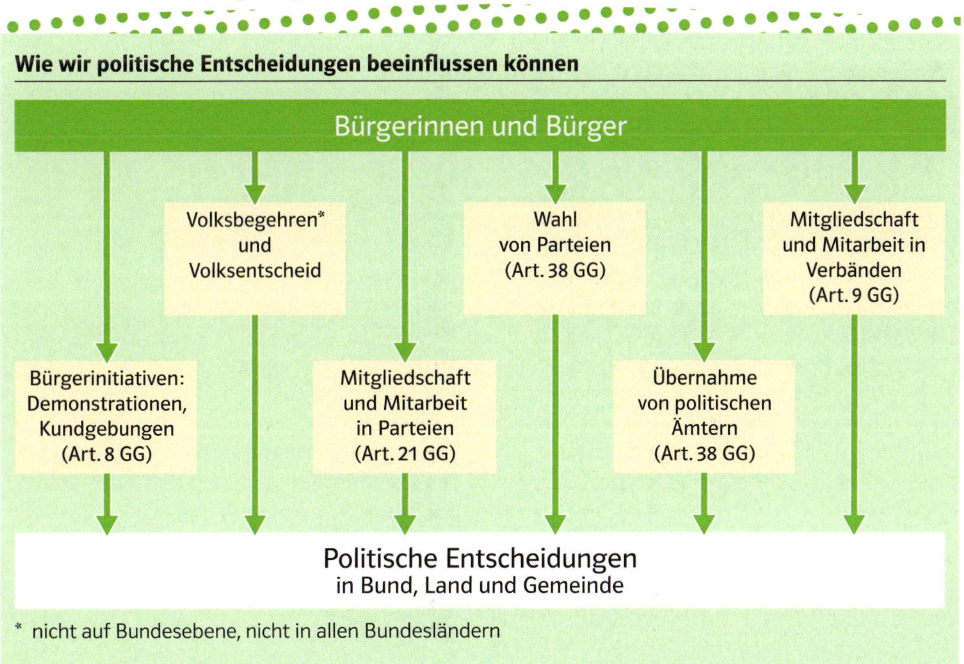

(•) Auf einen Blick

Die Rolle der Parteien in einer repräsentativen Demokratie bestimmen

Repräsentative Demokratie

↓

Volksherrschaft durch **gewählte Repräsentanten in Parlamenten**

- Sie diskutieren und entscheiden über Gesetze zur Gestaltung von Wirtschaft und Gesellschaft.
- Repräsentanten/Abgeordnete sind meist Mitglied einer Partei.

Parteien

↓

Die Parteien tragen bedeutend zur politischen Willensbildung und zur Gestaltung des politischen Systems bei, indem sie

- ihre politischen Ziele in Parteiprogrammen formulieren,
- für ihre Ziele in der Öffentlichkeit werben,
- sich an Wahlen beteiligen und dafür Kandidaten aufstellen,
- Einfluss auf die Politik in den Parlamenten nehmen,
- die Bürgerinnen und Bürger aktiv an der Politik beteiligen und dazu anregen, politische Ämter zu übernehmen,
- zwischen der Politik im Staat und der Bevölkerung vermitteln.

Weiterführende Aufgaben

1. Wie können die Bürger in einer Demokratie politische Entscheidungen beeinflussen? Informieren Sie sich mit M3 und erstellen Sie eine persönliche Rangfolge nach Wichtigkeit.

2. Machen Sie begründete Vorschläge dazu, wie Parteien für junge Menschen interessanter werden könnten.

3. Projektidee:
Laden Sie einen Experten oder eine Expertin, z. B. Vertreterinnen und Vertreter der Jugendorganisationen der Parteien ein und diskutieren Sie mit ihnen über die Rolle der Parteien in Ihrer Gemeinde oder Stadt. Berücksichtigen Sie z. B. Fragen nach Aktivitäten, Mitgliedern, Kandidaten.

Volksentscheid – pro und kontra

Arbeitsauftrag

Entscheiden Sie, ob und in welcher Form Bürgerinnen und Bürger direkt an politischen Entscheidungen in unserer Demokratie beteiligt werden sollen. Die folgenden Teilaufgaben führen Sie zu Ihrer Entscheidung.

1. Unterscheiden Sie repräsentative und direkte Demokratie voneinander.

2. In modernen Demokratien werden verschiedene Formen der Bürgerbeteiligung miteinander vermischt – warum? Stellen Sie Vermutungen an.

3. Informieren Sie sich am Beispiel des Bahnprojekts Stuttgart 21 über die Verfahren der Schlichtung und des Volksentscheids.

4. Stellen Sie Argumente für und gegen einen Volksentscheid, die Sie für wichtig halten, stichpunktartig in einer Übersicht einander gegenüber.

Direkte Demokratie in der repräsentativen Demokratie

Im alten Griechenland bestimmten die Bürger direkt über alle wichtigen öffentlichen Entscheidungen – dieses Bürgerrecht besaßen allerdings nur wenige Tausend Männer in den antiken Stadtstaaten.

Stuttgart 21
aus dem Schlichterspruch vom 30.11.2010:

„Einer der Hauptgründe für das Misstrauen gegenüber der Politik ist die wachsende Undurchschaubarkeit der politischen und ökonomischen Vorgänge, wie sie sich in der zurückliegenden Finanzkrise gezeigt hat. Die totale Öffentlichkeit und Transparenz des Schlichtungsverfahrens sollte die Gegenposition zu praktizierter Geheimhaltung und Konservierung von Herrschaftswissen bilden. Die Schlichtungen wurden daher jeweils von Anfang bis zum Ende live im Fernsehen übertragen und ins Internet gestellt. [...] In der Presse, aber auch in den Parlamenten und Regierungen außerhalb von Baden-Württemberg wurde die Frage gestellt, ob die Bürger in Zukunft der Regierung und den Parlamenten nachträglich in die Parade fahren dürfen und dadurch die repräsentative Demokratie gefährden. Dies ist eine berechtigte Frage, aber in der Zeit der Mediendemokratie, mit Internet, Facebook, Blogs, einer Billion Webseiten und der Organisation von Zehntausenden Menschen per Mausklick kann die Demokratie nicht mehr so funktionieren wie im letzten Jahrhundert. Die Zeit der Basta-Politik ist vorbei, auch Parlamentsbeschlüsse werden hinterfragt, vor allem wenn es Jahre dauert, bis sie realisiert werden. Sie müssen jedenfalls in dieser Zeit immer wieder begründet und erläutert werden. [...] Wir brauchen nach meiner Auffassung in Deutschland eine Verstärkung der unmittelbaren Demokratie."

Heiner Geissler, Schlichtung Stuttgart 21 PLUS (30.11.2010): http://www.schlichtung-s21.de

M1 Stuttgart 21 – Versuch einer Schlichtung

Für die Verfasserinnen und Verfasser des Grundgesetzes war dies – zumal nach den Erfahrungen des Nationalsozialismus – für einen Staat mit Millionen Wahlberechtigten kein praktikabler Weg. Sie entschieden sich für die repräsentative Demokratie. In ihr entscheiden die Bürgerinnen und Bürger in Wahlen, durch wen sie sich in den Parlamenten vertreten lassen wollen.

Die repräsentative Demokratie der Bundesrepublik sieht jedoch auch Elemente der direkten Demokratie vor. So können z. B. ***Volksentscheide*** zu bestimmten Fragen auf der Ebene der Länder, Städte und Gemeinden durchgeführt werden. → *S. 161* Am Anfang steht eine Unterschriftensammlung, das Volksbegehren. Ist diese erfolgreich, wird abgestimmt. So ist im Freistaat Bayern ein konsequenter Nichtraucherschutz eingeführt worden. In Hamburg wurde eine Schulreform durch Volksentscheid gekippt. In Baden-Württemberg scheiterte dagegen ein Volksentscheid gegen den Neubau des Stuttgarter Hauptbahnhofs.

Stuttgart 21 – ein Beispiel

Im Herbst 2010 protestierten zahlreiche Stuttgarter Bürgerinnen und Bürger gegen den Bau des neuen, unterirdisch angelegten Durchgangsbahnhofes. → *M1* Zur Lösung des Konflikts wurde ein Schlichtungsverfahren durchgeführt, bei dem Vertreter der Deutschen Bahn und der zuständigen staatlichen Stellen den Vertretern der Bürgerinitiativen gegenübersaßen. 1,5 Mio. Menschen verfolgten das Verfahren im Fernsehen. Aber die Gegensätze zwischen den Standpunkten der beiden Seiten blieben unüberbrückbar. Am Ende stand „Stuttgart 21 plus", eine verbesserte Version des neuen Durchgangsbahnhofs, und die Proteste gingen weiter. Deshalb überlegte die inzwischen neu gewählte Landesregierung (eine Koalition aus Grünen und SPD), wie ein Volksentscheid ermöglicht werden könnte. Die Landesverfassung sieht vor, dass Volksentscheide nur zu Gesetzen möglich sind. So wurde der Ausstieg aus dem Projekt Stuttgart 21 als Gesetz formuliert und der Bevölkerung zur Abstimmung vorgelegt. Diese endete mit dem Sieg der Stuttgart-21-Befürworter. Ein schwieriges Ergebnis für die Regierung, die dem Bau selbst kritisch gegenüberstand.

Argumente für Volksentscheide

„Von den Bürgerinnen und Bürgern geht alle Staatsgewalt aus. Aber nur einmal in vier Jahren. Dann geben wir unsere Stimme bei Wahlen ab. Dabei wollen die Menschen bei wichtigen politischen Entscheidungen mitbestimmen. In der Vergangenheit haben das die Themen „Euro-Einführung", „Auslandseinsätze" oder „Ausstieg aus der Kernenergie" gezeigt. Wenn die Bürgerinnen und Bürger Einfluss auf Entscheidungen nehmen können, fällt es ihnen leichter, Veränderungen zu akzeptieren und beschlossene Maßnahmen mitzutragen."

„Dadurch, dass mehr Menschen die Möglichkeit bekommen, ihre Idee vorzustellen, steigen die Chancen, Probleme zu lösen. Ideen treten zueinander in Wettbewerb und können sich gegenseitig befruchten. Durch diesen Ideenwettbewerb kann sich niemand auf seiner Machtposition ausruhen. Denn alles kann hinterfragt werden, z. B. Rüstungs-, Bildungs- und Sozialpolitik."

„Volksbegehren machen Druck auf notwendige Reformen. Gute Ideen prallen oft an Parteien und Parlamenten ab. Die Folge: Reformstau und hohe Kosten. Durch Volksabstimmungen können Bürgerinnen und Bürger die Politik selbst voranbringen. Allein in der Bundesrepublik gibt es ca. 70 000 Bürgerinitiativen, die ein riesiges Potenzial an Wissen und neuen Ideen bergen. Doch trotz ihrer Kompetenz kommen sie oft nicht zum Zuge, weil nur die Amts- und Mandatsträger verbindliche politische Entscheidungsrechte besitzen."

Argumente gegen Volksentscheide

„Die gesellschaftlichen bzw. politischen Probleme sind zu komplex, als dass Laien sie durchschauen können."

„Elemente der direkten Demokratie sind auf kommunaler und Landesebene praktikabel, weil die zu entscheidenden Fragen überschaubar und die Zahl der Stimmberechtigten gering ist. Für die komplexen Probleme der Bundes- oder Europapolitik sind sie nicht geeignet."

„Aktive, gut organisierte Minderheiten können ihre Sonderinteressen in der Politik durchsetzen. Wer nicht so stark ist, kann sich kaum Gehör verschaffen."

„Der Manipulation würde Tür und Tor geöffnet. Macht würde denen zufallen, die die dem Volk vorzulegenden Fragen formulieren und Zugang zu den Medien haben."

„Volksentscheide sind praktisch nur über klare Alternativen möglich: Ja oder Nein; Modell a, b oder c. Bundes- oder weltpolitische Entscheidungen sind jedoch meist kompliziert. Weil aber die wenigsten Bürgerinnen und Bürger die Zeit und Lust haben, sich in die Tiefen des jeweiligen Themas einzuarbeiten, hätten die politischen Vereinfacher leichtes Spiel."

„Das parlamentarische Gesetzgebungsverfahren ist darauf angelegt, unterschiedliche Interessen einzubinden und auszubalancieren. Die zu einer Volksabstimmung mobilisierten Teilnehmenden denken nicht an den Ausgleich konkurrierender Interessen, sondern daran, ihre Bedürfnisse unmittelbar durchzusetzen."

M2 Standpunkte

(•) Auf einen Blick

Die Wirksamkeit von Volksentscheiden einschätzen

These:
Der Einfluss der Bürgerinnen und Bürger auf politische Entscheidungen wird durch Volksentscheide gestärkt.

Dafür spricht:

- Die Akzeptanz politischer Entscheidungen wird erhöht.
- Die Bürgerinnen und Bürger fühlen sich stärker eingebunden in politische Entscheidungen.
- Durch die intensiveren politischen Auseinandersetzungen können kreativere Problemlösungen entstehen.
- …

Dagegen spricht:

- Für komplexe Probleme sind Volksentscheide nicht geeignet, hier müssen Expertinnen und Experten entscheiden.
- Volksentscheide können nur Probleme mit einfachen Lösungsalternativen (ja/nein) bearbeiten.
- Bei Volksentscheiden sind die Bürger einfach zu manipulieren.
- …

Weiterführende Aufgaben

1. Schätzen Sie den Konflikt um das Bahnprojekt Stuttgart 21 ein: Hat der Volksentscheid zur Lösung der Probleme beigetragen oder sind vielleicht sogar neue Probleme für die Demokratie entstanden?
→ *M2*

2. Diskutieren Sie: Zu welchen Sachfragen und auf welchen politischen Ebenen sollten Ihrer Meinung nach Volksentscheide durchgeführt werden?

3. Gibt es in Ihrer Gemeinde oder Stadt politische Aufgaben, bei denen Sie sich mehr Bürgerbeteiligung wünschen? Überlegen Sie gemeinsam, wie dies zu verwirklichen wäre.

4. Projektidee: Recherchieren Sie einen aktuellen Konflikt um mehr direkte Bürgerbeteiligung.

5.2 Wie wehrhaft ist die Demokratie?

Die verdeckte Gefahr von rechts

Arbeitsauftrag

Versuchen Sie einzuschätzen, wie gefährlich der Rechtsextremismus in Deutschland der Demokratie werden könnte.
Und so bilden Sie sich Ihr Urteil:

1. Formulieren Sie eine passende Überschrift für den Cartoon oben.

2. Informieren Sie sich über das, was rechtsextreme Gruppen denken.

3. Zeigen Sie am Beispiel der NPD, wie rechtsextreme Organisationen versuchen, Macht und Einfluss zu gewinnen.

4. Schätzen Sie das Gewaltpotenzial rechtsextremer Gruppen ein.

5. Überlegen Sie, warum die Bekämpfung des Rechtsextremismus schwierig ist.

Sie kommen wieder

In der Geschichte der Bundesrepublik Deutschland hat es nach dem Ende der nationalsozialistischen Gewaltherrschaft 1945 immer wieder politische Gruppen gegeben, die mit rechtsextremen Ideen Einfluss und Macht erlangen wollten.

Ende der 1960er-Jahre gelang es der Nationaldemokratischen Partei Deutschlands (NPD), in verschiedene Landtage zu kommen. Seit 1989 erreichten die „Republikaner" zweimal das Ziel, sich in den Landtag von Baden-Württemberg wählen zu lassen. Auch die Deutsche Volksunion (DVU) zog in mehreren Ländern in die Landesparlamente ein. Seit den 1990er-Jahren gelang es dann der NPD, auch in den neuen Bundesländern Ortsvereine und Gruppierungen aufzubauen. Sie bot rechtsextremistischen Skinheads und ähnlichen Gruppen organisatorischen Rückhalt und lieferte ihnen ihr neonazistisches Gedankengut. 2004 zog die Partei mit 9,2 Prozent der Stimmen in den sächsischen Landtag ein.

Das ist die offene Seite der Entwicklung, doch es gibt auch eine verdeckte Seite. Von der Öffentlichkeit lange Zeit unbeachtet entstanden in manchen Regionen des Landes Strukturen, die die Demokratie in Deutschland infrage stellen. Dort beginnt das rechtsextreme Gedankengut langsam, den Alltag der Menschen zu durchdringen und normal zu werden. Rechtsextreme Parteien wie die NPD führen einen regelrechten Kampf um die Köpfe. → *M1, M2*

Rechtsextreme Hetze

Der Brief sieht harmlos aus. Absenderin ist eine „Mandy Schmidt, Seelenbinderstr. 42, 12555 Berlin". Das ist die Adresse der NPD-Bundeszentrale, aber wer hat das schon im Kopf? Im weißen Umschlag finden die angeschriebenen 16- bis 18-Jährigen dann rechtsextreme Hetze, ein rassistisches „Rückflugticket" und den Hinweis auf eine neue „Schulhof-CD" namens „Deutsch und heterosexuell".

Simone Rafael: http://www.netz-gegen-nazis.de/category/lexikon/schulhof-cd (Zugriff am 15.11.2011)

M1 Propagandamaterial

Die Strategie der NPD

*Zur Durchsetzung ihrer Ideen und ihres Herrschaftsanspruchs entwickelte die NPD ein **Vier-Säulen-Modell**:*

1. Säule: Der „**Kampf um den organisierten Willen**" bezieht sich auf den Versuch, die Meinungsführerschaft innerhalb des rechtsextremistischen Lagers zu erlangen. Das Angebot zur Zusammenarbeit richtet sich sowohl an die Freien Nationalisten und die rechtsextremistischen Skinheads als auch an die rechtsextremistischen Parteien DVU, REP und Deutsche Partei (DP). Die angestrebte Sammlungsbewegung bezeichnet die NPD als „Volksfront von rechts".

2. Säule: Dem „**Kampf um die Straße**" – gemeint ist die Durchführung von Demonstrationen – misst die NPD große Bedeutung zu.

3. Säule: Der „**Kampf um die Köpfe**" mit Hilfe der „Wortergreifungsstrategie" sieht vor, dass NPD-Mitglieder Veranstaltungen anderer Organisationen durch gezielte Einflussnahme auf Diskussionen für eigene Zwecke instrumentalisieren.

4. Säule: Der „**Kampf um die Parlamente**" schließlich rückt durch die Wahlabsprache mit der DVU im strategischen Konzept der NPD an die vorderste Stelle. Der Wahlerfolg der NPD in Sachsen wurde durch den Verzicht der DVU auf eine Wahlteilnahme begünstigt. Bei der am selben Tag durchgeführten Landtagswahl in Brandenburg profitierte die DVU, der der Einzug in den Landtag von Potsdam gelang, ihrerseits vom Verzicht der NPD. Bei der Bundestagswahl 2005 trat absprachegemäß nur die NPD an, im Gegenzug wird sie bei der nächsten Europawahl zugunsten der DVU auf eine Teilnahme verzichten.

zusammengestellt nach: Niedersächsischer Verfassungsschutz (2011): www.verfassungsschutz.niedersachsen.de

M2 Propagandastrategie

Was denken Rechtsextreme?

Rechtsextremistische Vorstellungen von der Gesellschaft und vom Staat überbetonen voller Nationalstolz den Wert des eigenen Volkes und Landes. Kennzeichnend sind:

übersteigerter ***Nationalismus und Rassismus***: Die Deutschen sind nach diesem Weltbild anderen Völkern überlegen. Ihre Interessen haben Vorrang. Andere Völker und Ausländer im eigenen Land werden abgewertet.

Führerprinzip, Ablehnung der Volksherrschaft: Die beste Staatsform ist in den Augen eines Neonazis ein „starker Staat" mit einer mächtigen, autoritären Führung.

Fremdenfeindlichkeit und Antisemitismus: Zu den Feindbildern der Rechtsextremisten zählen Zuwanderinnen und Zuwanderer (z. B. Asylsuchende und Flüchtlinge) sowie Juden.

Unter diesen Ideen finden sich verschiedene Strömungen im rechten Umfeld zusammen. Der Sammelbegriff ***Rechtsextremismus*** bezeichnet keine in sich geschlossene Ideologie. Er fasst all diejenigen zusammen, die überzeugt sind von der Ungleichheit der Menschen: Die einen sollen mehr wert sein als die anderen. Damit stehen rechtsextremistische Gedanken im Widerspruch zum Gleichheitsgebot des Grundgesetzes.

In der gegensätzlichen Einschätzung des Gleichheitsprinzips (Menschenwürde) → *S. 89* liegt im Übrigen auch der grundlegende Unterschied zwischen rechts- und linksextremistischem Gedankengut. Zur Durchsetzung ihrer Ziele sind rechts- wie linksextreme Gruppen auch bereit, Gewalt in unterschiedlicher Form einzusetzen. → *M4*

Anschlagserie

„Nagelbombenattentat" in Köln 2004. Bei dem Anschlag wurden 22 Menschen zum Teil schwer verletzt. Die Tat war Teil einer rechtsradikalen Attentatserie zwischen 2000 und 2006.

M3 Pressefoto

Straftaten mit extremistischem Hintergrund aus dem Bereich „Politisch motivierte Kriminalität – rechts"*

Gewalttaten	2008	2010
Tötungsdelikte	2	0
Versuchte Tötungsdelikte	4	6
Körperverletzungen	893	638
Brandstiftungen	29	29
Herbeiführen einer Sprengstoffexplosion	0	2
Landfriedensbruch	46	25
Gefährliche Eingriffe in den Bahn-, Luft, Schiffs- und Straßenverkehr	4	4
Freiheitsberaubung	1	0
Raub	10	7
Erpressung	6	3
Widerstandsdelikte	47	48
Sexualdelikte	0	0
gesamt	**1042**	**762**
Sonstige Straftaten		
Sachbeschädigung	1197	1335
Nötigung/Bedrohung	144	127
Propagandadelikte	14262	11384
Störung der Totenruhe	32	18
Andere Straftaten, insbesondere Volksverhetzung	3217	2279
gesamt	**18852**	**15143**
Straftaten insgesamt	**19894**	**15905**

* Die Zahlen basieren auf Angaben des BKA. Die Übersicht enthält – mit ausnahme der Tötungsdelikte – vollendete und versuchte Straftaten. Jede Tat wurde nur einmal gezählt. Sind z. B. während eines Landfriedensbruchs zugleich Körperverletzungen begangen worden, so erscheint nur die Körperverletzung als das Delikt mit der höheren Strafandrohung in der Statistik. Wurden mehrere Straftaten verübt, wurde ausschließlich der schwerer wiegende Straftatbestand gezählt.

http://www.verfassungsschutz.de/de/arbeitsfelder/af_rechtsextremismus/zahlen_und_fakten/zuf_rechtsextremistische_gewalt_gesamt.html

M4 Kriminalstatistik

Wer sind die Täter von rechtsextremer Gewalt?

Rechtsextreme Gewalt ist immer noch weitgehend männlich: Untersuchungen von Gerichtsakten zeigen, dass fast alle Täter Männer sind. Ein großer Teil von ihnen ist unter 18 Jahre alt. Aber auch immer mehr Mädchen und Frauen spielen eine Rolle in der braunen Szene, wie z. B. im Film „Kriegerin" gezeigt. → M3 auf S. 174
Der Anteil der Arbeitslosen liegt nur leicht über der Arbeitslosenquote der Jugendlichen insgesamt. Die meisten Gewalttäter kommen aus wirtschaftlich gesicherten Lebensverhältnissen. Auffallend ist jedoch, dass sehr viele Täter rechtsextremen Skins und anderen Gruppen mit fremdenfeindlichem Hintergrund nahestehen.

„Terrorzelle"

Jahrelang lebte sie unbehelligt im Untergrund: die von Medien als rechtsextreme Zwickauer Terrorzelle benannte Gruppe um Uwe Böhnhardt, Uwe Mundlos und Beate Zschäpe. Mittlerweile werden dieser Gruppe unter anderem zehn Morde zwischen 2000 und 2006 zur Last gelegt. Die Opfer waren meist Kleinunternehmer mit Migrationshintergrund, darunter sechs türkische Staatsangehörige, zwei türkischstämmige Deutsche, ein Grieche sowie eine Polizistin. Diese Taten wurden jahrelang nicht aufgeklärt.

Die Gruppe, die sich selbst als „Nationalsozialistischer Untergrund (NSU)"bezeichnet, ist eine im November 2011 entdeckte rechtsextreme terroristische Vereinigung in Deutschland. Sie ging aus der Neonazi-Szene der 1990er-Jahre in Jena hervor. Die Bundesanwaltschaft bezeichnet sie als rechtsextremistische Gruppierung, deren Zweck es sei, aus einer fremden- und staatsfeindlichen Gesinnung heraus vor allem Mitbürger ausländischer Herkunft zu töten. Der Thüringer Verfassungsschutz geht davon aus, dass die Vereinigung von bis zu 20 Personen unterstützt wurde.

Als die Polizei am Samstag, dem 24. Januar 1998 in Jena sieben Wohnungen und Garagen mutmaßlicher Rechtsextremisten im Zuge einer Razzia durchsuchte, konnte sie in einer von Beate Zschäpe angemieteten Garage im Stadtteil Burgau eine Bombenwerkstatt ausheben. Es wurden fünf funktionsfähige Rohrbomben ohne Zünder mit insgesamt 1,4 Kilogramm TNT sichergestellt. Noch bevor ein Haftbefehl vorlag, waren die drei Personen untergetaucht.
Warum konnten diese Neonazis seit Jahren ungestört operieren? Wie viele rechtsextreme Terrorzellen mag es noch in Deutschland geben? → M4

Polizei ermittelt gegen Neo-Nazi

Nach den Drohungen gegen die niedersächsische Sozialministerin Aygül Özkan (CDU) ermittelt die Polizei gegen einen bekannten hannoverschen Neo-Nazi, der von 2008 bis 2010 Vorsitzender der NPD Hannover war. Er steht im dringenden Tatverdacht, Absender und möglicherweise auch Verfasser einer Droh-E-Mail gegen Frau Özkan zu sein. Die Polizei teilte mit, sie habe Wohnungen und Auto des 28 Jahre alten Mannes durchsucht, mehrere Computer beschlagnahmt und ein Ermittlungsverfahren gegen ihn wegen Verwendens von Kennzeichen verfassungswidriger Organisationen eingeleitet. [...] Der „polizeibekannte" M. soll Kopf der Gruppierung „Besseres Hannover" sein, berichteten hannoversche Medien. „Besseres Hannover" [...] sei die „derzeit aktivste neo-nazistische Gruppierung Niedersachsens".
v L., Polizei ermittelt gegen Neo-Nazi, in: Frankfurter Allgemeine Zeitung (FAZ) vom 22.12.2011, S.4

Die Politik kämpft gegen den Rechtsradikalismus ...

M4 Polizeiliche Ermittlung

(•) Auf einen Blick

Rechtsextreme Einflussstrategien durchschauen

Gruppierungen

- die Nationaldemokratische Partei Deutschlands (NPD)
- rechtsextreme Skinheads
- freie Kameradschaften
- freie Nationalisten
- Frauenorganisationen wie der Ring Nationaler Frauen
- ...

Gedankengut

- übersteigerter Nationalismus
- Rassismus
- Antisemitismus
- Führerprinzip
- Fremdenfeindlichkeit

↓ Mittel zur Durchsetzung ihrer Interessen

Ein Beispiel: Die Vier-Säulen-Strategie der NPD

Kampf um die Parlamente
- Teilnahme an den Kommunal-, Landtags- und Bundestagswahlen

Kampf um die Köpfe
- Internetauftritte
- Musik (Schulhof-CD)
- Jugendfahrten
- Teilnahme am Vereinsleben

Kampf um die Straße
- Einsatz von Gewalt auf den Straßen
- Angst und Schrecken als Ziel
- Einschüchterung der politischen Gegner

Kampf um den organisierten Willen
- Meinungsführerschaft der NPD
- Errichtung einer Sammlungsbewegung „Volksfront von rechts“

↓

Gefährdung der freiheitlich-demokratischen Grundordnung der Bundesrepublik Deutschland(FDGO)

Weiterführende Aufgaben

1. Erläutern Sie die wesentlichen Prinzipien der freiheitlich-demokratischen Grundordnung (FDGO).

2. Suchen Sie nach konkreten Situationen in Ihrem Leben, in denen Sie mit den Prinzipien der FDGO in Berührung kommen.

3. Arbeiten Sie heraus, inwiefern diese Ordnung Demokratie sicherstellt.

4. Stellen Sie verschiedene politische Argumentationen von rechtsextremen Parteien zusammen und versuchen Sie, eine Gegenargumentation aufzubauen.

5. Beschäftigen Sie sich mit anderen Formen des politischen Extremismus und vergleichen Sie sie mit dem Rechtsextremismus.

Maßnahmen gegen Rechtsextremismus

MUT
GEGEN RECHTE GEWALT

Standpunkte vertreten
Diskussionspapiere
t5ij3q

Arbeitsauftrag

Diskutieren Sie die Wirksamkeit staatlicher und privater Maßnahmen gegen den Rechtsextremismus.
Und so bereiten Sie Ihre Diskussion vor:

1. Tauschen Sie Ihre Gedanken zum Bild oben aus.

2. Überlegen Sie gemeinsam: Warum braucht es Mut und gemeinschaftliche Aktionen zur Abwehr von Rechtsradikalismus?

3. Setzen Sie sich mit den Ursachen des Rechtsextremismus auseinander: Welche leuchten Ihnen ein? Wofür haben Sie Verständnis? Wo hört für Sie das Verständnis auf?

4. Stellen Sie auf einem Plakat verschiedene Gegenmaßnahmen zusammen, die gegen rechtes Gedankengut und rechte Gewalt ergriffen werden können.

„Man muss auch den Mut zur Intoleranz denen gegenüber aufbringen, die die Demokratie gebrauchen wollen, um sie umzubringen."

Carlo Schmid, Rede im Parlamentarischen Rat (08.09.1948), zit. nach: http://www.spd.de

Eine wehrhafte Demokratie?

Eine Demokratie ist dann eine ***wehrhafte Demokratie***, wenn sie ihre wichtigsten Grundsätze nicht infrage stellen lässt. Auch darf sie sich durch einen noch so großen Mehrheitsbeschluss nicht auflösen lassen.

1952 definierte das Bundesverfassungsgericht die grundlegenden Kriterien für die ***freiheitlich-demokratische Grundordnung (FDGO)***. Danach ist eine Demokratie eine Ordnung, die jegliche Willkürherrschaft ausschließt und einen Rechtsstaat auf der Grundlage der ***Selbstbestimmung*** des Volkes, der ***Freiheit*** und ***Gleichheit*** bildet. Für diese Ordnung definiert das Gericht Mindeststandards.
Dazu zählen

- die Achtung vor den im Grundgesetz konkretisierten ***Menschenrechten***, vor allem vor dem Recht auf Leben und freie Entfaltung der Persönlichkeit, → *S. 88*
- die Volkssouveränität,
- die Gewaltenteilung,
- die Verantwortlichkeit der Regierung,
- die Gesetzmäßigkeit der Verwaltung (***Rechtsstaatlichkeit***),
- die Unabhängigkeit der Gerichte,
- das Mehrparteienprinzip,
- die Chancengleichheit für alle politischen Parteien mit dem Recht auf verfassungsmäßige Bildung und Ausübung einer Opposition.

Falls eine Partei diese Mindeststandards öffentlich bekämpft, kann sie durch das Bundesverfassungsgericht verboten werden.

Rechtsextreme Parteien verbieten?

Es ist umstritten, ob ein ***Parteienverbot*** verfassungsfeindlicher Gruppen eher schadet oder ob das Abdrängen in den Untergrund ihnen nicht vielmehr nützt. 2003 scheiterte ein Versuch, die NPD zu verbieten. Das Bundesverfassungsgericht lehnte einen gemeinsamen Antrag von Bundestag, Bundesrat und Bundesregierung ab, die NPD zu verbieten. Der Verbotsantrag scheiterte schon bei der Vorprüfung, da verschiedene Beweisaussagen von zu vielen Verbindungsmännern des Verfassungsschutzes stammten.

Es gibt verschiedene Gruppen in Gesellschaft und Politik, die einen wirkungsvollen Kampf gegen den Rechtsextremismus nur in der politischen Auseinandersetzung führen wollen. Andere fordern ein striktes Verbot von rechtsextremen Parteien und Gruppierungen.

Für ein Verbot spricht,

- dass wir uns mit rechtsstaatlichen Mitteln gegen Verfassungsfeinde wehren,
- dass wir Parteien wie die NPD mit Wahlkampfgeldern nicht mehr finanzieren,
- dass wir rechtsextremen Gruppierungen keinen Raum geben dürfen, in dem sie ihre Gesinnungen öffentlich verbreiten.

Dagegen spricht,

- dass eine konsequente Bekämpfung mit allen demokratischen Mitteln wirkungsvoller ist als ein alleiniges Parteienverbot,
- dass die Mitglieder von verbotenen Organisationen dann in den Untergrund gehen (wie die „Zwickauer Terrorzelle" → *S. 170*) und noch gefährlicher werden,
- dass Verbote nicht ausreichen, die Ideologie in den Köpfen der Rechtsextremen zu verändern.

19.03.2012 www.taz.de | berlin@taz.de

Neonazis am laufenden Band

von Konrad Litschko

EXTREMISMUS Rechte wollen in den nächsten Wochen gleich fünfmal in Brandenburg aufmaschieren. Die NPD versucht damit, bei jungen Kameradschaften zu landen. Gegner planen vielfältige Proteste und Blockaden

Schwierige Arbeit des Verfassungsschutzes

Seit 2001 gibt es vom Bundesamt für Verfassungsschutz und einer Reihe von Bundesländern Aussteigerprogramme für Mitläufer und Führungspersonen der rechtsextremen Szene. Es werden Hilfen angeboten, die von der telefonischen Beratung bis zum manchmal notwendigen Umzug reichen. Ausstiegswillige werden von ihren ehemaligen „Kameraden" oft bedroht und verfolgt. Private Vereine und Initiativen wie „EXIT" sprechen Rechtsextreme gezielt an und zeigen Wege zum Ausstieg. → *M1*

Ursachen des Rechtsextremismus

Warum gehen Menschen überhaupt in rechtsextreme Gruppen, aus denen sie zum Teil nur sehr schwer wieder herauskommen?

In vielen europäischen Ländern gibt es Probleme mit rechtsextremistischen Gruppen. Die Experten sind sich jedoch nicht einig über die Ursachen des Demokratie gefährdenden Problems.

Zu den möglichen Ursachen gehören:
- die zunehmende Angst vor dem Arbeitsplatzverlust durch Globalisierung, Technisierung und Automatisierung;
- Zweifel an der Fähigkeit der Politik und der politischen Akteure, aber auch die Unzufriedenheit mit den etablierten Parteien, denen Teile der Bevölkerung die Lösung der wirtschaftlichen und sozialen Probleme nicht mehr zutrauen (Politiker- bzw. Parteienverdrossenheit);
- die Verunsicherung durch die heute allerdings nicht mehr steigende Zahl von Zuwandernden und Asylbewerbenden, die bei Teilen der Bevölkerung Ängste vor dem Fremden entstehen ließen;
- die Entwurzelung ganzer Gruppen und Familien nach der Wende in Ostdeutschland. Dort konnten die Rechten in der Phase des Umbruchs den teilweise staatsfreien Raum zum Aufbau ihrer Strukturen nutzen. → *M2*

Rechtsextreme Gruppen scheinen für die tatsächlich schwierigen wirtschaftlichen und sozialen Probleme in Deutschland einfache Lösungen zu haben. Das jedenfalls sollen ihre plakativen Parolen – wie „Deutsche Kinder braucht das Land" – vortäuschen.

M1 Werbung für exit

Heißkalter Engel

Alina Levshin spielt im Kinodrama „Kriegerin" eine Neonazi-Braut

Man kann schon Angst haben vor ihr [...]. Sie spielt Marisa, Nazibraut in einem ostdeutschen Nest, böse in fast jeder Pore. Hakenkreuz-Tatoos, Blick wie ein Mülleimer und Lippen wie Stacheldraht, eine beschissene Nazizickenfrisur. Eine, die einem nicht die Hand gibt, sondern Turnschuhe mit Stahlkappen. Ins Gesicht. [...]
Die Geschichte ist schnell erzählt, weil Neonazis in ostdeutschen Nestern kaum eine haben. Sie hängen rum. Sie trinken Bier. Sie verachten ihre Eltern, weil die in den Schredder der Wiedervereinigung geraten sind und nun im Unterhemd am Tisch sitzen. Ganz anders die Großeltern. [...] Die saßen in ihren Schrebergärten und Plattensiedlungen und erzählten ihren Enkeln: „Der Adolf, der hat nicht alles falsch gemacht." [...]
Keine Hoffnung im Osten, oder? Das sei schwer, sagt Alina Levshin. „Ich glaube, da auszusteigen geht nur ganz individuell, man muss an jeden Einzelnen heran, und man kommt an manchen auch heran." Und dann sagt sie: „Das sind ja auch Menschen, mit denen muss man ja irgendwie umgehen. Und es sind traurige Menschen, sonst wären sie nicht so [...]".

Jochen Siemens, Heißkalter Engel, in: stern 3/2012, S.122–125

M2 Filmbesprechung

Wie können wir die Demokratie schützen?

Viele Initiativen versuchen, die Bürgerinnen und Bürger auf die Auseinandersetzung mit Rechtsextremen vorzubereiten bzw. zu beraten. Ein Beispiel ist die Arbeitsstelle Rechtsextremismus und Gewalt in Braunschweig. Die Mitarbeiter geben Seminare und entwickeln vielfältige Materialien, um über die rechtsextreme Szene und ihre Beweggründe aufzuklären. Sie kommen vor allem auch in Schulen.

Zum anderen können wir in unseren Vereinen und anderen Organisationen darauf achten, dass rechtsextreme Einstellungen und Ansichten nicht geäußert werden und dass Menschen, die solche Ansichten haben, nicht in wichtige Positionen kommen.

Wir können uns im Alltag gegen einfache Parolen von rechts wehren, indem wir uns um die gesellschaftlich und politisch wichtigen Themen kümmern, d.h. uns vielfältig informieren und Stellung beziehen. Wir müssen bei vielen politischen und wirtschaftlichen Problemen wie Arbeitslosigkeit oder Eurokrise → *S. 182* akzeptieren, dass es keine einfachen Lösungen gibt.
Eine Demokratie kann nur überleben, wenn sich ihre Bürgerinnen und Bürger in die Gestaltung des Gemeinwesens mit Argumenten, Vorschlägen und Auseinandersetzungen einmischen.

Wenn wir im Alltag rechtsextreme Straftaten sehen bzw. erleben, dann können wir uns als Zeugen der Polizei zur Verfügung stellen, damit die Täter rechtsstaatlich verfolgt werden. Solche Zeugenaussagen können auch anonym bei der Polizei gemacht werden.

Es ist also insgesamt wichtig, ***Zivilcourage*** im Alltag zu zeigen, auch wenn es oft schwer fällt. Die Demokratie ist eine anspruchsvolle Lebens- und Staatsform, zu der es keine menschenwürdige Alternative gibt.

Zivilcourage
Der Mut, unter schwierigen Umständen seinen Standpunkt offen zu äußern und zu vertreten. Besonders, wenn es um soziale Werte oder die Werte der Allgemeinheit geht.

M3 Ein Beispiel für Zivilcourage

(•) Auf einen Blick

Die wehrhafte Demokratie beschreiben

Die freiheitlich-demokratischen Grundordnung (FDGO) zeichnet sich durch folgende Elemente aus:

- Achtung vor den im Grundgesetz konkretisierten Menschenrechten
- Volkssouveränität
- Gewaltenteilung
- Verantwortlichkeit der Regierung
- Gesetzmäßigkeit der Verwaltung (Rechtsstaatlichkeit)
- Unabhängigkeit der Gerichte
- Mehrparteienprinzip
- Chancengleichheit der politischen Parteien
- Recht auf Opposition
- Mehrheitsprinzip

Diese Prinzipien stellen rechtsextrem denkende Menschen infrage.

↕

Maßnahmen der wehrhaften Demokratie zum Schutz der FDGO:

- Staatsform laut GG nicht änderbar
- Arbeit des Verfassungsschutzes
- Verbote des Bundesverfassungsgerichts
- private Initiativen
- private Auseinandersetzung mit rechtsextremen Verhaltensweisen
- Anzeigen von Straftaten
- etc.

Weiterführende Aufgaben

1. Überlegen Sie gemeinsam, wie wir selbst uns im Alltag für die „Wehrhaftigkeit" der Demokratie einsetzen könnten.

2. Nennen Sie einige Grundrechte und ermitteln Sie Situationen, in denen Grundrechte miteinander in Konflikt geraten können. Denken Sie z. B. an das Recht auf freie Meinungsäußerung.

3. Laden Sie Experten zum Thema Rechtsextremismus ein und informieren Sie sich über die Situation in Ihrer Stadt oder Gemeinde.

4. Überlegen Sie sich gut begründete Gegenmaßnahmen vor Ort, die sie selbst organisieren oder an denen Sie sich beteiligen könnten.

6. In Europa leben und arbeiten

Recherchieren
Linktipps zum Thema
v4c36k

Methode: Im Internet recherchieren

„Welche Chancen bietet mir Europa?"

Nicht nur für ein paar Urlaubswochen ins Ausland zu gehen, sondern für längere Zeit – das hat seinen Reiz. Wer Bürger eines Staats der Europäischen Union ist, hat es dabei leicht. Er (oder sie) kann in jedem anderen EU-Staat wohnen und arbeiten, und zwar so lange er (oder sie) will. Das ist nicht selbstverständlich. Außerhalb der EU ist es üblich, dass Staaten den Zuzug von Ausländern oder deren Arbeitsmöglichkeiten einschränken. Die EU hingegen fördert sogar Austauschprogramme. Mit Hilfe des Internets kann man sich schnell einen ersten Überblick verschaffen.

Im Ausland arbeiten – wie nutzen Sie das Internet?

Zwei Wege führen zum Job im Ausland: Sie können an einem Austauschprogramm teilnehmen oder Ihren Arbeitsaufenthalt selbst organisieren.
Wählen Sie einige EU-Staaten aus. Recherchieren Sie arbeitsteilig zu beiden Wegen und vergleichen Sie anschließend die Ergebnisse. Den Einstieg erleichtern Ihnen die Internet-Adressen. → *M1* Hinweise zum Vorgehen finden Sie in der Übersicht "Methodenschritte auf einen Blick".

1. Teilnahme an einem Programm
Hier sind z. B. folgende Fragen wichtig:
- Welche Austauschprogramme werden für mich angeboten? Was sind die Voraussetzungen für die Teilnahme (z. B. Sprachkenntnisse, eine bestimmte Qualifikation …)?
- Für welche Staaten gibt es Angebote? Wie lange dauert der Aufenthalt?
- Welche Kosten entstehen?

2. Selbst organisierter Arbeitsaufenthalt
Hier benötigen Sie weitere Informationen. Sammeln Sie zunächst in der Gruppe die Fragen, auf die Sie Antworten finden müssen, z. B.:
- Gibt es eine vergleichbare Ausbildung? Wie sieht es mit der Anerkennung meiner deutschen Ausbildung aus?
- Wie sind die Arbeitsbedingungen?
- Wie hoch ist die Bezahlung? Mit welchen Abzügen vom Lohn muss ich rechnen? Wie hoch sind die Lebenshaltungskosten?
- Welche Ansprechpartner gibt es für mich in Deutschland? Wer kann mir Adressen von möglichen Arbeitgebern vermitteln?
- Welche Sprachkenntnisse werden erwartet?

Wenn Sie einen Aufenthalt im Ausland planen, bewerben Sie sich sinnvollerweise mit den Europass-Unterlagen. Recherchieren Sie über den ***Europass*** → *S. 188* und erstellen Sie Ihre Bewerbungsunterlagen.

Interessante Internet-Portale
(Stand 2011):

Für junge Menschen: www.rausvonzuhaus.de
Jugendprogramme der EU: www.jugend-in-action.de
Praktika, Jobs, Au-pair: www.wege-ins-ausland.org
Informationen über Ausbildung, Praktikum und Arbeit im Ausland bei der Bundesagentur für Arbeit: www.ba-auslandsvermittlung.de

Informationen über die Anerkennung von Berufsqualifikationen in anderen europäischen Staaten (mit Datenbank): ec.europa.eu/internal_market/qualifications/index_de.htm
Zum Europass: www.europass-info.de

Falls sich Änderungen in den Adressen ergeben, finden Sie die Aktualisierung unter dem Standpunkte-Code des Kapitels. → *S. 177*

M1 Internet-Portale mit Informationen zum Arbeiten im Ausland

Die Französin Amandine Descamps (18) arbeitet im Rahmen des Europäischen Freiwilligendienstes in der Kindertagesstätte der evangelischen Kirchengemeinde Bremen-Horn. Zu ihren Aufgaben gehört auch die Arbeit im „Kinder-Restaurant", das der Kindergarten organisiert.

Methodenschritte auf einen Blick

1. Vorbereitung
- Fragestellung eingrenzen, Arbeitsabfolge überlegen
- zentrale Begriffe für die Suche notieren, z. B. „Arbeiten in Frankreich", „Europass"
- bereits bekannte Adressen notieren, z. B. www.arbeitsagentur.de

2. Erste Rechercheergebnisse
- gewünschte Seiten aufrufen
- prüfen, ob Links zu weiteren brauchbaren Seiten führen

3. Vertiefte Suche
- Suchmaschinen nutzen

4. Quellenprüfung
- Brauchbarkeit der Ergebnisse mit Hilfe folgender Fragen prüfen:
  - Wer betreibt die Seite? (z. B. offizielle Regierungsstelle oder öffentliche Einrichtung, Veranstalter eines Austauschprogramms, private Seite, kommerzielles Angebot ...)
  - Wann wurde die Seite zuletzt aktualisiert?
  - Welche Quellen sind angegeben? Auf welche Links wird verwiesen?

5. Dokumentation

Ergebnisse dokumentieren:
- mindestens die Internet-Adresse der Seiten abspeichern (als Lesezeichen oder in einer Datei)
- wichtige Seiten ausdrucken und/oder speichern

6. Auswertung
- Ergebnisse auswerten und ordnen, offene Fragen eingrenzen:
  - Muss spezieller gefragt werden?
  - Sind andere Suchbegriffe nötig?
  - Sind andere Wege als das Internet erfolgversprechender?

Internet-Recherchen gehören inzwischen zu unserem Alltag. Fragen in diesem Buch, für die das Internet sinnvoll genutzt werden kann, sind z. B.:

Wie hoch sind die aktuellen Beitragsätze der Sozialversicherung?
→ S. 24

Welche Tarifverträge gelten in meinem Betrieb?
→ S. 66

6.1 Ein Europa ohne Grenzen?

Kreuz und quer durch Europa

Werbung der Deutschen Bahn aus dem Jahr 1980

Arbeitsauftrag

Inwiefern war die Öffnung vieler Grenzen und die Abschaffung der Kontrollen innerhalb Europas eine sinnvolle Idee? Finden Sie es heraus und begründen Sie Ihren Standpunkt.

1. Versuchen Sie – zunächst ohne weitere Hilfsmittel –, in groben Umrissen eine Europa-Karte zu zeichnen. Markieren Sie mit Punkten die Orte, an denen Sie schon gewesen sind.

2. Untersuchen Sie die Werbeanzeige der Bahn von 1980:

- An wen richtet sie sich?
- Welche 20 Länder sind wohl gemeint?
- Welche dieser Länder gehörten 1980 der EU an?

3. Finden Sie heraus, was sich für Reisende an den europäischen Grenzen in den letzten Jahrzehnten verändert hat. Vergleichen Sie die Situation 1985, 1995 und 2005 an zwei Ländergrenzen Ihrer Wahl.

4. Beurteilen Sie das Schengen-Abkommen.

Mehr als ein Werbegag?

Das ***Inter-Rail-Ticket*** begann 1972 als Werbegag und wurde für ein Jahr geplant. Jetzt ist es 40 Jahre alt, und mehr als 8 Millionen junge Europäer haben es genutzt. Als der Internationale Eisenbahnverband 50 Jahre alt wurde (1922 gegründet), plante er für junge Leute bis 21 Jahre ein Flatrate-Angebot: Für 235 DM (ca. 118 €) konnte man vier Wochen lang in 20 europäischen Ländern so viel Zug fahren, wie man wollte und konnte.

Schüler und Studenten begannen, in den Ferien erst zu jobben und dann ihren Rucksack zu packen, um Europa und die Europäer kennenzulernen. Deutsche reisten an die Strände des Mittelmeeres in Italien, Frankreich, Griechenland und sogar Marokko. Ganz Verwegene wagten sich sogar in den ***Ostblock***, hinter den Eisernen Vorhang nach Polen, Ungarn oder in die DDR. Meist ohne festes Ziel und Übernachtungsmöglichkeit begab man sich in ein europäisches Abenteuer, lernte andere Inter-Railer im Zug oder in den Hostels der Metropolen Paris, Rom oder London kennen. Europa wurde auf diesen Reisen als unterschiedlich in Klima, Sprache und Kultur erfahren, zugleich aber als gemeinsamer Raum, den man mit vielen teilte. Hier wurden die Ideen der europäischen Einigung, wurden ***Freiheit*** und ***Freizügigkeit*** erlebt.

Verkehrswege erschließen Räume

Wie das Inter-Net ist auch Inter-Rail ein grenzüberschreitendes Netzwerk, das freie ***Mobilität*** zu einer Zeit vor dem virtuellen Surfen ermöglichte. Voraussetzung dafür war die technische ***Infrastruktur*** der Eisenbahn, die seit dem 19. Jahrhundert die Erschließung der nationalen und europäischen Räume und Märkte ermöglichte.

Modernisierung und Industrialisierung in Europa hängen eng mit dem Sieg der ***Eisenbahn*** als Verkehrsmittel zusammen. Vor dem Zeitalter des Autos und des Flugzeugs konnten mit diesem Verkehrsmittel Waren und Menschen schnell und pünktlich bewegt werden. Die europäischen Eisenbahnen waren früh auf grenzüberschreitende Abstimmung angewiesen. So mussten zum Beispiel für die internationalen Kursbücher die verschiedenen nationalen Zeiten zu einer europäischen „Normalzeit" vereinheitlicht werden, damit die Fahrpläne aufeinander abgestimmt werden konnten. Heute arbeitet die Bahn dabei mit moderner Informations- und Kommunikationstechnologie. Das tut sie heute auch, wenn sie sich werbend an junge Leute wendet. → *M1*

Infrastruktur
Alle Einrichtungen für Verkehr, Kommunikation, Energieversorgung, Bildung, Kultur und Gesundheitswesen eines Landes.

Ostblock
Politisches Schlagwort aus der Zeit des Ost-West-Konfliktes für die Sowjetunion und ihre europäischen und asiatischen Satellitenstaaten, die nach dem Zweiten Weltkrieg unter sowjetischer Herrschaft eingebunden waren.

Jugendportal der Deutschen Bahn

Die Deutsche Bahn hat im Frühjahr 2012 eine Webseite für Jugendliche gestartet. Es gibt neben Reportagen und Comics auch Informationen über Ausbildung und soziales Engagement.

M1 Screenshot: lokster.deutschebahn.com

Einführung des Euro

2002
Belgien, Deutschland, Finnland, Frankreich, Griechenland, Irland, Italien, Luxemburg, Niederlande, Österreich, Portugal, Spanien

2007
Slowenien

2008
Zypern, Malta

2009
Slowakei

2011
Estland

Die europäische Idee

Nach den schrecklichen Erfahrungen zweier Weltkriege (1914–18 und 1939–1945) wurde die Idee eines gemeinsamen Europas in der zweiten Hälfte des 20. Jahrhunderts immer stärker. Vor allem zwei Gründe wirkten als treibende Kraft:

die Hoffnung auf Frieden. Der Wunsch, in Frieden zu leben, war alt in Europa. Doch dafür musste der Nationalismus überwunden werden, der immer wieder zu Krieg geführt hatte. Der wichtigste Schritt auf diesem Weg war die Aussöhnung zwischen Frankreich und Deutschland, die seit 1870 drei Kriege gegeneinander geführt hatten. Gerade Frankreich strebte deshalb eine neue europäische Ordnung an, die Frieden und Sicherheit garantierte. Als sich nach 1945 im sogenannten ***Kalten Krieg*** die Spaltung in Ost- und Westeuropa vollzog, blieb nur die Möglichkeit einer engen westeuropäischen Verbindung. Erst die friedlichen Revolutionen in Osteuropa 1989 und 1990 ermöglichten einen Ausbau des „Europäischen Hauses" auch nach Osten.

die Hoffnung auf wirtschaftlichen Wohlstand. Am leichtesten war es, für die europäische Idee zu werben, indem man andere Regierungen von den Vorteilen einer engeren wirtschaftlichen Zusammenarbeit zu überzeugen versuchte. 1951 sicherten sich daher in einem ersten Schritt Belgien, Frankreich, Italien, Luxemburg, die Niederlande und die Bundesrepublik Deutschland freien Handel mit Kohle und Stahl zu. Diese sechs Länder gründeten 1957 mit den ***Römischen Verträgen*** die ***Europäische Wirtschaftsgemeinschaft (EWG)***. Aus ihr entwickelte sich die ***Europäische Union (EU)***.

Seit 1985 gab es Überlegungen zum Abbau der Grenz- und Passkontrollen an den europäischen Binnengrenzen. 1995 trat das ***Schengen-Abkommen*** in Kraft: die Schlagbäume an den Binnengrenzen Europas fielen. → *S. 184* Ein Europa ohne Grenzen?

Ein gemeinsamer Binnenmarkt

Bereits bei ihrer Gründung 1957 schwebte den sechs Gründungsmitgliedern der heutigen EU als Ziel für ihren wirtschaftlichen Zusammenschluss ein ***gemeinsamer Binnenmarkt*** vor. Sie formulierten dazu ***vier Freiheiten***, die in den kommenden Jahrzehnten umgesetzt wurden und bis heute das Fundament der ***Europäischen Union*** bilden. Seit 1993 besteht der gemeinsame Binnenmarkt mit folgenden Regeln:

freier Handel: Waren und Dienstleistungen werden zwischen den Mitgliedern frei gehandelt: gemeinsamer Binnenmarkt; keine Zölle zwischen den Mitgliedern.

freie Wahl des Arbeitsplatzes: Bürger der EU können in allen Mitgliedstaaten arbeiten. (Allerdings kann jeder EU-Staat diese Freizügigkeit für Neumitglieder bis zu 7 Jahre aussetzen.)

freie Unternehmensgründung: Unternehmen können sich auch in anderen EU-Staaten niederlassen und dort Geschäfte machen.

freier Kapitalverkehr: Die Währungen der Mitglieder können frei getauscht werden. Kapital kann ohne Einschränkungen von einem Mitgliedsland ins andere gebracht werden.

Der letzte Schritt der ***Wirtschafts- und Währungsunion*** ist eine gemeinsame Währung: der Euro. Dieser ist jedoch erst in 17 EU-Staaten eingeführt. Angesichts der ***Euro-Krise*** ist offen, wie die anderen Mitgliedstaaten zu seiner Einführung stehen.

Seit 2010 gerieten einige Mitgliedstaaten der Eurozone in eine Verschuldungskrise, als sie den Zahlungsverpflichtungen aus ihrer Haushaltsverschuldung nicht mehr nachkommen konnten. Dies betraf zuerst Griechenland (2011); später auch Irland und Portugal sowie in geringerem Umfang Italien und Spanien. Seither bemühen sich die Regierungen der europäischen Länder, die ***Euro-Krise*** in den Griff zu bekommen.

Die Europäische Union wächst

Der gemeinsame europäische Raum der InterRailer war lange Zeit noch durch Währungsgrenzen und politische Grenzen geprägt. Für die Währungen ist dies im Euro-Raum zur Geschichte geworden, man muss vor der Reise kein Geld mehr in Landeswährungen wechseln. Aber auch die politischen Grenzen haben zunehmend ihre trennende Wirkung verloren.

Der europäische Zusammenschluss erwies sich als wirtschaftliches und politisches Erfolgsmodell und übt bis heute auf die Nachbarstaaten eine hohe Anziehungskraft aus. Das schlägt sich in einer Kette von Runden der Erweiterung der EU nieder. 1973 wuchs die EU von sechs Mitgliedern um Großbritannien, Irland und Dänemark auf neun Mitgliedstaaten an.

Politisch besonders wichtig war die Süderweiterung um Griechenland (1981), Spanien und Portugal (1986), da diese drei Länder lange Zeit autoritäre und nicht-demokratisch regierte Staaten waren, die nun in das demokratische Europa eingebunden wurden. Und nach 1989 bot sich endlich die historische Gelegenheit, die politische und wirtschaftliche Ost-West-Spaltung Europas nach 1945 aufzuheben. Nach Finnland, Österreich und Schweden (1995) wurden daher in einem beispiellosen Kraftakt 2004 und 2007 zwölf neue Beitrittsländer aus Ost- und Südeuropa aufgenommen; 2013 kam Kroatien hinzu. Mit Mazedonien, Montenegro, der Türkei und Island werden Beitrittsverhandlungen geführt.

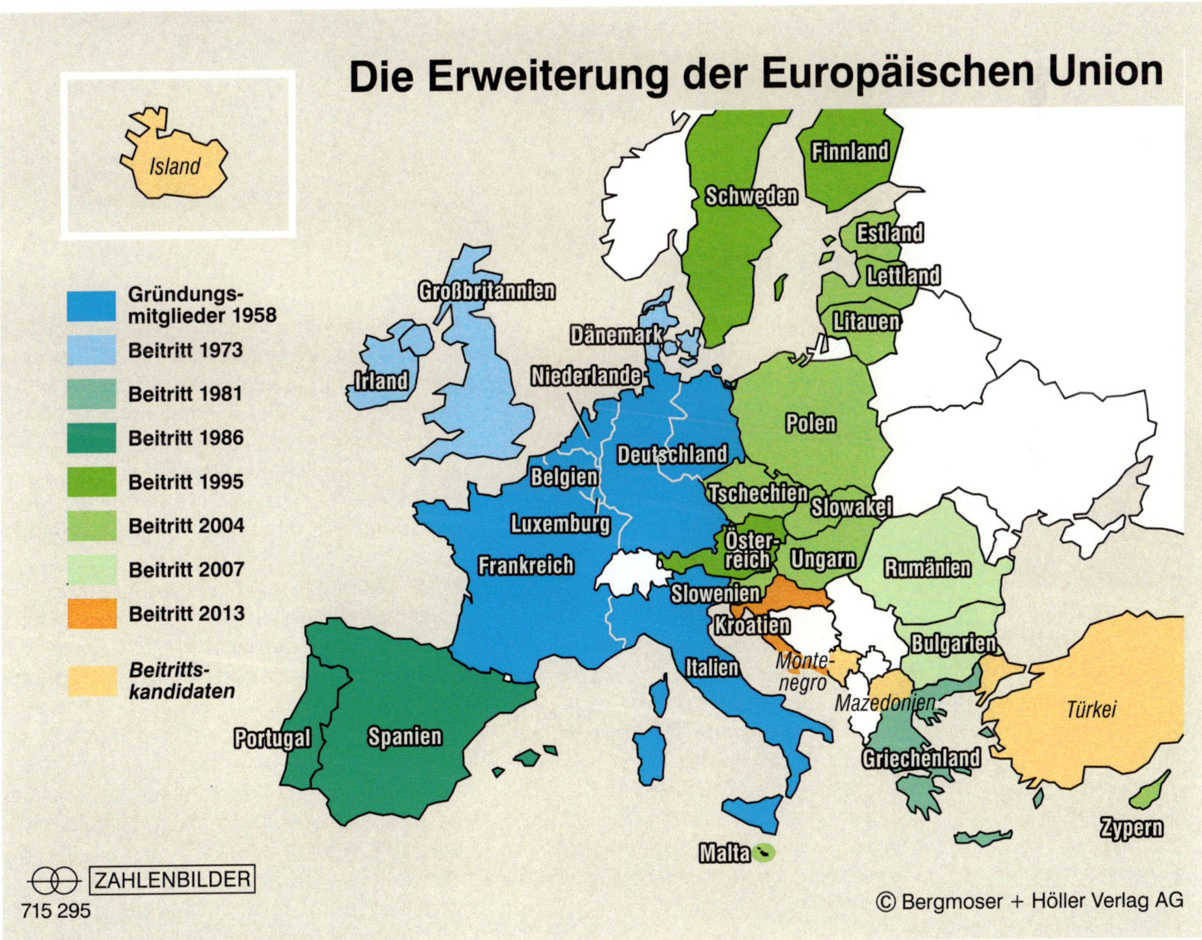

M2 Mitgliedstaaten der EU

Das Schengen-Abkommen

Im Juni 1985 unterzeichneten fünf europäische Staaten in Schengen, einem kleinen Ort in Luxemburg, einen Vertrag mit weitreichenden Folgen: „Schengen I" leitete den schrittweisen Abbau der Grenzkontrollen an Europas Binnengrenzen ein. Der ***Schengen-Raum*** sollte zu einem Gebiet werden, in dem der freie Personenverkehr gewährleistet ist (Freizügigkeit → *S. 182*). Beinahe alle EU-Staaten haben das Abkommen, das 1995 in Kraft trat, inzwischen unterzeichnet. → *M2*

Die neue Bewegungsfreiheit sollte aber nicht mit einem Verlust an Sicherheit für die Bürger einhergehen. So wurde in einem ergänzenden Abkommen ein Katalog von Sicherheitsmaßnahmen vereinbart. „Schengen II" ermöglicht die verstärkte Zusammenarbeit von Polizei und Justizbehörden, grenzüberschreitende Fahndungen und die Führung einer zentralen Datenbank in Straßburg. Diese ist mit den nationalen Datenbanken in allen Schengenstaaten verknüpft, sodass ein weitreichendes Netzwerk polizeilicher Zusammenarbeit, Datenerfassung und Überwachung entstehen konnte.

Zugleich wurden Europas Außengrenzen verstärkt gesichert, was der EU den Titel ***Festung Europa*** einbrachte. Gemeinsame Vorschriften zu Einreisekontrollen, zur Erteilung von Visa für Kurzaufenthalte und für das Asylrecht wurden erarbeitet. Langfristig soll eine europäische Grenzpolizei aufgebaut werden. Bis es so weit ist, werden die nationalen Grenzschützer an den Außengrenzen der EU mit Bewegungsmeldern, Infrarotsuchern und mit vernetzten Datensystemen schlagkräftig gemacht. Sie sollen illegale Einwanderung verhindern.

Wie allerdings der Kampf gegen ***organisierte Kriminalität*** verstärkt werden kann, ist umstritten.

Das Europäische Polizeiamt (***Europol***) hat die Aufgabe, die Leistungsfähigkeit der zuständigen nationalen Behörden zu stärken. Notwendig wird dies in einer wachsenden Zahl von Bereichen. Es geht z. B. um
- Dealer und illegalen Drogenhandel,
- Schlepperbanden und Menschenhandel,
- kriminelle Geschäftsleute und Geldwäsche,
- Banden und illegalen Fahrzeughandel,
- Schmuggler und illegalen Handel z. B. mit spaltbarem Material,
- zur Fahndung ausgeschriebene Personen und Terrorismus.

Wenn die strengen Kontrollen an den Außengrenzen der EU nicht ausreichen, können die Einzelstaaten selbst entscheiden, was sie tun, wenn sie ihre Sicherheit als gefährdet ansehen: Das Schengen-Abkommen verbietet ihnen nicht die Wiedereinführung von ***Grenzkontrollen*** im EU-Innern für eine gewisse Zeit.

Der Schengen-Raum und seine Erweiterung

Am 14. Juni 1985 wurde das erste Übereinkommen von den fünf Gründungsländern der Union unterzeichnet und schrittweise auf fast alle Mitgliedstaaten ausgeweitet.
Italien unterzeichnete die Übereinkommen am 27. November 1990, Spanien und Portugal am 25. Juni 1991, Griechenland am 6. November 1992, Österreich am 28. April 1995, Dänemark, Finnland und Schweden am 19. Dezember 1996. Die Tschechische Republik, Estland, Lettland, Litauen, Ungarn, Malta, Polen, Slowenien und die Slowakei traten am 21. Dezember 2007 bei, und die Schweiz kam am 12. Dezember 2008 als assoziiertes Land hinzu. Bulgarien, Zypern und Rumänien sind noch keine Vollmitglieder des Schengen-Raums; die Grenzkontrollen zwischen diesen Ländern und dem Schengen-Raum werden aufrechterhalten, bis der Europäische Rat entscheidet, ob die Voraussetzungen für die Abschaffung der Kontrollen an den Binnengrenzen erfüllt sind.
zusammengestellt nach: http://europa.eu/legislation_summaries (Zugriff am 15.05.2012) © Europäische Union, 1995–2012

M3 Schengen-Staaten

(•) Auf einen Blick

Die Wirkung offener Grenzen in Europa einschätzen

Die europäische Union – ein Binnenmarkt mit vier Grundregeln:

- freier Handel
- freie Wahl des Arbeitsplatzes
- freie Unternehmensgründung
- freier Kapitelverkehr

↑

Auswirkungen?

offene Binnengrenzen
(„Schengen-Raum“)

verstärkte Außengrenzen
(„Festung Europa“)

Weiterführende Aufgaben

1. Befragen Sie Ihre Eltern oder andere Erwachsene in Ihrem Bekanntenkreis nach Ihren Reiseerfahrungen in Osteuropa – auch im Osten Deutschlands – vor 1989. Berichten Sie.

2. Wie sieht das heutige Inter-Rail-Angebot der Bahn aus? Recherchieren und vergleichen Sie.

3. Stellen Sie sich eine Wunschreise zu einem oder mehreren Zielen im Osten Europas (von Estland bis Zypern) zusammen, bei der Sie nicht aufs Geld schauen müssen. Besorgen Sie sich dazu Material aus Reisebüros und aus dem Internet.

4. Entwerfen Sie für ein kleines Lokal in Ihrer Straße mit Namen „Europa“ eine ansprechende Speisekarte.

5. ***„Wenn wir nicht mehr danach suchen, was wir einander voraushaben, sondern was wir voneinander lernen können, dann wird Neues, Gutes entstehen, zum Beispiel***
aus urdeutscher Disziplin und türkischem Dribbling,
aus preußischem Pflichtgefühl und angelsächsischer Nonchalance,
aus schwäbischer Gründlichkeit und italienischer Lebensart,
demnächst vielleicht aus rheinländischer Lebenskunst und chinesischer Bildungsbegeisterung.“

Christian Wulff (Bundespräsident von 2010–2012) in seiner Antrittsrede vor dem Deutschen Bundestag, zit. nach: Berliner Zeitung vom 24./25.März 2012, S. 2

Nehmen Sie Stellung zu diesem Zitat und ergänzen Sie eine „Mischung“, die für Sie attraktiv wäre.

6.2 Arbeiten in Europa – was ist möglich?

Grundrechte-Charta und Europass

Patricia lernt Friseurin im dritten Lehrjahr. Nach der Prüfung will sie in Paris in einem Salon arbeiten – mindestens ein Jahr lang. Dann kann sie immer noch entscheiden, ob sie zurückkommt nach Deutschland oder dort bleibt. Vielleicht findet sie ja in Paris die große Liebe. Und wenn sie zurückkommt, dann hat sie mehr und andere Erfahrungen als ihre Kolleginnen, die in Deutschland geblieben sind.
Die Eltern sind skeptisch, als Patricia von ihren Plänen erzählt. Sie glauben nicht, dass es mit der Stelle in Paris klappt und dass Patricias Französisch gut genug ist. „Und wie willst du dich überhaupt mit deinem deutschen Abschluss in Frankreich bewerben?"

Arbeitsauftrag

In welchen EU-Staaten könnten Sie persönlich sich vorstellen, eine Zeit lang zu arbeiten?
Um zu einer gut begründeten Entscheidung zu finden, überlegen Sie, welche Fragen Patricia vor ihrem Arbeitsaufenthalt in Paris klären muss, damit er für sie erfolgreich wird.

1. Welche Probleme kann es bei einem Arbeitsaufenthalt im Ausland geben?

2. Welche Unterstützung bietet die EU an?

3. Welche Unterlagen helfen bei einer Bewerbung innerhalb der EU?

4. Wie und wo kann sich Patricia über die genauen Bedingungen informieren?

Im Ausland arbeiten – warum nicht!

Ein Auslandsaufenthalt im Beruf oder zur Fortbildung macht sich in jedem Lebenslauf gut. Manche Unternehmen stellen Bewerber mit Auslandserfahrung bevorzugt ein. Sie gehen davon aus, dass sie mehr Selbstständigkeit mitbringen, mehr Flexibilität und Mobilität, offener sind und weniger Berührungsängste gegenüber ausländischen Kunden und Lieferanten zeigen.
Die Erweiterung des Horizonts durch die sozialen Kontakte im Ausland, das Kennenlernen anderer Arbeitsweisen und anderer Kundenwünsche, einer anderen Mentalität und nicht zuletzt einer anderen Sprache sind auch für das Unternehmen nützlich, besonders bei Auslandskontakten.

Arbeitnehmerrechte in der Europäischen Union

Innerhalb der EU gibt es für Deutsche keine Einschränkungen: Wohnort und Arbeitsplatz können frei gewählt werden. → *S. 182*
Damit das Arbeiten im Ausland kein Reinfall wird, müssen aber auch die Arbeitsbedingungen und die Bezahlung stimmen. Hier gibt es große Unterschiede.
Zwar gilt die ***Charta der Grundrechte der Europäischen Union*** in den meisten EU-Staaten und garantiert allen einen sozialen Mindeststandard. Diese Grundrechte-Charta enthält z. B. das Recht auf Schutz der Gesundheit, auf soziale Sicherheit, auf wirtschaftlichen und sozialen Schutz der Familie. Für Arbeitnehmerinnen und Arbeitnehmer gibt es z. B. das Recht, Gewerkschaften zu gründen, das Recht auf Mutterschutz, auf angemessene Arbeitsbedingungen und das Verbot der Diskriminierung am Arbeitsplatz. Was im Einzelnen darunter zu verstehen ist, legt jeder Staat aber selbst fest. Eine gemeinsame Sozialpolitik der EU steht noch aus.

Andere Länder, andere Sitten

Hier sind einige zentrale Fragen, die im Voraus geklärt werden müssen:
- Welche Regeln gibt es für Zuzug, Aufenthalts- und Arbeitserlaubnis?
- Wie sind die Arbeitsbedingungen (Arbeitszeiten, Rechte am Arbeitsplatz …)?
- Wie hoch ist die Bezahlung? Mit welchen Abzügen vom Lohn muss ich rechnen? Wie hoch sind die Lebenshaltungskosten?
- Was geschieht mit meiner deutschen Sozialversicherung?
- Wie sieht es auf dem regionalen Wohnungsmarkt aus? Gibt es bezahlbare Wohnungen oder Zimmer?
- Wie steht es allgemein um die Lebensqualität – vom Lärm über öffentliche Verkehrsmittel und das Gesundheitswesen bis zur Kriminalität?
- Wie funktioniert das Zusammenleben zwischen Ausländern und Einheimischen?

Arbeiten in Schweden

„Das ganze Arbeiten in Schweden ist sehr locker. Man duzt sich, Chefs lassen einen ihre Macht nicht so spüren. Man ist auch nicht so pünktlich. […] Allerdings hat sich in den letzten Jahren der Wettbewerbsdruck doch bemerkbar gemacht. Vor allem Firmen, die mit Deutschland zu tun haben, verlangen inzwischen mehr Leistung."
Susanne Örtendahl, Altenpflegerin, lebt seit 2004 in Schweden.

Mindestens 25 Tage Urlaub im Jahr sind in Schweden gesetzlich vorgeschrieben, 4 Wochen davon können in der Regel im Juli oder August genommen werden. […] Außerdem gibt es Urlaubsgeld in Höhe von zwölf Prozent des Jahresgehalts.
Bundesagentur für Arbeit: Mobil in Europa, Schweden (Stand 2008)

M1 Erfahrungsberichte

Ein Stolperstein: die Anerkennung von Berufsabschlüssen

Wer längere Zeit im Ausland in seinem Beruf arbeiten will, muss sich um die Anerkennung seines Berufsabschlusses kümmern. Berufsausbildungen und Berufsabschlüsse sind in jedem Staat anders organisiert. Das in Deutschland bewährte System der dualen Ausbildung ist im Ausland die Ausnahme. Auch die Berufsbilder weichen voneinander ab. Wer als zahnmedizinische Fachangestellte nach Portugal gehen will, wird z. B. feststellen, dass diese Berufsbezeichnung dort gar nicht existiert.

Zwar gibt es innerhalb der Europäischen Union Regelungen über die gegenseitige Anerkennung von Berufsabschlüssen. Diese Anerkennung ist aber nicht selbstverständlich. Nötig ist sie z. B., um entsprechend der eigenen Qualifikation bezahlt zu werden.

europass

Europass Lebenslauf

Angaben zur Person	
Nachname(n)/Vorname(n)	Fischer Patricia
Adresse	Konstanzer Straße 83 D-59065 Hamm (Deutschland)
Telefon	04367/xxxxxxxx Mobil 0162/xxxxxxxx
E-Mail	pat.fisch@omx.de
Staatsangehörigkeit	deutsch
Geburtsdatum	04/07/199x
Geschlecht	Weiblich
Gewünschte Beschäftigung/ Gewünschtes Berufsfeld	Friseurin
Schul- und Berufsbildung	
Zeitraum	01/09/20xx - 30/06/20xx
Bezeichnung der erworbenen Qualifikation	Friseurin
Name und Art der Bildungs- oder Ausbildungseinrichtung	Elisabeth-Lüders Berufskolleg (Berufliche Schule) Am Ebertpark 7, 59067 Hamm (Deutschland)
...	

M2 Europass-Lebenslauf – ein Beispiel

Eine Hilfe: der Europass

Der Europass ist speziell für alle entwickelt worden, die in einem anderen EU-Staat arbeiten wollen. Er hilft den Arbeitgebern, Abschlüsse und Qualifikationen aus anderen EU-Staaten und die Sprachkenntnisse ausländischer Bewerberinnen und Bewerber leichter zu beurteilen. Er besteht aus fünf Elementen:

Europass Lebenslauf: Eine Vorlage, die online ausgefüllt und auf dem Rechner des Nutzers gespeichert wird.

Europass Sprachenpass: Formular zur Selbsteinschätzung der Fremdsprachenkenntnisse. Dessen Stufen richten sich nach dem „Gemeinsamen Europäischen Referenzrahmen für Sprachen". Inzwischen geben auch viele Schulabschlüsse das erreichte Niveau nach diesem Rahmen an.

Europass Mobilität: Wird von Organisationen beantragt, die Lern- oder Arbeitsaufenthalte im EU-Ausland anbieten.

Europass Zeugniserläuterungen: Verbindliche standardisierte Zeugniserläuterungen für viele Berufsabschlüsse (z. T. auch auf Englisch und Französisch).

Europass Diploma Supplement: Erläuterung zu Abschlusszeugnissen von Hochschulen.

Förderprogramme

Die EU organisiert außerdem z. B. Auslandspraktika für Auszubildende und junge Arbeitnehmer, Fortbildungsprogramme in ausländischen Unternehmen oder Auslandssemester für Studenten und Professoren. Das EU-Bildungsprogramm für lebenslanges Lernen (PLL) besteht aus vier Säulen: Comenius (Vorschul- und Schulbildung), Leonardo da Vinci (berufliche Aus- und Weiterbildung), Grundtvig (Erwachsenenbildung), Erasmus (Hochschulbildung).

Meist kann sich der Einzelne nicht direkt für diese Programme bewerben. Fördermittel können von privaten und öffentlichen Institutionen beantragt werden, zum Beispiel von Schulen und Universitäten, gemeinnützigen und kommerziellen Organisationen, aber auch von Unternehmen.

(•) Auf einen Blick

Einen Arbeitsaufenthalt im Ausland planen

Hinkommen

- Kontakte zu möglichen Arbeitgebern
- Bewerbungsunterlagen (Hilfe: Europass)
- Kontakte zu Vermietern

→

Arbeiten

- Bezahlung
- Steuern und andere Abgaben
- Arbeitsrecht (z. B. Kündigungsschutz)
- Anerkennung deutscher Abschlüsse

→

Leben

- Lebenshaltungskosten
- Wohnungsmarkt
- Lebensqualität
- Soziales Netz
- Soziale Kontakte

Förderprogramme der Europäischen Union (→ Hinkommen)

Charta der Grundrechte der Europäischen Union (→ Arbeiten, Leben)

Weiterführende Aufgaben

1. Ihr Chef bietet Ihnen an, nach dem Ende Ihrer Ausbildung für ein ausländisches Tochterunternehmen nach Spanien zu gehen. Würden Sie persönlich ein solches Angebot annehmen?
a) Überlegen Sie, welche Fragen Sie klären müssen, bevor Sie über Annahme oder Ablehnung eines solchen Angebots entscheiden.
b) Nennen Sie mögliche Gründe für Annahme oder Ablehnung.
c) Angenommen, Sie lehnen das Angebot ab: Stellen Sie Argumente zusammen, die Sie gegenüber Ihrem Chef vorbringen können.

2. Stellen Sie für einen möglichen Arbeitgeber in einem anderen EU-Staat in einer leicht verständlichen Übersicht zusammen, welche Qualifikationen Sie in Ihrer Tätigkeit erworben haben und welche Tätigkeitsbereiche für Sie infrage kommen.

3. Stellen Sie für Ihren Beruf fest, ob (und in welchen Sprachen) es bereits Zeugniserläuterungen gibt.

Prüfungsaufgaben

Beispiele

1. Der Europass
a) wird bei Reisen in Länder außerhalb der EU ausgestellt
b) erleichtert die Beurteilung von Abschlüssen und Qualifikationen in anderen EU-Staaten
c) ergänzt den Europäischen Führerschein bei längeren Auslandsaufenthalten
d) ist für EU-Bürgerinnen und EU-Bürger vorgeschrieben, die in einem anderen EU-Staat arbeiten wollen
e) ersetzt im europäischen Ausland den Sozialversicherungsausweis.

2. In Deutschland erworbene Berufsabschlüsse werden in anderen EU-Staaten
a) automatisch anerkannt
b) nicht anerkannt
c) anerkannt, wenn eine beglaubigte Übersetzung vorliegt
d) abhängig vom Beruf anerkannt.
e) Eine Anerkennung ist nicht nötig.

3. In welchem der folgenden Gebiete ist die europäische Einigung am weitesten vorangeschritten? Orientieren Sie sich an der Tabelle unten und erstellen Sie eine Rangfolge. → *Tabelle*

A Wirtschaft- und Währung
B Jugendaustausch und Bildungsförderung
C Soziale Rechte
D Verbraucherschutz

4. Nennen Sie die ***vier Freiheiten***, die das Konzept des Europäischen Binnenmarktes ausmachen und nennen Sie jeweils ein Beispiel dazu.

5. Nennen Sie drei Rechte für Arbeitnehmer in der Charta der Grundrechte der Europäischen Union.

6. Die Staaten Europas wachsen seit ihrer Gründung 1957 kontinuierlich zusammen.
a) Benennen Sie drei Staaten mit ihren Hauptstädten, die von Anfang an dabei waren.
b) Benennen Sie drei Staaten mit ihren Hauptstädten, die in der großen Erweiterungsrunde 2004 dazukamen.
c) Erläutern Sie zwei Gründe für das Zusammenwachsen der europäischen Länder seit dem Zweiten Weltkrieg.

7. Erklären Sie, was mit dem Schlagwort ***Euro-Krise*** gemeint ist.

Ausschließliche Zuständigkeit der EU	Geteilte Zuständigkeit zwischen EU und Mitgliedern	Unterstützende Zuständigkeit der EU
Diese Politikfelder regeln nur die Institutionen der EU in eigener Zuständigkeit: • Zollunion gegenüber Drittländern • gemeinsame Außenhandelspolitik • grundsätzliche Regelungen des Wettbewerbs im Binnenmarkt • gemeinsame Währungspolitik für die Euro-Zone • Erhaltung der biologischen Meeresschätze	Diese Bereiche können von den Staaten geregelt werden, solange die EU nicht aktiv ist: • gemeinsamer Binnenmarkt • Sozialpolitik • Zusammenarbeit von Justiz und Polizei • Einwanderungs- und Asylpolitik • regionale Förderung • Landwirtschaftspolitik • Umwelt- und Energiepolitik • Verbraucherschutz • Verkehrspolitik: EU-weiter Ausbau von Verkehrswegen	Hier darf die EU keine eigenen Gesetze erlassen: • Gesundheitspolitik • Industriepolitik • Förderung des Tourismus • kulturpolitische Maßnahmen und Programme • Jugendaustausch, Förderung der allgemeinen und beruflichen Bildung • Katastrophenschutz • Zusammenarbeit in grenzüberschreitenden Regionen

Tabelle Aufgabe 4

7. Die Welt im Wandel mitgestalten

Recherchieren
Linktipps zum Thema
y737c8

Methode: Szenarien entwickeln

„Wie geht es weiter?“

„Die Nordsee wird zum Mittelmeer“, schrieb eine deutsche Tageszeitung. Der Treibhauseffekt macht es möglich: Das zuströmende wärmere Atlantikwasser und die verstärkte Sonnenwärme spielen dabei eine Rolle. Eine schöne Sache für den deutschen Tourismus, oder?

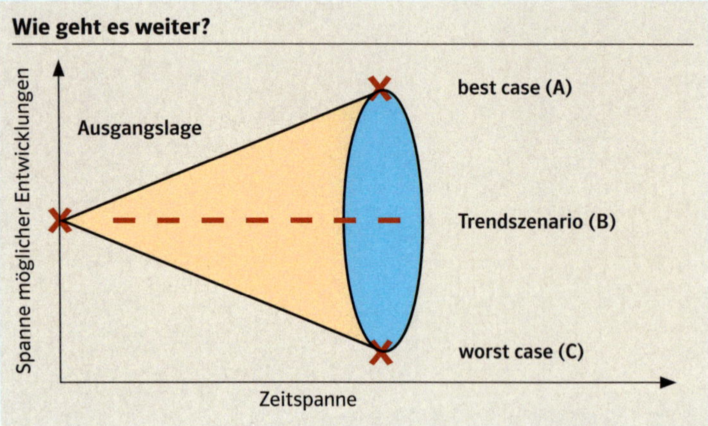

M1 Szenario-Trichter

Nicht überall zeigen sich die Folgen des Klimawandels so harmlos. Überschwemmungen, Dürre und Stürme haben jährlich weltweit zugenommen. Hunderttausende Menschen kostet das ihr Leben.

Wetterkatastrophen gab es schon immer. Doch heute kommen sie häufiger vor als früher. Experten sind sich sicher: Das Tempo des Klimawandels hat sich in den letzten Jahrzehntenten erhöht, und die Auswirkungen werden sich verschärfen.

Wer möchte da nicht gern einen Blick in die Zukunft werfen, um zu sehen, wie das Klima sich verändert oder wie unser Handeln Entwicklungen beeinflusst? Die Szenariotechnik ermöglicht dieses Gedankenspiel. Anders als Prognosen zeigen Szenarien unterschiedliche Möglichkeiten auf, was geschehen könnte. Es werden somit keine genauen Vorhersagen gemacht, aber auch keine realitätsfernen Utopien entwickelt.

Methodenschritte

1. Problemfindung
- Arbeitsauftrag klären: Problemstellung erfassen
- Grundinformationen lesen: Ausgangspunkt ist ein gesellschaftliches Problem, das eine größere Anzahl von Menschen betrifft.

2. Ermitteln von Einflussfaktoren
- Faktoren sammeln, die das Problem beeinflussen (z. B. in Form eines Brainstormings)
- die wichtigsten Faktoren (oder einen einzelnen) auswählen

3. Entwickeln von Szenarien
- Trend- und Extremszenarien unterscheiden
- Einflussfaktoren unterschiedlich bewerten und zu verschiedenen Szenarien gelangen

4. Suche nach Handlungsstrategien
- Einflussmöglichkeiten auf eine möglichst positive Entwicklung erarbeiten

Szenarien entwickeln – wie gehen Sie vor?

Die zukünftige Entwicklung des globalen Klimas lässt sich trotz stetig verbesserter Modellrechnungen nicht genau vorhersagen. Zu viele Faktoren mit ihren Wechselwirkungen haben darauf Einfluss. Aber es kann durchaus sinnvoll sein, einen Ausschnitt des Problems zu bearbeiten. So lässt sich z. B. der CO_2-Ausstoß in einem bestimmten Zeitraum berechnen und für die Zukunft prognostizieren.
CO_2 macht den Hauptanteil an dem von Menschen verursachten Treibhauseffekt aus. → *S. 195, 200–202*

1. Problemfindung
Wenn Sie Ihre ***Klima-Szenarien*** unter diesen Teilaspekt stellen, informieren Sie sich z. B. über die momentane Situation mit Hilfe der folgenden Fragen:
- Wie hat sich der CO_2-Ausstoß in den letzten Jahren entwickelt? → *S. 200*
- Wer sind die Verursacher dieser Emission? → *S. 200*
- Welchen Einfluss hat der CO_2-Ausstoß auf die Klimaentwicklung? → *S. 201*

2. Ermitteln von Einflussfaktoren
In diesem Schritt geht es darum, die Faktoren aufzuspüren, die Einfluss auf den Untersuchungsgegenstand haben, also in unserem Fall auf die Höhe des CO_2-Ausstoßes. → *S. 201–203*
Folgende Fragen helfen Ihnen dabei:
- Wie verändert sich die Weltbevölkerung in den nächsten 30 Jahren?
- Wie entwickelt sich das Bruttoinlandsprodukt in ausgesuchten Ländern/Kontinenten?
- Wie hoch ist der Energieverbrauch und welche Energieträger werden dafür eingesetzt?
- Welche Ziele verfolgen die Länder in der Klimapolitik und inwieweit werden sie erreicht?
- Inwieweit verändern Verbraucher ihr Konsumverhalten und nehmen dadurch Einfluss auf die Produktionsbedingungen in Industrie und Landwirtschaft?

3. Entwickeln von Szenarien
Auf der Grundlage der ermittelten Einflussfaktoren und ihrer wahrscheinlichen Entwicklung werden unterschiedliche Zukunftsbilder/Szenarien erstellt. Darin sollen, wenn möglich, auch die Konsequenzen aufgezeigt werden, die sich aus der Entwicklung ergeben. Folgende Szenarien lassen sich unterscheiden: → *M1*

das positive Extremszenario zeichnet die günstigste mögliche Entwicklung nach;

das negative Extremszenario zeichnet die schlechteste mögliche Entwicklung nach;

das Trendszenario geht davon aus, dass sich keine großen Veränderungen gegenüber der heutigen Situation ergeben.

Diese drei Szenarien bilden die Grundlage für die anschließende Diskussion möglicher Problemlösungen.

4. Suche nach Handlungsstrategien
In dieser abschließenden Phase werden nun Strategien und Maßnahmen entwickelt, um wünschenswerte positive Trends zu begünstigen und unerwünschte Entwicklungen zu verhindern. Folgende Leitfragen helfen Ihnen u. a. dabei:
Was kann ich selbst tun, wo kann ich mich engagieren?
Was sollten Staat und Unternehmer leisten?
Was kann die internationale Politik erreichen?

Die Methode kann für wichtige gesellschaftliche Zukunftsfragen genutzt werden. Mögliche Fragestellungen in diesem Buch sind:

Bleibt unser Gesundheitssystem bezahlbar?
→ *S. 30–33*

Wie entwickeln sich die Flüchtlingsströme in Afrika?
→ *S. 207*

7.1 Was tun wir für das Klima?

Ursachen und Folgen des Klimawandels

Monate andauernde extreme Trockenperiode im Südwesten Chinas, März 2010

Überschwemmungen nach heftigen tropischen Wirbelstürmen im Südosten Chinas, September 2011

Arbeitsauftrag

Legen Sie den Anteil fest, den der Klimawandel an den weltweiten Wasserproblemen hat.
Bearbeiten Sie dafür die folgenden Teilaufgaben:

1. Beschreiben Sie die Ursachen des Klimawandels. Unterscheiden Sie dabei natürliche und vom Menschen verursachte (= anthropogene) Faktoren.

2. Stellen Sie Vermutungen an mit Hilfe der Karte auf Seite 207, wer die Verlierer des Klimawandels sein werden.

3. Bestimmen Sie die Folgen, die sich für die Menschen auf der Welt aus den Wasserproblemen ergeben.

4. Erläutern Sie die Ursachen der Wasserproblematik.

Wasserprobleme weltweit

Die Zahl der weltweiten ***Naturkatastrophen*** hat in den letzten Jahrzehnten dramatisch zugenommen. Stürme, extreme Temperaturschwankungen und Waldbrände treffen vor allem die Menschen in den weniger entwickelten Ländern. Überschwemmungen und Dürreperioden zeigen, dass Wasser zu einem unberechenbaren Risiko geworden ist. Entweder gibt es zu viel davon oder zu wenig. Der sichere Zugang zu Trinkwasser bleibt vielen Menschen verwehrt. Sind diese wachsenden ***Wasserprobleme*** eine Folge des Klimawandels?

Ursachen des Klimawandels

Auf das Klima wirken zunächst natürliche Faktoren, z. B. die sich verändernde Intensität der Sonnenstrahlung oder Vulkanausbrüche. So hat es immer wieder zum Teil extreme, nicht von Menschen beeinflusste ***Klimaschwankungen*** mit Wechseln von Kalt- und Warmzeiten gegeben. Unter Klimaforschern zweifelt aber niemand ernsthaft daran, dass der Mensch immer mehr zu diesen Veränderungen beiträgt (anthropogene Faktoren). Es gibt vor allem einen unmittelbaren Zusammenhang zwischen der zunehmenden Industrialisierung und dem Temperaturanstieg auf der Erde.

Durch die industriellen Aktivitäten des Menschen werden vermehrt sogenannte ***Treibhausgase*** freigesetzt, die sich Jahrzehnte bis Jahrhunderte in der Atmosphäre aufhalten. Dazu gehören vor allem

Kohlendioxid (CO_2): Es entsteht bei der Verbrennung von fossilen Brennstoffen (z. B. Kohle und Erdöl) oder durch natürliche Brände und Brandrodung (z. B. des tropischen Regenwaldes).

Methan (CH_4): Die Zunahme von Methan um 145 Prozent in den letzten Jahren ist durch die intensive Landwirtschaft (Massentierhaltung, Düngung, Reisanbau) zu erklären.

Fluorkohlenwasserstoffe (FCKW): Sie haben eine sehr lange Verweildauer in der Atmosphäre und eine stark ozonabbauende Wirkung. In den Industrieländern ist FCKW seit 1996 verboten.

Die Treibhausgase, vor allem das CO_2, sammeln sich in der Atmosphäre und haben in einem Maße zugenommen, dass sie die von der Erdoberfläche reflektierte Wärme nicht mehr ausreichend in den Weltraum hinauslassen. Damit bleibt mehr Wärmeenergie auf der Erde, als gebraucht wird, um die bisherige, natürliche Temperatur aufrechtzuerhalten; es kommt zum sogenannten ***Treibhauseffekt***. *→ S. 196, M1* Die Folge: Die jährliche Durchschnittstemperatur der Erde und der Ozeane steigt.

Zugleich werden immer mehr Wälder abgeholzt, um den wachsenden Bedarf des Weltmarktes – nicht zuletzt in Europa – an landwirtschaftlichen Produkten zu decken. Der Amazonas-Regenwald wird von Flächen für Soja-Monokulturen und Weideland für die Viehzucht verdrängt. Dabei haben Wälder eine wichtige Funktion als „grüne Lunge", denn Pflanzen nehmen CO_2 auf und wandeln es in Sauerstoff um.

Wasserprobleme sind Klimaprobleme

Die steigenden Temperaturen lassen die Polkappen und Gletscher schmelzen. Für Millionen von Menschen sind die Gebirgsgletscher häufig die einzige und wichtigste Trinkwasserquelle. In den letzten 35 Jahren sind die Gletscher der Anden um 25 Prozent zurückgegangen. Die Wasserversorgung steht auf dem Spiel, wenn diese Entwicklung sich weiter fortsetzt.

Das Wasser der Gletscher in Grönland und der Antarktis lässt den Meeresspiegel steigen. Einigen Küstenregionen drohen dadurch Überschwemmungen und Stürme; einzelne Inselstaaten (z. B. Inselatolle im Pazifik) sind in ihrer Existenz bedroht. Die Veränderung im ***Ökosystem*** wird dazu führen, dass einige Arten sich dem Klimawandel nicht anpassen können und aussterben.

In vielen trockenen Erdregionen wird es noch weniger Wasser geben. In anderen Regionen wird es mehr Wasser geben, allerdings dort, wo ohnehin kein Mangel herrscht. Zehn Prozent weniger Regen bedeutet aber keineswegs, dass die Bewohner der betroffenen Region zehn Prozent weniger Wasser zur Verfügung haben; sondern es kann bedeuten, dass Flüsse nur noch halb so viel Wasser führen wie zuvor und Ernten nur halb so ergiebig sind – vor allem in Entwicklungsländern. Damit werden viele Gebiete infolge zunehmender Trockenheit unbewohnbar und die Menschen sind gezwungen, ihre Heimat zu verlassen.

Knappe Ressourcen

Die Verknappung von wichtigen ***Ressourcen*** wie Trinkwasser, Anbauflächen oder Weideland wird zunehmend zu gewaltsamen Konflikten um deren Verteilung führen. Darüber hinaus treiben geringere Ernteerträge die Preise für ***Grundnahrungsmittel*** (Weizen, Reis) nach oben und verschlechtern zusätzlich die Lebenssituation der Menschen in diesen Regionen.

Die ***Welthandelsorganisation (WHO)*** und das ***Kinderhilfswerk UNICEF*** haben ausgerechnet:

- 1 Milliarde Menschen haben keinen Zugang zu sicherem Trinkwasser.
- 2,5 Milliarden Menschen haben keinen Zugang zu sanitären Einrichtungen.
- 1,5 Millionen Kinder unter fünf Jahren sterben jedes Jahr an Krankheiten, die mit verschmutztem Wasser zusammenhängen.
- Für das Jahr 2030 ist davon auszugehen, dass der weltweite Bedarf an Wasser um 40 Prozent höher ist als die verfügbare Menge.

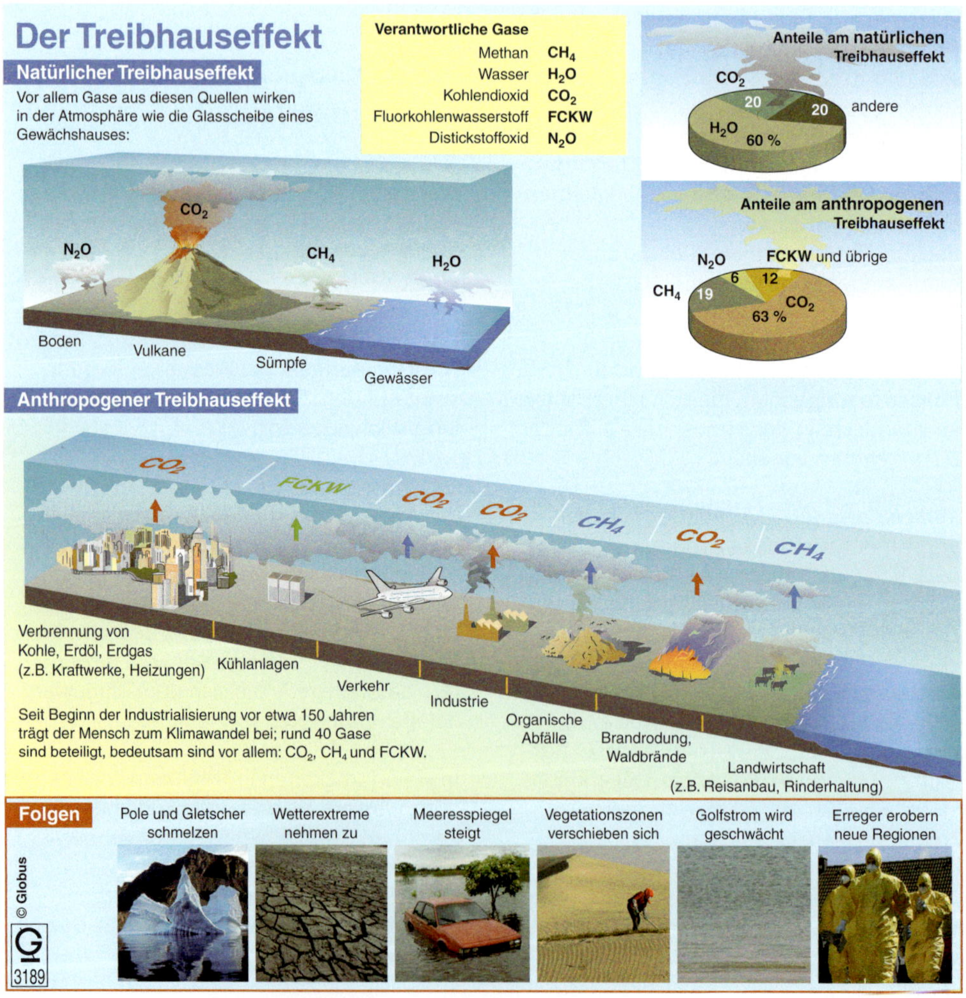

M1 Der Treibhauseffekt im Überblick

Wirtschaftliche Interessen

Die weltweiten Wasserprobleme lassen sich jedoch nicht allein dem Klimawandel zuschreiben. Von den Menschen, die keinen Zugang zu Trinkwasser haben, leben viele in Großstadtslums. Häufig übernehmen hier Unternehmen, die hohe Gewinne erzielen wollen, die Verteilung des Wassers. Ärmere Bevölkerungsschichten sind dann von der Wasserversorgung abgeschnitten. Auch auf dem Land kann die ***Wasserverteilung*** von wirtschaftlichen Interessen bestimmt sein.

Der ökologische Fußabdruck

Drei Viertel der globalen Erderwärmung gehen auf das Konto der Industrienationen, auch wenn nur 15 Prozent der Weltbevölkerung dort leben. Wie hoch der Ressourcen- und Energieverbrauch eines Menschen ist, gibt der ***ökologische Fußabdruck*** an. Er ermittelt, welche Fläche benötigt wird, um die Rohstoffe zur Verfügung zu stellen, die der Mensch für Ernährung, Konsum, Energiebedarf etc. verbraucht. Hinzugezogen wird auch die erforderliche Fläche, um Rückstände wie das Kohlendioxid aus der Verbrennung von fossiler Energie aufzunehmen und umzuwandeln.

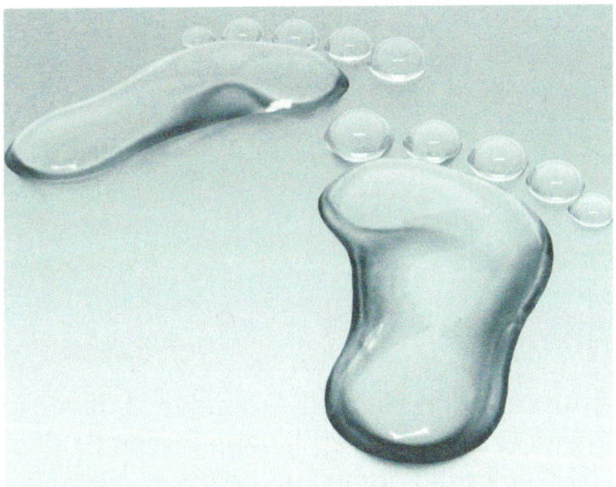

Ressourcenverbrauch wird also in Landfläche umgerechnet. So benötigt man zum Beispiel eine bestimmte Menge Wald, um Kohlendioxid abzubauen, oder es werden für die Gewinnung landwirtschaftlicher Produkte landwirtschaftliche Flächen und Wasser benötigt.

Nach dieser Rechnung braucht der durchschnittliche Deutsche ca. 4,5 Hektar Land pro Jahr, ein Österreicher gut 5 Hektar, ein Brite 5,4 Hektar, ein US-Amerikaner mehr als 9 Hektar. Dagegen beanspruchen die Einwohner von Ländern mit mittleren Einkommen nur 1,9 Hektar, die von armen Ländern nur 0,8 Hektar biologisch nutzbare Fläche. Da auf der Erde sieben Milliarden Menschen leben, stünden jedem derzeit 1,7 Hektar Land zu. Das bedeutet, wenn alle Menschen auf der Erde so leben würden wie wir, bräuchten wir mehrere Erden.

Lebensstil und Wasserverbrauch

Der Lebensstil der Menschen in den Industrienationen verschärft die Lebenssituation der Menschen, die am stärksten unter den Folgen des Klimawandels leiden. Dies wird u. a. am Wasserbrauch sichtbar. Während unser Trinkwasserverbrauch auf weniger als 130 Liter pro Einwohner und Tag zurückgegangen ist, verbrauchen wir tatsächlich 4 000 Liter pro Tag. So viel Wasser wird nämlich benötigt, um die Lebensmittel und Konsumgüter zu produzieren, die der Einzelne täglich konsumiert, das sogenannte ***virtuelle Wasser***. → *M2*
Einige Beispiele: Für ein Baumwoll-T-Shirt werden 2 200 Liter Wasser eingesetzt, für eine Jeans 6 000 Liter, für einen Hamburger 2 400 Liter und für eine Tasse Kaffee 140 Liter Wasser. Dabei importiert Deutschland wasserintensive Agrarprodukte vor allem aus den Ländern, die unter Wasserknappheit leiden.

Kleidung verbraucht Wasser

1100 kg Kleidung sind in der ehemaligen Spinnerei Herding in Bocholt ausgebreitet – so viel Kleidung verbraucht in Deutschland ein Mensch im Schnitt in seinem Leben.

M2 Virtueller Wasserverbrauch

(•) Auf einen Blick

Den Zusammenhang von Wasserproblemen und Klimaerwärmung erläutern

Hunger | Dürre | Konflikte | Krankheiten

↑ ↑ ↑ ↑

Warum sind Wasserprobleme Klimaprobleme?

↑ Ursachen ↑

Natürliche Faktoren des Treibhauseffekts:
-
-
-

Vom Menschen verursachte (anthropogene) Faktoren:
- Ausstoß von Treibhausgasen
- hoher Ressourcenverbrauch
- ungerechte Ressourcenverteilung

Weiterführende Aufgaben

1. ***„Unsere gemeinsame Mutter Natur zeigt ihren Kindern immer deutlicher, dass ihr Geduldsfaden gerissen ist."***
(Dalai Lama)
Nehmen Sie Stellung zu dieser Aussage.

2. Seit Juli 2010 ist der Zugang zu sauberem Trinkwasser und Sanitärversorgung offiziell ein Menschenrecht. Die UN-Vollversammlung hat eine entsprechende Resolution verabschiedet.
Bewerten Sie diese Entscheidung.

3. Experten befürchten, dass es in Zukunft Kriege um Wasser geben könnte. Wie beurteilen Sie diese Gefahr?

4. Unterteilen Sie die Folgen des Klimawandels in die Bereiche: klimatische Folgen, ökonomische Folgen und politische Folgen.

5. Der „ökologische Fußabdruck" eines durchschnittlichen Westeuropäers liegt bei 4,7 Hektar, eines US-Amerikaners bei 9,4 Hektar und eines Einwohners aus einem armen Land bei 0,8 Hektar nutzbarer Fläche.
a) Erklären Sie, was man unter dem „ökologischen Fußabdruck" versteht.
b) Finden Sie eine Erklärung für das Zustandekommen der unterschiedlichen Werte.

Strategien der Welt-Klimapolitik

Arbeitsauftrag

Stellen Sie mit Hilfe der Szenariotechnik dar, wie sich der weltweite Ausstoß von CO_2 entwickeln kann.
Nutzen Sie dafür

- die Methodenseite 192–193 zur Szenariotechnik,
- die folgenden Seiten dieser Lernsituation und
- den angegebenen Standpunkte-Code des Kapitels. → *S. 177*

Der Weg in die Klimakatastrophe?

Der Klimawandel – da sind sich fast alle Experten einig – ist nicht mehr aufzuhalten. Vor allem der Ausstoß von CO_2 ist seit Mitte des letzten Jahrhunderts stark gestiegen. Im Jahr 2010 lag der Wert bei 33 Milliarden Tonnen. Das ist doppelt so hoch wie vor 30 Jahren.

Verursacht wird der CO_2-Ausstoß durch das Verbrennen von fossilen Energien (Kohle, Erdöl, Erdgas) u.a. durch die Industrie, die Energiewirtschaft, den Straßenverkehr, in Haushalten und durch Brände.

Betrachtet man den gesamten CO_2-Ausstoß eines Landes, so ist China der größte „Klima-Sünder". → *M1* Verteilt man die Emissionen eines Landes auf die jeweilige Einwohnerzahl, so ergibt sich: Jeder US-Bürger verursacht viermal so viel CO_2-Ausstoß, jeder Bundesbürger doppelt so viel wie ein Chinese.

Ho-Chi-Minh-Stadt, Vietnam

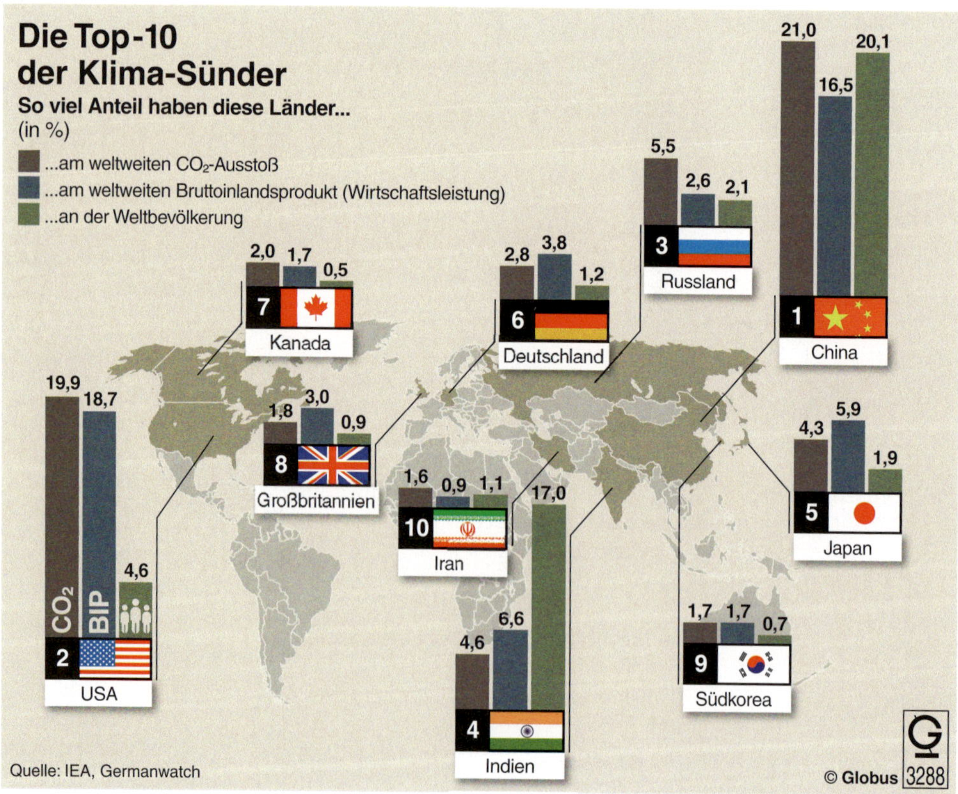

M1 CO_2-Ausstoß der Länder

Auswirkungen und Prognosen

Innerhalb der letzten 150 Jahre ist die globale Durchschnittstemperatur um ca. 0,6 °C gestiegen. Das ist in etwa so viel, wie die Temperatur in den letzten tausend Jahren zugenommen hat. Auch wenn dieser Wert als sehr niedrig erscheint, so sind die Folgen des Klimawandels bereits heute erkennbar.

Welche unmittelbaren Auswirkungen ein zunehmender Ausstoß von CO_2 auf die verschiedenen Regionen der Erde hat, ist nicht genau festzulegen. Trotz ständiger Verbesserung der Klimamodellrechnungen sind die Prognosen mit vielen Unsicherheiten verbunden.

Für die Zukunft erwartet man:
- Bleibt es beim derzeitigen Ausstoß, dann verdoppelt sich bis 2030 der Kohlendioxidgehalt der Atmosphäre, und die Temperatur steigt um 2° bis 2,5 °C.
- Wenn die Emission (Ausstoß) von Treibhausgasen im gleichen Tempo wie in den letzten Jahrzehnten ansteigt, rechnet man mit einer Erwärmung um bis zu 4° - 5 °C.
- Sollten weitreichende Maßnahmen zur Reduzierung des CO_2-Ausstoßes getroffen werden, gehen andere Prognosen von einem Temperaturanstieg um ca. 1 Grad aus.

Die Klimaänderung könnte für Europa bedeuten:
- Anstieg des Meeresspiegels infolge des Gletscherschwundes, was die deutschen Nordseeinseln und die Festlandküste bedrohen würde;
- Veränderungen der Klimazonen: Ein Anstieg der Temperatur um ca. 1° bis 3 °C würde die gegenwärtigen ***Klimazonen*** um ca. 150 bis 550 km polwärts verschieben.

In Europa nehmen Niederschläge zu und die Gefahr der Überschwemmungen steigt. Südeuropa muss mit Hitzewellen, Trinkwasserproblemen und Ernteeinbußen rechnen; in Nordeuropa werden infolge ansteigender Temperaturen höhere Ernteerträge erzielt. In vielen anderen Regionen, vor in allem in Afrika, sind die Auswirkungen eines Klimawandels katastrophal (Wasserknappheit, Überschwemmungen, Versteppung). Die Wüste dringt vor in Räume, die bisher noch von Menschen genutzt wurden.

Weltklimakonferenzen
Die UN-Klimakonferenz (englischer Originaltitel United Nations Climate Change Conference, auch (Welt-)Klimagipfel oder Welt-Klimakonferenz) ist die seit 1995 jährlich stattfindende Vertragsstaatenkonferenz der UN-Klimarahmenkonvention. Seit 2005 ist die Konferenz um das Treffen der Mitglieder des Kyoto-Protokolls ergänzt worden.

Klimapolitik – eine internationale Aufgabe

Die Probleme der Erderwärmung lassen sich nur gemeinsam – europaweit und global – von den Staaten lösen. Zum einen müssen Maßnahmen ergriffen werden, um den Schadstoffausstoß in den Ländern zu verringern und zum anderen müssen in internationalen Abkommen Staaten zu einer globalen ***Klimapolitik*** verpflichtet werden.

1992 wurde in Rio de Janeiro eine Klimarahmenkonvention unterzeichnet, in der sich die Industrieländer zu einer Reduzierung ihrer Emissionen von Treibhausgasen verpflichteten.

Als Fortentwicklung dieser Konvention wurde 1997 von 160 Staaten das sogenannte ***Kyoto-Protokoll*** verabschiedet, in dem erstmals rechtsverbindliche Verpflichtungen für die Industrieländer festgelegt wurden. Darin verpflichten sich die Länder (mit Ausnahme der USA), ihre Emission von Treibhausgasen bis zum Jahr 2012 um mindestens 5,3 Prozent auf der Basis von 1990 zu senken. Die einzelnen Länder akzeptierten unterschiedliche Emissionsminderungen; die EU legte sich auf 8 Prozent, Deutschland auf 21 Prozent fest.

2009 hat sich die Staatengemeinschaft das Ziel gesetzt, den Temperaturanstieg um nicht mehr als 2 °C gegenüber der vorindustriellen Zeit ansteigen zu lassen. Ein darüber hinausgehender Temperaturanstieg, bei über 4 °C, könnte das Eis in Grönland und der Antarktis schmelzen lassen, mit verheerenden Folgen für das Ökosystem.

Das 2 °C-Ziel lässt sich nach Auffassung des ***Weltklimarates (IPCC)*** aber nur dann erreichen, wenn die Industriestaaten bis zum Jahr 2020 ihre Emissionen um 25 Prozent bis 40 Prozent reduzieren. 2012 ist das Kyoto-Abkommen ausgelaufen. Auf den folgenden ***Weltklimakonferenzen*** konnte man sich allerdings noch nicht auf weitere verbindliche Werte einigen.

Auf dem Weg zum 2 °C-Ziel?

Deutschland hat in den letzten Jahren große Anstrengungen unternommen, um seine Verpflichtung aus dem Kyoto-Protokoll zu erfüllen. Tatsächlich lagen im Jahr 2010 die Treibhausgasemissionen in Deutschland um etwa 25 Prozent unter dem Niveau von 1990 (2009 = 21 Prozent). Der weitere Fahrplan sieht vor, bis zum Jahr 2020 um 40 Prozent einzusparen.

Es zeigte sich, dass Wirtschaftswachstum und Klimaschutz vereinbar sind. Mit der Umstellung des Energiekonzeptes auf regenerierbare Energieträger sollen nun die Emissionen sinken. Aber welche Rolle spielt Deutschland gemeinsam mit wenigen anderen Ländern im Kampf für den Klimaschutz: Sind wir Vorreiter oder Einzelkämpfer?

Die Entwicklung in den nächsten Jahren und Jahrzehnten wird entscheidend beeinflusst durch

die Bevölkerungsentwicklung in Afrika und Asien: Bis zum Jahr 2060 rechnet man mit einer Weltbevölkerung von 9,5 Milliarden Menschen.

das Wirtschaftswachstum in ehemaligen Schwellenländern wie Indien und China: Wird dort mit einem höheren Energiebedarf auch ein steigender CO_2-Ausstoß einhergehen? Derzeit kommen in Deutschland auf 1000 Einwohner mehr als 600 Pkw – in China sind es gerade einmal 20 Pkw. Eine Motorisierung Chinas wie in Europa wäre für das Klima verheerend.

die Entwicklung neuer Technologien: Wird es zügig gelingen, neue Technologien zu entwickeln und einzusetzen, die den Schadstoffausstoß trotz steigenden Energiebedarfs stabil halten oder sogar verringern?

Was kann der Einzelne tun?

„Sei die Veränderung, die du bewirken willst!“
(Mahatma Ghandi)

Da der Energiesektor die Hauptursache für den Ausstoß von CO_2 ist, muss beim Energieverbrauch und der Energieherstellung angesetzt werden. Die wichtigsten Maßnahmen bestehen dabei in der Verringerung des Einsatzes ***fossiler Energieträger*** durch Einsatz ***regenerativer Technologien*** (Solar- und Windenergie). Darüber hinaus muss sich das Konsumverhalten der Verbraucher ändern, und der Einsatz energieeffizienterer Technologien sollte erfolgen: z. B. CO_2-Standards für Pkw, Elektroautos etc.

Jeder Bundesbürger verursacht im Durchschnitt jährlich einen CO_2-Ausstoß von ca. 11 Tonnen. Damit liegt er deutlich über dem weltweiten Pro-Kopf-Aufkommen von 6,8 Tonnen. Somit trägt jeder von uns einen (erheblichen) Teil zum Klimawandel bei. Hinter den Zahlen verbergen sich unsere alltäglichen Handlungen. → *M3*

Dazu gehören
- der Verbrauch von Energie für Heizung und Strom,
- die Nutzung von Verkehrsmitteln (PKW, öffentliche Verkehrsmittel, Flugzeuge),
- der Verbrauch von Nahrungsmitteln und
- der Konsum von Gütern und Dienstleistungen.

Zur ***globalen Gerechtigkeit*** gehört es aber, dass nicht eine kleine Gruppe der Menschheit auf Kosten der großen Mehrheit lebt. Das gilt für die gegenwärtigen wie die zukünftigen Generationen.

Wir könnten zum Beispiel
- mehr die öffentlichen Verkehrsmittel nutzen,
- beim Stromverbrauch sparen und nicht unnötig heizen,
- regionale Produkte kaufen,
- weniger Fleisch konsumieren, denn die Viehzucht sorgt für hohe Emissionen,
- bewusster mit Lebensmitteln umgehen, wenn man bedenkt, dass in Europa und in den USA pro Person jährlich 300 Kilogramm Lebensmittel verschwendet werden; ca. 100 Kilo werden dabei von den Verbrauchern weggeworfen.

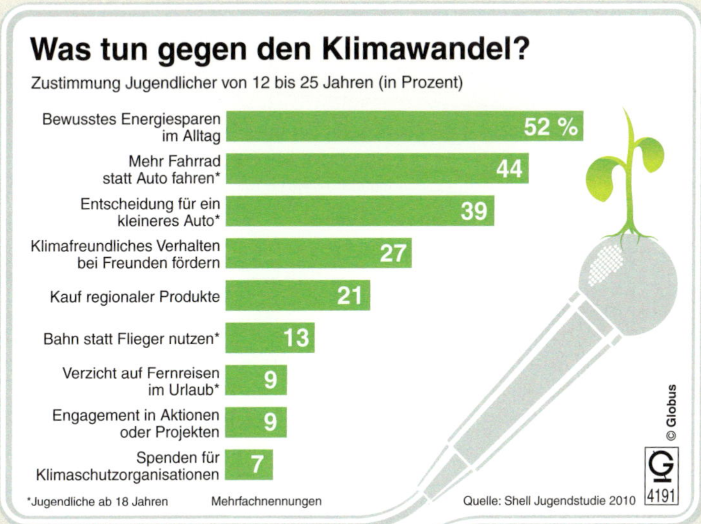

Bei welchen Aktivitäten wird wie viel Gramm CO_2 freigesetzt?	
mit dem Flugzeug reisen: 500 km, pro Passagier	115 000
Autofahren: 500 km	96 000
Bahnfahren: 500 km, pro Passagier	24 000
im Winter Erdbeeren essen: 1 kg, eingeflogen aus Südafrika	11 600
drei Minuten heiß duschen	2 885
Fleisch essen, aus deutscher Herstellung: • 200 g Rindersteak • 200 g Schweineschnitzel	 1290 380
Räume beleuchten: 9 Std., 60 Watt Glühbirne	286
Zähneputzen: elektrisch, zweimal täglich	95

zusammengestellt nach: http://www.rp-online.de/wissen/leben/was-wie-viel-co2-verursacht-1.566611

M3 Unser CO_2-Verbrauch

(•) Auf einen Blick

Klima-Szenarien entwickeln

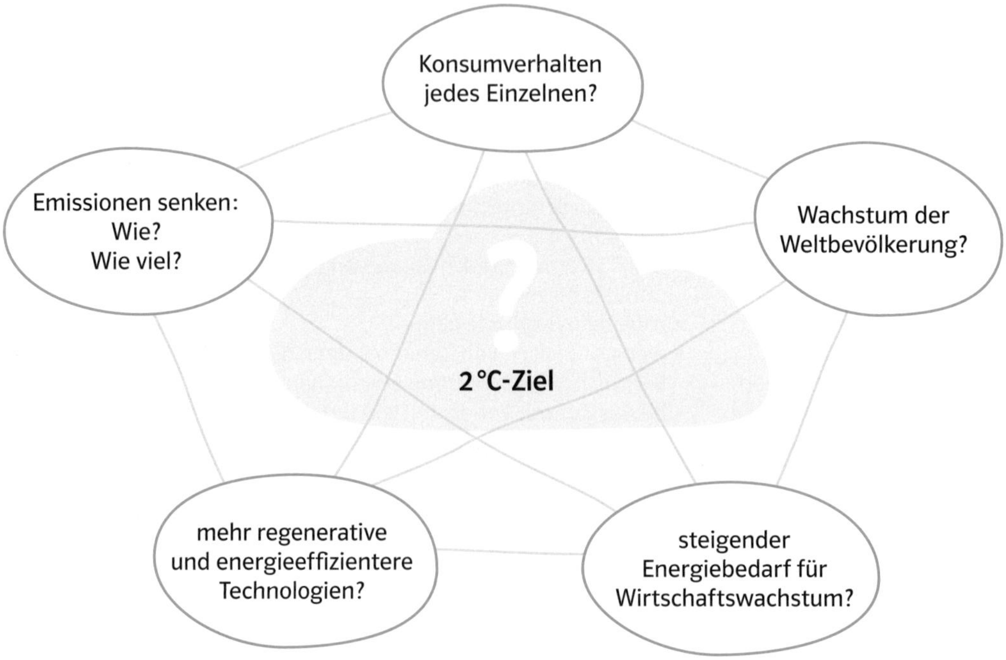

Weiterführende Aufgaben

1. Erörtern Sie Maßnahmen und Verhaltensweisen in Ihrem persönlichen Umfeld, mit denen Sie einen Beitrag zum Klimaschutz leisten können.

2. Bestimmen Sie, welche Folgen der Klimawandel für die folgenden Bereiche in Deutschland hat:
a) Tourismus
b) Versicherungswirtschaft
c) Landwirtschaft
d) staatlicher Katastrophenschutz

3. Viele Bürger nutzen die Möglichkeit der „Billigflieger“, um kostengünstig Auslandsreisen zu unternehmen. Dabei verursacht der Verkehrsträger Flugzeug den höchsten Ausstoß an CO_2. Soll der Staat das Flugbenzin stärker besteuern? Sammeln Sie Argumente pro und kontra.

4. Was würde passieren, wenn alle sieben Milliarden Menschen auf der Erde unseren Lebensstil, unsere Mobilität und unseren Energieverbrauch übernehmen würden?
→ *Szenariotechnik, S. 192, 193*

7.2 Warum brauchen wir Entwicklungspolitik?

Armut und Flucht

Arbeitsauftrag

Diskutieren Sie, inwieweit Armut und Flucht in der Welt uns etwas angehen.
Und so bereiten Sie Ihre Standpunkte vor:

1. Zeigen Sie am Beispiel des Bauern Kamran → *M1* den Zusammenhang zwischen Unterentwicklung und Flucht auf.

2. Beschreiben Sie die wichtigsten Ursachen für Unterentwicklung. Nehmen Sie dazu auch die Karte → *S. 207* zu Hilfe.

3. Bestimmen Sie die Mitschuld, die die Industrienationen an der Situation der Entwicklungsländer haben.

4. Fassen Sie die Grundsätze der staatlichen Entwicklungspolitik → *M4* stichpunktartig zusammen und nehmen Sie eine Gewichtung vor.

5. Beurteilen Sie die rechtlichen Bestimmungen, die in Deutschland bei Armutsflüchtlingen angewandt werden.

Flüchtlingsströme auf der Welt

Mehr als 40 Millionen Menschen waren im Jahr 2010 auf der Flucht, fast alle aus den sogenannten weniger entwickelten Ländern. → S. 208 Auf der Suche nach einer neuen Lebensgrundlage flüchten sie vor Bürgerkrieg, Hungersnot, politischer Verfolgung oder gewaltsamer Vertreibung. Nur ein kleiner Teil sucht Zuflucht in den Industrieländern.

Auch wenn sich die meisten Flüchtlingsströme auf dem jeweiligen Kontinent bewegen, suchen immer mehr Menschen den Weg nach Europa und Deutschland. Politisch Verfolgte haben nach der Genfer Flüchtlingskonvention der UN ein Bleiberecht und können nach dem Grundgesetz Asyl beantragen. Wörtlich heißt es in Artikel 16a:

(1) Politisch Verfolgte genießen Asylrecht.
(2) Auf Absatz 1 kann sich nicht berufen, wer aus einem Mitgliedstaat der Europäischen Gemeinschaften oder aus einem anderen Drittstaat einreist, in dem die Anwendung des Abkommens über die Rechtsstellung der Flüchtlinge und der Konvention zum Schutze der Menschenrechte und Grundfreiheiten sichergestellt ist.

Allgemeine Notsituationen wie Armut und Naturkatastrophen werden jedoch nicht als Asylgrund anerkannt. Mehrere Hunderttausend Menschen leben illegal in Deutschland.

Kamran, 27, Bauer in Pakistan

„Als Bauer aus der Nähe Gujrat ging es uns eigentlich sehr gut, meinem Bruder und mir, wir hatten sogar gespart […]. Das Problem begann damit, dass ein sehr einflussreicher Mann unser Land haben wollte. Er wollte uns zwingen ein Papier zu unterschreiben, aber das haben wir natürlich abgelehnt. Er hat dann Männer geschickt, die meinen Bruder totgeschlagen haben. Mir haben Sie ein Bein mit Säure aus einer Autobatterie verätzt […]. Nach Hause konnte ich nicht mehr. Sobald ich laufen konnte, bin ich los. Durch Iran, die Türkei bis Griechenland. Ich bin oft nachts gelaufen und habe mich tagsüber versteckt. Bis Griechenland kostet es im Schnitt 4000 Euro, je nachdem an welchen Schlepper du gerätst […]. In Griechenland ist es schwer zu bleiben. Aber es gibt die Möglichkeit, illegal nach Italien überzusetzten. In Italien habe ich dann illegal gelebt. Aber ich konnte nicht mehr und habe offiziell Asyl beantragt."

Kamran, 27, Bauer aus Gujrat/Pakistan (23.04.2011): http://archiv.sueddeutsche.de

M1 Flüchtlingsschicksal

Flüchtlingsströme und mögliche Fluchtursachen

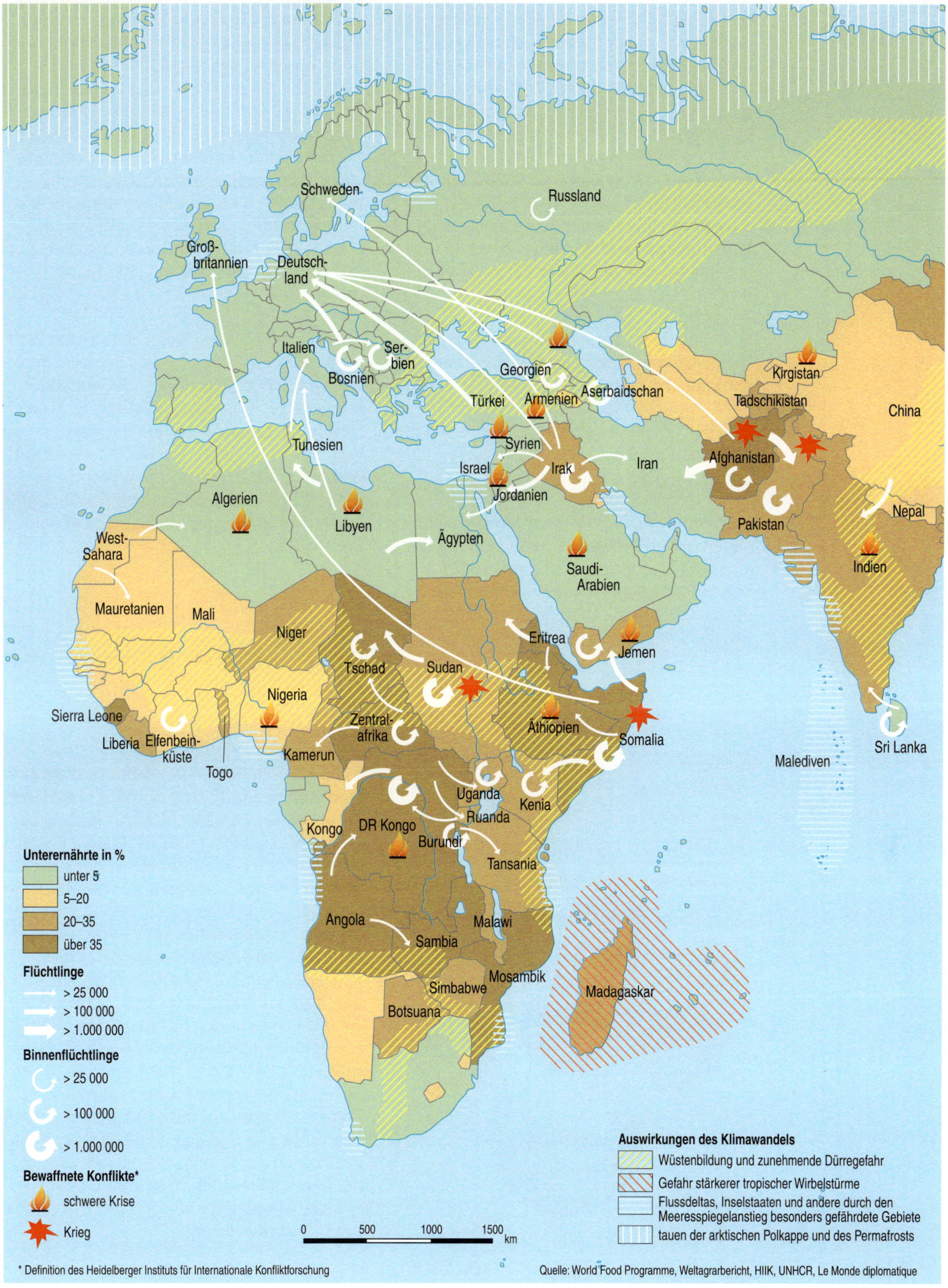

Die Einteilung der Welt

Im Herbst 2011 wurde der siebenmilliardenste Mensch geboren. Auch wenn es im heutigen Sprachgebrauch nur die „Eine Welt" gibt, so sind doch die Lebensbedingungen für die Menschen auf der Erde völlig unterschiedlich. In den Industrienationen leben nur 15 Prozent der Weltbevölkerung, ihnen stehen aber mehr als 50 Prozent der Weltproduktion zur Verfügung. Hingegen müssen in vielen Teilen Afrikas, Asiens und Südamerikas 1,4 Milliarden Menschen täglich mit weniger als 1,25 Dollar auskommen. → M2

Eine Einteilung der Länder nach ihrem Entwicklungsstand lässt sich folgendermaßen vornehmen:

Den höchsten Entwicklungsstand haben die ***Industrienationen*** in Europa, Nordamerika und Teilen Asiens (z. B. in Japan).

Eine Reihe von Entwicklungsländern, die sogenannten ***Schwellenländer***, entwickeln sich aufgrund ihrer internationalen Wettbewerbsfähigkeit zu Industrienationen. Zu ihnen gehören die BRIC-Staaten (Brasilien, Russland, Indien, China).

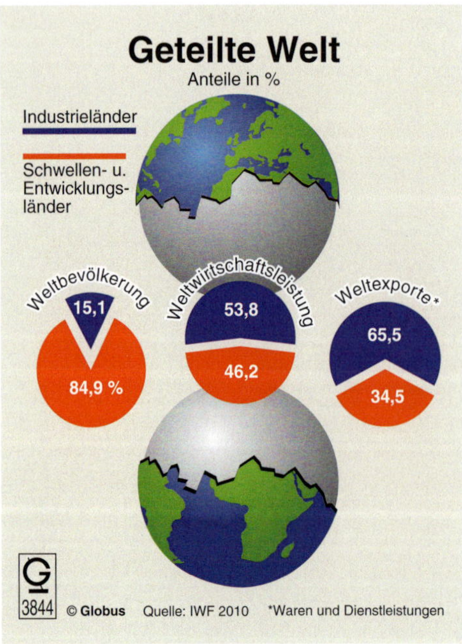

M2 Globale Verteilung

Die unterentwickelten Länder oder ***Dritte-Welt-Länder*** weisen ein niedriges Pro-Kopf-Einkommen, hohe Verschuldung, geringe Produktivität, mangelnde Infrastruktur oder hohe Arbeitslosigkeit auf.

Fast immer kommen zu diesen wirtschaftlichen noch gesellschaftliche und politische Merkmale der Unterentwicklung dazu, wie z. B. ein hohes Bevölkerungswachstum, mangelhafte medizinische Versorgung, ein niedriger Bildungsstand, unzureichende soziale Sicherung, Wasserknappheit, ein fehlendes Bildungssystem oder Kinderarbeit.

Da es innerhalb der Länder der Dritten Welt große Unterscheide gibt, werden die am wenigsten entwickelten Länder, vor allem in Afrika, zur Gruppe der ***LCD-Länder*** (Least Developed Countries) oder der „Vierten Welt" zusammengefasst. Hier ist die Armut ganzer Bevölkerungsgruppen besonders groß, die Länder haben keinen nennenswerten Außenhandel und verfügen nicht über Rohstoffe.

Ursachen der Unterentwicklung

Genauso vielfältig wie das Erscheinungsbild von Unterentwicklung sind ihre Ursachen. Dazu zählen:

die politischen Verhältnisse: Viele Staaten werden von autoritären, diktatorischen Regierungen geführt. Ungleiche Einkommensverteilungen, persönliche Bereicherung der politischen Eliten, staatliche Willkür, Korruption und Verletzung der Menschenrechte sind an der Tagesordnung.

die Bevölkerungsentwicklung: Wenn immer mehr Menschen geboren werden, werden entsprechend mehr Nahrungsmittel benötigt, auch Krankenhäuser, Schulen usw. Tatsächlich ist in den meisten Entwicklungsländern der jährliche Bevölkerungszuwachs größer als das Wirtschaftswachstum. Diese Entwicklung vergrößert die Armut. Die Folge ist Landflucht mit einer zunehmenden Verstädterung und den damit verbundenen Problemen der Kriminalität und Prostitution. Daher sehen viele in der mangelnden Familienplanung die wesentliche Ursache der Unterentwicklung.

Andere weisen jedoch darauf hin, dass starkes Bevölkerungswachstum nicht Ursache, sondern Folge der Unterentwicklung ist. Sie stellen einen Zusammenhang zwischen wirtschaftlicher Entwicklung und geringerem Bevölkerungszuwachs her. Dies belegen sie mit dem Bevölkerungsrückgang in den entwickelten Ländern.

das Klima: Vor allem in Teilen Afrikas führen lang anhaltende Trockenzeiten zum Ausfall der Ernten. Die zunehmende Erderwärmung wird in Zukunft zu noch extremeren Wetterbedingungen mit längeren Dürreperioden und Überschwemmungskatastrophen führen. Eine Ursache dafür ist der hohe Schadstoffausstoß (CO_2) in den Industrienationen und Schwellenländern.
Ökologische Veränderungen können auch Folge einer verfehlten oder nicht vorhandenen Umweltpolitik in den Ländern sein. Der Raubbau an natürlichen Ressourcen oder der Anbau von Monokulturen verändern das ökologische System.

die Stellung in der Weltwirtschaft: Entwicklungsländer nehmen überwiegend die Rolle von Rohstofflieferanten für die Industrienationen ein. Dadurch sind sie in einer wirtschaftlich schwächeren Position, da lediglich die Weiterverarbeitung Know-how und technologischen Fortschritt schafft. Diese Wirtschaftsstrukturen wurden in vielen Ländern in Zeiten des Kolonialismus angelegt.

In den vergangenen Jahren sind Länder wie China zusätzlich als Käufer von Rohstoffen auf dem Weltmarkt aufgetreten. Die erhöhte Nachfrage hat zu Preiserhöhungen z. B. für Kupfer, Eisenerz und Erdöl geführt. Davon profitieren die Entwicklungsländer. Es steigen aber auch die Preise für Produkte wie Mais, Reis und Weizen. Dies führt wiederum zu einer Verschlechterung der Lebenssituation der Bevölkerung.

Der ständig steigende Bedarf an landwirtschaftlichen Produkten hat auch dazu geführt, dass Investoren aus den Industrienationen landwirtschaftliche Flächen, vor allem in Afrika, kaufen und pachten. → M3 Dies erfolgt häufig zu Schleuderpreisen, meist zu Lasten der einheimischen Bevölkerung. So werden Menschen von ihrem Land vertrieben, und der knappe Rohstoff Wasser wird für die Bewässerung der Felder eingesetzt. Dabei haben heute bereits eine Milliarde Menschen keinen direkten Zugriff auf Trinkwasser. Die dort angebauten landwirtschaftlichen Rohstoffe werden zu einem großen Teil in den Industrienationen und in den Schwellenländern zur Energiegewinnung und als Viehfutter (vor allem Soja) für die Fleischproduktion verwandt.

die Verschuldung: Viele Länder sind so hoch überschuldet, dass sie Gefahr laufen, zahlungsunfähig zu werden und wichtige Aufgaben im Inneren nicht mehr erfüllen zu können. Der Schuldendienst der Dritten Welt (Zinsen und Tilgung) übersteigt inzwischen die öffentliche Entwicklungshilfe aller Länder um das Doppelte.

Hilfe oder Entwicklungsblockade?

Als sich Belgiens König Leopold II vor 135 Jahren die Kontrolle über den Kongo erschlich, hatte er vor allem eines im Sinn: viel Geld in die eigene Tasche zu scheffeln. Zu diesem Zweck gründete er eine private Finanzgesellschaft. Die Folgen sind bekannt. Rücksichtslos ließ er das Land von Privatsöldnern ausplündern. Kautschuk und andere Rohstoffe aus dem Kongo waren damals nicht nur in Europa heiß begehrt. Die Bevölkerung wurde brutal zur Arbeit in den Plantagen gezwungen. Zehntausende kamen dabei um. Nach heutigem Wert eignete sich Leopold II. ein Vermögen von über einer Milliarde Euro an.
Die Landspekulationen von heute können sich solche Auswüchse freilich nicht mehr erlauben. Trotzdem erinnert einiges von dem, was sich auf den Äckern der Welt abspielt, an vergangene finstere Tage. Menschen werden von ihrem Land vertrieben oder sind gezwungen, für einen Hungerlohn Feldarbeit zu leisten. Die neuen Herren sind Fremde. Finanzinvestoren oder Konzerne. Sie kommen aus China, Indien, dem arabischen Raum, aus Japan, Europa und den USA. Mit ihren Traktoren erobern sie riesige Ländereinen in Afrika, Südamerika, Osteuropa und Südostasien.
Seit weltweit Lebensmittel knapper werden und die Preise für Agrarrohstoffe steigen, lockt die Aussicht auf hohe Gewinne. Der bekannte US-Finanzinvestor Warren Buffett predigt seiner Anleger-Fangemeinde seit Jahren, Ackerland sei besser als Gold.

Silvia Liebrich /Tim Neshitov, Besser als Gold, in: Süddeutsche Zeitung vom 25./26.06.2011

M3 Pressebericht

„Was gehen uns die an?“

Was folgt, wenn die Probleme in den Entwicklungsländern weiter zunehmen? Lassen sich die Flüchtlingsströme aufhalten, und inwieweit können in Zeiten der Globalisierung Konflikte noch lokal begrenzt werden? Genau wie unser Verhalten Einfluss auf die Lebensbedingungen in den weniger entwickelten Ländern hat, gilt das auch umgekehrt: Konflikte oder Umweltvergehen in den Entwicklungsländern lassen sich nicht mehr lokal begrenzen. Sie haben Einfluss auf unsere Sicherheit, Entwicklung und auf die hiesigen Umweltbedingungen. Diese Erkenntnis spiegelt sich u. a. in den Grundsätzen der staatlichen deutschen ***Entwicklungspolitik*** wider. → M4

Warum brauchen wir Entwicklungspolitik?

Die Ereignisse der vergangenen Jahre haben gezeigt, dass Terrorismus, Kriege und Bürgerkriege grenzüberschreitend wirken. Konflikte in anderen Ländern gefährden auch die Sicherheit der Menschen in Deutschland.
Wer Sicherheit will, muss sich um weltweiten Frieden bemühen. Entwicklungszusammenarbeit hilft, Krisen zu verhindern und Konflikte zu bewältigen.
Auch Umweltprobleme machen nicht an nationalen Grenzen halt. Der hohe Verbrauch fossiler Brennstoffe und die damit verbundene Belastung der Atmosphäre durch Kohlendioxid wirkt sich weltweit auf das Klima aus. Entwicklungszusammenarbeit, die in den Partnerländern den Umweltschutz, umweltfreundliche Produktionsweisen und den Einsatz erneuerbarer Energien fördert, trägt zum globalen Umweltschutz bei.
Durch die enge Verflechtung des Weltwirtschaftssystems bleibt keine Volkswirtschaft unberührt von den Krisen anderer Länder und Regionen. Eine wichtige Basis der deutschen Wirtschaft ist das Exportgeschäft, das von einer stabilen Weltwirtschaft abhängt. Finanz- und Wirtschaftskrisen in Afrika, Asien oder Südamerika führen auch in Deutschland zum Verlust von Arbeitsplätzen. Entwicklungszusammenarbeit, die darauf ausgerichtet ist, die Volkswirtschaften in den Partnerländern zu stabilisieren, stärkt auch die Wirtschaft in Deutschland und in den anderen Geberländern.
Gerechtigkeit und Solidarität sind Grundwerte des menschlichen Lebens: Keiner darf wegsehen, wenn in einem anderen Land unmenschliche Verhältnisse herrschen – wir sind nicht nur für das verantwortlich, was wir tun, sondern auch für das, was wir nicht tun.
Unsere Kultur basiert auf dem Ideal, dass die Starken die Schwachen unterstützen. Und im deutschen Grundgesetz steht: „Eigentum verpflichtet. Sein Gebrauch soll zugleich dem Wohle der Allgemeinheit dienen.“

BMZ, Grundsätze: Warum brauchen wir Entwicklungspolitik?: http://www.bmz.de/de/was_wir_machen/ziele/hintergrund/index.html (Zugriff am 01.03.2012)

BMZ Bundesministerium für wirtschaftliche Zusammenarbeit und Entwicklung

M4 Standpunkt des Bundesministeriums für wirtschaftliche Zusammenarbeit und Entwicklung (BMZ)

(•) Auf einen Blick

Politische Reaktionen auf Armut und Flucht in der Welt verstehen

Merkmale?

- niedriges Pro-Kopf-Einkommen
- hohe Verschuldung
- niedriger Bildungsstand
- unkontrolliertes Bevölkerungswachstum
- […]

Ursachen?

- unsichere/korrupte politische Verhältnisse
- schwache Stellung in der Weltwirtschaft
- Folgen des Klimawandels
- […]

Situation in den Entwicklungsländern

Armut

Reaktionen in Deutschland

Entwicklungspolitik

Ziele:
- Bekämpfung der Armut vor Ort
- Friedenssicherung
- nachhaltige Umweltpolitik
- […]

Einwanderungspolitik

Abschottung ⟷ ? ⟷ **Aufnahme**

Weiterführende Aufgaben

1. Die folgende Tabelle gibt das Bruttoinlandsprodukt pro Einwohner in US-Dollar (Stand 2009) in ausgewählten Ländern an.

Land	BIP pro Einwohner in US-Dollar (2011)
Deutschland	40 875
Brasilien	8 220
Malawi	328
China	3 678
USA	46 381

Ziehen Sie Folgerungen hinsichtlich
a) der Güterverteilung und des Lebensstandards,
b) der Umweltbelastung in den einzelnen Ländern.

2. Nennen Sie Merkmale der Unterentwicklung, die Schwellenländer, Dritte-Welt- und Vierte-Welt-Länder aufweisen.

3. ***„Entwicklung ist der neue Begriff von Frieden"***
(Papst Paul VI., 1963–1978)
Interpretieren und bewerten Sie diese Aussage. Ziehen Sie dafür auch die Stellungnahme des BMZ hinzu. → *S. 210, M4*

Das Menschenrecht auf Entwicklung

„Jeder hat das Recht auf einen Lebensstandard, der seine und seiner Familie Gesundheit und Wohl gewährleistet, einschließlich Nahrung, Kleidung, Wohnung, ärztliche Versorgung und notwendige soziale Leistungen [...].“

aus Artikel 25 der Allgemeinen Erklärung der Menschenrechte (UNO, 1948)

Arbeitsauftrag

Diskutieren Sie die nationale und internationale staatliche Entwicklungspolitik. Und so erarbeiten Sie sich Ihren Standpunkt:

1. Das Recht auf Entwicklung beinhaltet die Verwirklichung der Grund- und Menschenrechte. Zählen Sie einige dieser Rechte auf.

2. Nennen Sie die Verpflichtung, die sich für die Bundesrepublik Deutschland aus der Resolution 41/128 der Vereinten Nationen ergibt.

3. Erläutern Sie die in → *M1* aufgezeigten Zusammenhänge (dargestellt anhand der farbigen Pfeile) zwischen den Millenniums-Entwicklungszielen.

4. Bewerten Sie die bisher erreichten Ergebnisse der Millenniumserklärung.

5. Vergleichen Sie die öffentlichen Leistungen für Entwicklungshilfe und nehmen Sie eine Bewertung vor.

Internationale Politik

Heute leben auf der Welt über eine Milliarde Menschen in extremer Armut, Millionen sind auf der Flucht vor Gewalt und Krieg, jeden Tag sterben Tausende Kleinkinder an Hunger und Krankheiten. Kein Staat kann diese Probleme allein bewältigen. Im Jahr 2000 verabschiedeten 189 Länder, darunter auch die Bundesrepublik Deutschland, die sogenannte ***Millenniumserklärung***. Ziel ist es, gemeinsam das Menschenrecht auf Entwicklung in allen Ländern durchzusetzen. Das ***Recht auf Entwicklung*** zu verwirklichen bedeutet, weltweit eine soziale und internationale Ordnung zu schaffen, in der alle Menschen und Völker die Menschenrechte und Grundfreiheiten in Anspruch nehmen können.

Die Millenniums-Erklärung

Aus der Millenniums-Erklärung wurden acht internationale Entwicklungsziele abgeleitet: die Millenniums-Entwicklungsziele („Millennium Development Goals“). Sie legen fest, was bis zum Jahr 2015 erreicht werden soll:

Alle Ziele sollen in den einzelnen Ländern mit Unterstützung der Geberländer erreicht werden. Bei einigen Zielen sind besonders die Industrieländer aufgefordert, Rahmenbedingungen (z. B. Handelserleichterungen, Schuldenerlasse) zu schaffen, die es den Entwicklungsländern ermöglichen, ihre Entwicklung voranzutreiben. Die Umsetzung der Ziele soll regelmäßig überprüft werden.
→ *M1*

Die Millenniums-Aufgabe

Zur Jahrtausendwende hatten die Vereinten Nationen beschlossen, die Welt bis 2015 deutlich besser zu machen. Es geht um acht zentrale Probleme. Nun werden auf einem UN-Gipfeltreffen die Zwischenergebnisse diskutiert. Eines ist schon vorab sicher: Es reicht nicht, die Punkte einzeln anzugehen, denn alles ist miteinander vernetzt.

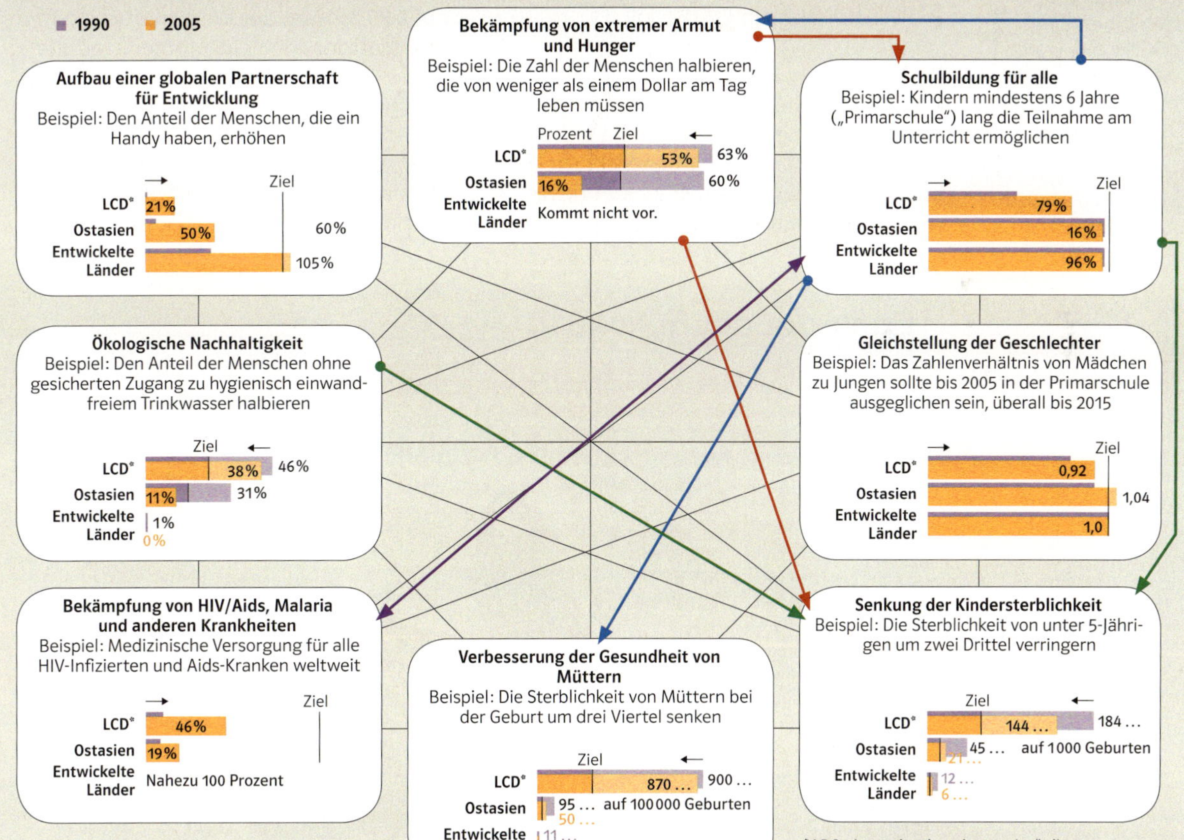

* LDC: „Least developed countries“, die am wenigsten entwickelten Länder: 49 Staaten mit 815 Millionen Einwohnern

M1 Entwicklungsziele im Überblick

Nationale Entwicklungspolitik

Zuständig für die staatliche Entwicklungspolitik in Deutschland ist das ***Bundesministerium für wirtschaftliche Zusammenarbeit und Entwicklung (BMZ)***. Die Schwerpunkte seiner Tätigkeit liegen in den Bereichen Bildung/Ausbildung, Gesundheit, ländliche Entwicklung, Klima-, Umwelt- und Ressourcenschutz sowie wirtschaftliche Zusammenarbeit.

Grundlage des politischen Handelns ist das ***Prinzip Hilfe zur Selbsthilfe***. Die Maßnahmen sollen so eingesetzt werden, dass sich die Menschen möglichst aus eigener Kraft aus ihrer Armut befreien und die Richtung ihrer Entwicklung mitbestimmen können. Daher unterstützt die Bundesregierung u. a. die Vergabe von Mikrokrediten (zinsgünstige Darlehen) an Familien, die mit dem Geld ein Stück Land pachten und bearbeiten oder selbst einen Handwerksbetrieb aufbauen.

Mikrokredite
Das Konzept der Grameen Bank (bengalisch, übers. etwa: dörfliche Bank) wurde1983 von dem Ökonom Mohammed Yunus entwickelt. Er wurde 2006 mit dem Friedensnobelpreis ausgezeichnet. Das Konzept der Entwicklungshilfe mit Kleinkrediten wird heute in über 60 Ländern angewandt.

Mikrokreditvergabe

Die Situation in Subsahara-Afrika wird geprägt von Klein- und Kleinstunternehmen. Gerade diese Unternehmen gelten aber aufgrund von fehlenden Sicherheiten und nicht vorhandenem Eigenkapital als wenig kreditwürdig. Wenn sie wenig oder unregelmäßig verdienen, bleibt ihnen oft nur der Weg zu dubiosen Geldverleihern. Die treiben sie dann mit ihren hohen Zinsen weiter in die Armut. So können diese Klein- und Kleinstunternehmen Marktchancen in der Regel nicht nutzen und ihr Geschäft nicht ausweiten.

Hier setzt die Bundesregierung mit einer Mikrofinanzinitiative ein. Mit dem ersten Kredit, etwa über 50 US-Dollar, wird getestet, ob der Kunde sein Rückzahlungsversprechen hält. Begleicht er die Raten zuverlässig, kann er höhere und länger laufende Kredite bekommen. Das ist die Grundlage für eine langfristige Geschäftsbeziehung, die sich für beide Seiten rechnet.

Öffentliche Leistungen – private Spenden

Deutschland hat sich – ebenso wie andere EU-Mitgliedstaaten – verpflichtet, seine Ausgaben für Entwicklungsarbeit bis 2015 auf 0,75 Prozent der Wirtschaftsleistung/des Bruttonationaleinkommens anzuheben. → *M2* Viele Menschen wissen, dass erfolgreiche Entwicklungspolitik zu einem großen Teil davon abhängig ist, in welcher Höhe Geld zur Verfügung steht. Sie helfen auch mit ihrer privaten Spende gezielt bei bestimmten Projekten. → *S. 216–219*

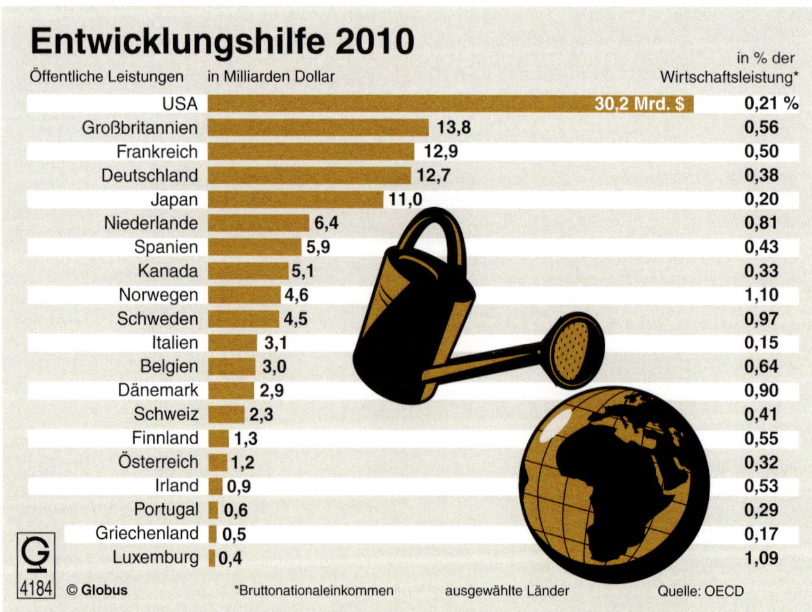

M2 Staatliche Ausgaben für Entwicklungshilfe

(•) Auf einen Blick

Die Ergebnisse der staatlichen Entwicklungspolitik einschätzen

Staatliche Entwicklungspolitik

Anspruch	Wirklichkeit
National: • öffentliche Leistungen für Entwicklungshilfe 0,75 % der Wirtschaftsleistung (bis 2015) • Mikrofinanzstrategie	Stand 2010: • 0,40 % der Wirtschaftsleistung […]
International: Millenniumsentwicklungsziele • Hunger halbieren • Grundschulbildung • Gleichstellung der Geschlechter • Senkung der Kindersterblichkeit • Gesundheitsversorgung der Mütter • Krankheiten bekämpfen • Umweltschutz • Entwicklungspartnerschaft	Stand 2010: • leichte Verbesserung (LCD-Länder) im Blick auf […] • […] • […]

Weiterführende Aufgaben

1. Viele Entwicklungsländer werden von diktatorischen Regierungen geführt. Sollen in diesen Ländern Projekte finanziert werden? Stellen Sie Pro- und Kontra-Argumente einander gegenüber.

2. Stellen Sie eine Rangfolge der Ziele und Maßnahmen auf, die von der Bundesregierung in Zukunft bearbeitet werden sollten:
- Erhöhung der Sozialleistungen
- Verbesserung des Schulwesens
- Ausbau der Infrastruktur (Straßen …)
- Senkung der Steuern
- Erhöhung der Entwicklungshilfeleistungen

Begründen Sie Ihre Entscheidung.

3. Viele Entwicklungsländer sind hoch verschuldet bzw. überschuldet. Bewerten Sie die Maßnahme eines Schuldenerlasses, indem Sie jeweils die Vor- und Nachteile gegenüberstellen.

4. Erläutern Sie, wie Mikrokredite einen wichtigen Beitrag zur Erreichung der Millenniumsziele leisten können.

Projekt Schulkiosk

In der Pause einer berufsbildenden Schule

Deniz: „... wie bitte, ihr seid ja teurer als der Bäcker von gegenüber! Wollt ihr euch eine goldene Nase verdienen?"
Vanessa: „Bist du neu hier an der Schule? Wir machen das alles ehrenamtlich. Das Geld, das vom Verkauf übrig bleibt, geht an ein Straßenkinderprojekt auf den Philippinen. Du hast wohl keinen Unterricht bei Herrn Weiß? Der hat früher als Entwicklungshelfer da gearbeitet und unterstützt nun von hier aus das Projekt in Manila. Dabei helfen wir ihm.
Dass auch der Kaffee etwas teurer ist, liegt daran, dass wir Fairtrade-Kaffee verkaufen. Das kommt den Plantagenarbeitern und Kaffeebauern zugute. Das gilt auch für einige andere Produkte, die wir anbieten. Wenn du mehr darüber wissen möchtest, komm noch mal vorbei. Aber du kannst auch gerne bei uns mitmachen!"
Deniz: „... wenn es dann was bringt!?"

Standpunkte vertreten
Diskussionspapiere
i7i4xd

Arbeitsauftrag

Bewerten Sie den Beitrag des Eine-Welt-Kiosks zur Bekämpfung der Armut in der Welt.
Und so können Sie dabei vorgehen:

1. Informieren Sie sich über verschiedene Fairtrade-Produkte.

2. Überlegen Sie, an welchen Stellen das Handeln der Schüler dazu beitragen kann, den „Teufelskreis der Armut" zu durchbrechen. → *M1*

3. Schätzen Sie die wirtschaftlichen, sozialen und ökologischen Veränderungen, die vom Fairtrade-Handel mit den Entwicklungsländern ausgehen, ein. → *M3, M4*

4. Die Bereitschaft der Bevölkerung, sich für Eine-Welt-Projekte zu engagieren, hängt auch davon ab, wie die Probleme in der Öffentlichkeit wahrgenommen werden. Überlegen Sie, welchen Beitrag der Kiosk dazu leistet.

Der „Teufelskreis der Armut"

Das Zusammenwirken all der Ursachen, die ***Unterentwicklung*** hervorbringen, bezeichnet man als „Teufelskreis der Armut". → *M1* Wir sollten dazu beitragen, ihn aufzubrechen. Zur Lösung der Probleme gibt es nicht den einen gültigen Lösungsansatz, vielmehr können nur verschiedene, aufeinander abgestimmte Projekte den Zustand der Unterentwicklung überwinden helfen.

Private Entwicklungshilfe

Meinungsumfragen belegen, dass die Grundeinstellung der Bevölkerung, „etwas" für die Menschen in unterentwickelten Ländern zu tun, positiv ist. Vorbehalte bestehen meist in der Befürchtung, dass die aufgebrachten Gelder nicht wirklich für ihren Zweck eingesetzt werden. Die positive Grundeinstellung der Bürger spiegelt sich in ihrer hohen ***Spendenbereitschaft*** wider. → *M2* Bei immer mehr Menschen geht das Engagement über einmalige oder spontane Spenden hinaus. Durch die Unterstützung von ***Eine-Welt-Projekten*** tragen sie zum Beispiel dazu bei, dass vor allem auf den Gebieten der Gesundheit, der Schulbildung und der Landwirtschaft eine Entwicklung stattfindet.

Zu den in der Öffentlichkeit bekannten Projekten gehören die Stiftungen von Bill Gates, der bisher 25 Milliarden Dollar in Entwicklungshilfeprojekte investiert hat, und die in Deutschland von Karlheinz Böhm ins Leben gerufene Stiftung „Menschen für Menschen".

Doch es sind vor allem die unzähligen kleineren Projekte, die aufgrund des großen Einsatzes ihrer Mitglieder in den Entwicklungsländern etwas bewegen.

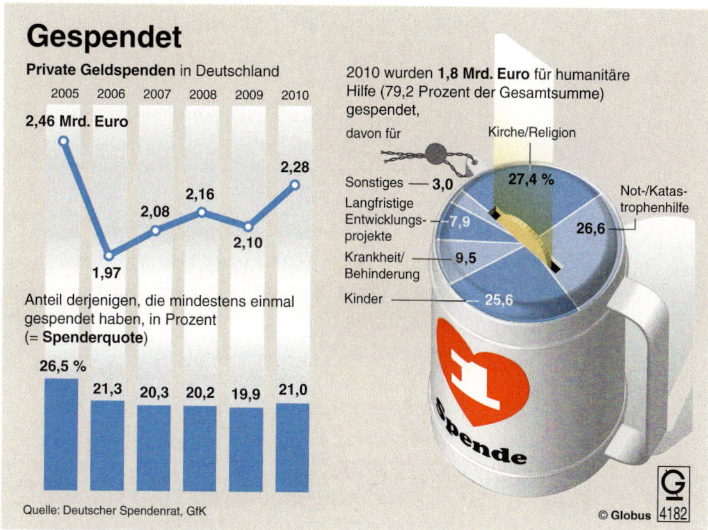

M2 Spendenbereitschaft

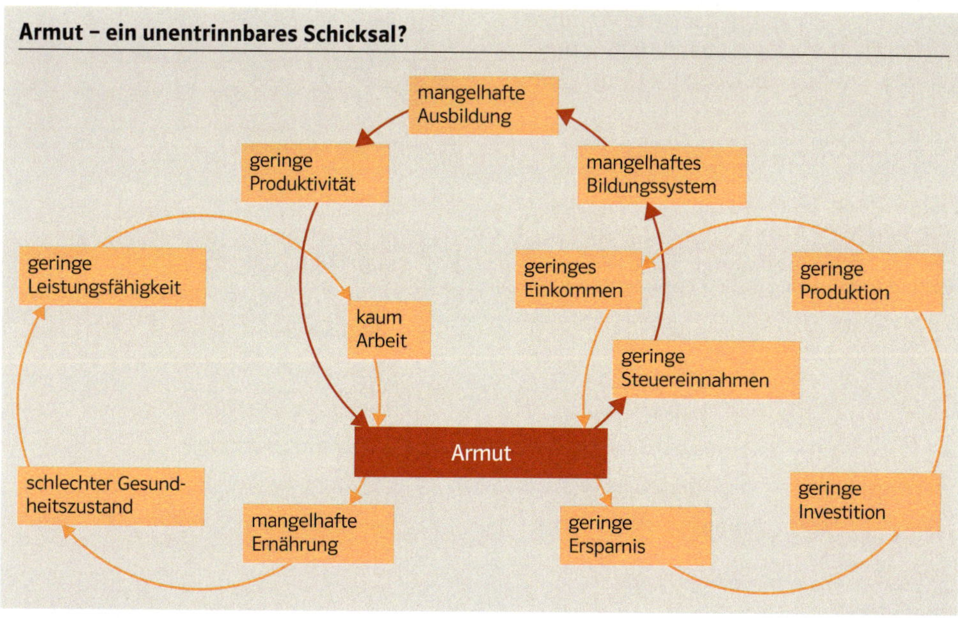

M1 Teufelskreis der Armut

Fairtrade

In der Millenniums-Erklärung der Vereinten Nationen → S. 213 haben sich 149 Staaten verpflichtet, die Beziehungen zwischen entwickelten und unterentwickelten Ländern in Zukunft so zu gestalten, dass faire Handelsbeziehungen untereinander entstehen. Dadurch kann das Leben von Kleinbauern sowie Beschäftigten in den ärmsten Ländern ***nachhaltig*** verbessert werden.

Nachhaltig bedeutet,

die Lebens- und Arbeitsbedingungen der Menschen zu verbessern, z. B. durch stabile Preise für Waren und Produkte, die etwas über denen des Weltmarktes liegen;

die Dörfer und Lebensgemeinschaften zu stärken, z. B. durch den Bau von Krankenhäusern und Schulen;

einen schonenden Umgang mit der Natur und den natürlichen Lebensgrundlagen einzuüben, z. B. durch die Förderung des Bio-Anbaus und durch das Verbot genetisch veränderter Organismen;

selbstbestimmte Entscheidungen treffen zu können, z. B. im Rahmen von Gemeinschaftsprojekten.

Bereits jetzt trägt der Fairtrade-Handel entscheidend dazu bei, die Handelsbeziehungen mit Entwicklungsländern neu zu gestalten. → *M3* Fair gehandelte Produkte sind in Deutschland in über 36 000 Supermärkten sowie in Bioläden und Eine-Welt-Läden erhältlich.

Zu erkennen sind die Produkte am Fairtrade-Siegel, das von einem Dachverband (FLO) der Fairtrade-Siegelinitiativen vergeben wird. Die unabhängige Initiative handelt nicht selbst mit Waren, sondern vergibt das Fairtrade-Siegel für fair gehandelte Produkte auf der Grundlage von Lizenzverträgen (insgesamt für 1 000 Produkte). Zu diesen Produkten zählen u. a. Kaffee, Tee, Bananen, Reis, Schokolade, Kunsthandwerke und Textilien. Nur solche Produkte werden ausgezeichnet, die festgelegten Standards genügen. → *M4*

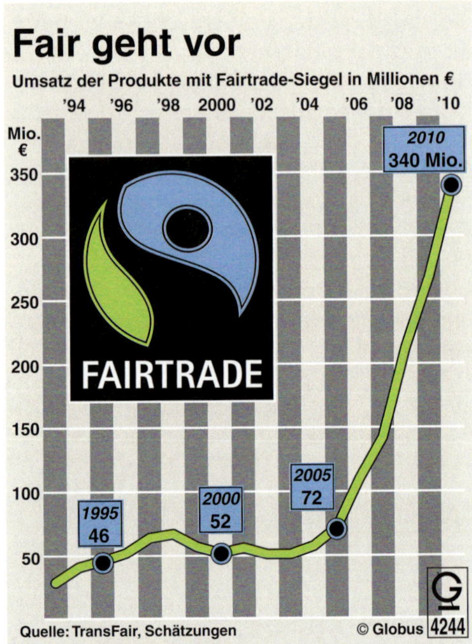

M3 Umsatz von Fairtrade

Standards, an die sich Fairtrade-Händler und -Produzenten halten müssen:

Ökologie	Ökonomie	Soziales
Liste verbotener Substanzen	Beratung	Arbeitsbedingungen
umweltschonender Anbau	stabile Mindestpreise	Gemeinschaftsprojekte
Förderung des Bio-Anbaus	Fairtrade-Prämie	Versammlungsfreiheit
Verbot genetisch veränderter Organismen	langfristige Handelsbeziehungen	Diskriminierungsverbot
Bioaufschlag	Vorfinanzierung	keine illegale Kinderarbeit

www. Fairtrade-deutschland.de/ueber-fairtrade/fairtrade-standards

M4 Standards von Fair-Trade

(•) Auf einen Blick

Die Aktionen nicht-staatlicher Entwicklungspolitik einschätzen

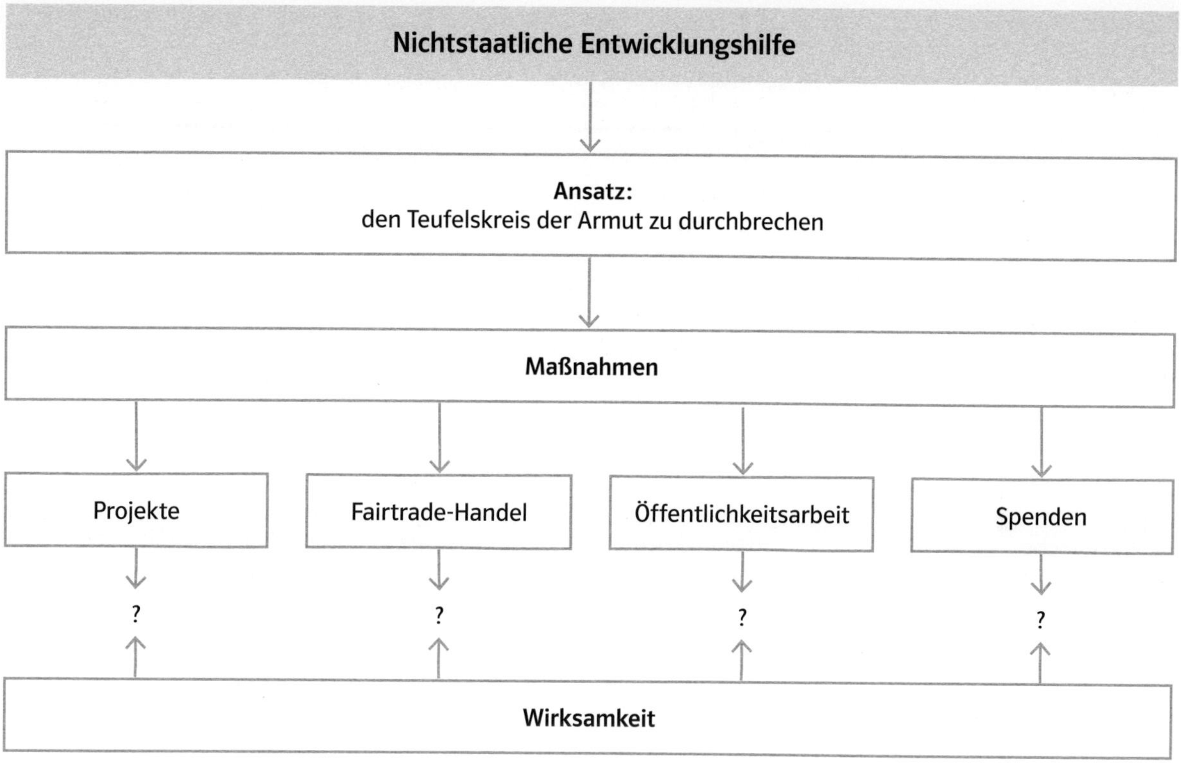

Weiterführende Aufgaben

1. Ermitteln Sie, wie viele Euro jeder Bundesbürger im Jahr 2010 durchschnittlich für humanitäre Hilfe gespendet hat. Bewerten Sie das Ergebnis.

2. Recherchieren Sie in Ihrer Stadt oder Gemeinde, welche Eine-Welt-Projekte es gibt. Stellen Sie eines dieser Projekte in der Klasse vor.

3. Über 100 Millionen Menschen leben von der Produktion von Kaffee, der Verarbeitung und dem Vertrieb. Der Kaffeepreis setzt sich wie folgt zusammen: Einzelhandel (24 %), Händler und Röster (18 %), Steuern, Zölle, Frachtkosten (44 %), Kaffeebauern (5 %) und für die Plantagenbesitzer 9 %.
a) Welche Auswirkungen hätte die Verdoppelung der Zahlung an die Kaffeebauern bei einem angenommenen Verbraucherpreis für Kaffee von 6,– Euro für 500 g?
b) Kaffee ist Spekulationsobjekt. Informieren Sie sich im Internet über die Preisentwicklung von Rohkaffee in den letzten zwei Jahren. Stellen Sie Vermutungen an, warum landwirtschaftliche Rohstoffe starken Preisschwankungen unterliegen.

Sachwortregister

Bildquellennachweis

Cover.Mitte shutterstock (Mandy Godbehear), New York, NY; **Cover.links** Caro Fotoagentur (Baertels), Berlin; **Cover.rechts** Keystone (Volkmar Schulz), Hamburg; **9** f1 online digitale Bildagentur, Frankfurt; **11** Klett-Archiv (Matthias Nortmeyer), Stuttgart; **13.M1 li.** Imago, Berlin; **13.M1 re.** vario images GmbH & Co.KG (Rainer Unkel), Bonn; **17** laif (Laurie Swope/Aurora), Köln; **18.M2** ddp images GmbH (Paul Zinken/dapd), Hamburg; **22** f1 online digitale Bildagentur (Imagebroker), Frankfurt; **24** ddp images GmbH (Heribert Proepper), Hamburg; **28.M2** Ullstein Bild GmbH (Brockdorff), Berlin; **30** Mohr, Burkhard, Königswinter; **32** Action Press GmbH (Gordan Gajanin), Hamburg; **33.M3** Renate Hartwig: Der verkaufte Patient © Verlagsgruppe Droemer Knaur GmbH & Co. KG, München; **37** ddp images GmbH (Nigel Treblin), Hamburg; **39.li.** Stockbyte; **39.re.** Thinkstock (Jupiterimages), München; **43.M1** VISUM Foto GmbH (Ekkehart Reinsch), Hamburg; **44** Baaske Cartoons (Peter Kaczmarek), Müllheim; **47** iStockphoto (Christopher Futcher), Calgary, Alberta; **51.M1** VISUM Foto GmbH (Hannah Schuh), Hamburg; **53.M3** Picture-Alliance (ZB/Matthias Hiekel), Frankfurt; **56.M1** Corbis (Image Source), Düsseldorf; **57.M2** Getty Images, München; **60.M1** Picture-Alliance, Frankfurt; **61.M2** Getty Images (Miguel Villagran), München; **63.M1** Picture-Alliance (Britta Pedersen), Frankfurt; **67.M1** Picture-Alliance (dpa-infografik), Frankfurt; **68.M2** Picture-Alliance (Matthias Balk), Frankfurt; **70** Stuttmann, Klaus, Berlin; **71.M1** BPK, Berlin; **73.li.** DGB; **73.re.** DBB Beamtenbund und Tarifunion; **74.M4** Picture-Alliance (dpa - Report), Frankfurt; **79** Picture-Alliance (Hannibal Hanschke), Frankfurt; **81** POP-EYE (Kempert), Berlin; **82** Picture-Alliance (BVG/Polizei), Frankfurt; **83** Bernd Kissel, Überherrn-Berus; **84.M2 li.** Sony Music Entertainment (Germany), München; **84.M2 re.** Sony Computer Entertainment GmbH, Neu-Isenburg; **87** Picture-Alliance (dpa Themendienst), Frankfurt; **88.M2** USK - Unterhaltungssoftware Selbstkontrolle, Berlin; **89.M3** laif (Ruetschi/Keystone Schweiz), Köln; **90.M4** Picture-Alliance (dpa-infografik), Frankfurt; **93.M1** Thinkstock (iStockphoto), München; **94.M2** Baaske Cartoons (Ulrich Kieser), Müllheim; **95.M3** Mester, Gerhard, Wiesbaden; **97** Bilderberg (J-C und D Pratt/Photononstop), Hamburg; **98.M1** Roger Schmidt, Karikatur-Cartoon, Brunsbüttel; **102.M2** BPK, Berlin; **103.M3** Picture-Alliance (dpa-infografik), Frankfurt; **107.M2** Picture-Alliance (dpa-infografik), Frankfurt; **108.M3** toonpool.com GmbH (Michael Westphal), Berlin; **111.M2** Picture-Alliance (dpa-infografik), Frankfurt; **113.M4** Aid by Trade Foundation www.cottonmadeinafrica.org, Hamburg; **116.M1** Smart Hydro Power GmbH, Garatshausen; **118.M2; 118.o.** Bundesministerium für Wirtschaft und Technologie, Berlin; **122.M1** Tengelmann Warenhandelsgesellschaft KG, Mülheim an der Ruhr; **124.o.** UGA - Umweltgutacherausschuss, Berlin, www.emas.de; **124.u.** Öko-Tex Sekretariat, Zürich; **125** .lichtl Ethics & Brands GmbH, © Umweltbundesamt, Dessau-Roßlau; **133** Fotolia.com (Haveseen), New York; **135.M2** Ullstein Bild GmbH (Sylent-Press), Berlin; **139.M1** Tack, Jochen, Essen; **140.M2** Picture-Alliance (dpa-infografik), Frankfurt; **143.M1** shutterstock (Adisa), New York, NY; **145.M4** Photothek.net Gbr (Thomas Trutschel), Radevormwald; **149** ddp images GmbH, Hamburg; **150** CDU; **150** FDP; **150** SPD; **150** Bündnis 90/Die Grünen, Berlin; **150** CSU; **150** Die Linke; **150** Piratenpartei Deutschland; **151** ddp images GmbH (dapd/Axel Schmidt), Hamburg; **152.1** © OOA Fonden/smilingsun.org; **152.2** Aktionsbündnis Heilbronner gegen Stuttgart 21, Heilbrunn; **152.3** GREENPEACE, Hamburg; **152.4** attac Deutschland; **152.5** Amnesty International; **152.6** TransFair e.V., Köln; **153.M1** BIU, Hannover; **154.M2 li.** Imago, Berlin; **154.M2 re.** Picture-Alliance (Robert Schlesinger dpa), Frankfurt; **156.M3** Natur und Umwelt Service- und Verlags GmbH (www.bundladen.de), Berlin; **159.M1** Plaßmann, Thomas, Essen; **163** Picture-Alliance (Benjamin Beytekin), Frankfurt; **164.M1** Imago, Berlin; **168.M1** ddp images GmbH (Johannes Eisele), Hamburg; **169.M3** Ullstein Bild GmbH (AP), Berlin; **170** Stuttmann, Klaus, Berlin; **172.o.** ddp images GmbH (Norbert Millauer/dapd), Hamburg; **172.u.** Mut gegen rechte Gewalt - Amadeu Antonio Stiftung, Berlin; **174.M1** Picture-Alliance (Exit Deutschland), Frankfurt; **175.M3** Fussballvereine gegen RECHTS, Düren; **177** Picture-Alliance, Frankfurt; **179** EPD-GEP, Frankfurt; **180** DB Museum, Nürnberg; **181.M1** DB Mobility Logistics AG, Berlin; **183.M2** Bergmoser + Höller Verlag, Aachen; **184.M3** Ullstein Bild GmbH (CARO/Sorge), Berlin; **184.re.** Tomicek, Jürgen, Werl; **187.M1** shutterstock (Andrea Seemann), New York, NY; **188.M2 re.** MEV Verlag GmbH, Augsburg; **191** Picture-Alliance (Divyakant Solanki/EPA), Frankfurt; **193** iStockphoto, Calgary, Alberta; **194.o.** Corbis (Zhao Jingwu/Xinhua Press), Düsseldorf; **194.u.** Getty Images (ChinaFotoPress), München; **196.M1** Picture-Alliance (dpa-infografik), Frankfurt; **197.li.** shutterstock (Serp), New York, NY; **197.M2** LWL-Industriemuseum/Martin Holtappels; **200.M.** Getty Images (Chris Jackson), München; **200.M1** Picture-Alliance, Frankfurt; **200.o.** Fotolia.com (Kai Krueger), New York; **201** Imago (Imagebroker/Handl), Berlin; **203.M3** Picture-Alliance (dpa-infografik), Frankfurt; **205** Sakurai, Heiko, Köln; **206.M1** Mauritius Images (Age), Mittenwald; **207** Quelle: World Food Programme, Weltagrarbericht, HiiK, UNHCR, Le Monde diplomatique; **208.M2** Picture-Alliance (Infografik), Frankfurt; **210.M4** Bundesministerium für wirtschaftliche Zusammenarbe, Berlin; **210.o.** WELT ONLINE/Flora Wisdorff; **212** Lutz Knauth, Leipzig; **213.M1** Nora Coenenberg: Grafik "Die Milleniumsaufgabe", DIE ZEIT, 2010.09.16; **214.M2** Picture-Alliance, Frankfurt; **216** Klett-Archiv (W. Overkamp), Stuttgart; **217.M2** Picture-Alliance, Frankfurt; **219.M3** Picture-Alliance, Frankfurt

Sollte es in einem Einzelfall nicht gelungen sein, den korrekten Rechteinhaber ausfindig zu machen, so werden berechtigte Ansprüche selbstverständlich im Rahmen der üblichen Regelungen abgegolten.